« RÉPONSES »

Collection créée par Joëlle de Gravelaine,
dirigée par Dorothée Cunéo

IDRISS ABERKANE

LIBÉREZ VOTRE CERVEAU !

Traité de neurosagesse
pour changer l'école et la société

Préface de Serge Tisseron

Introduction d'Yves Burnod

Robert
Laffont

ISBN 978-2-221-21554-8
Dépôt légal : novembre 2017

« La vraie science est une ignorance qui se sait. »

Montaigne, *Essais*, Livre II, Chapitre XII

Manifeste pour un cerveau libre

Préface de Serge Tisseron

Depuis que nous savons que de nouveaux neurones naissent chaque jour dans notre cerveau, les livres qui vantent les mérites des neurosciences semblent suivre le même rythme dans les bacs des libraires… Mais celui d'Idriss Aberkane se distingue des autres. C'est moins un essai qu'un manifeste : un manifeste qui nous invite à faire d'un certain passé « table rase » pour prendre « le parti du cerveau ».

Des divers fils rouges autour desquels sa pensée s'organise, j'en ai retenu trois. Le premier est l'économie de la connaissance. Alors que les flux financiers enrichissent certains et en appauvrissent d'autres, les flux de connaissance profitent à tout le monde. Le meilleur exemple en est cette monnaie introduite en Inde qui ne permet à son possesseur qu'une seule chose, payer quelqu'un qui lui donne des cours dans la matière de son choix. De telle façon que celui qui reçoit cet argent ne peut l'utiliser lui-même à rien d'autre qu'à obtenir à son tour un enseignement, et ainsi de suite depuis les personnes les moins éduquées jusqu'aux personnes qui le sont le plus. Chacun s'enrichit en outre non seulement des connaissances qui lui sont dispensées, mais aussi de celles qu'il donne, puisque l'effort d'expliquer bénéficie à celui qui le fait autant qu'à celui qui l'écoute. Ainsi s'établit une chaîne ininterrompue de transmissions vertueuses.

Le second fil rouge qui traverse l'ouvrage d'Idriss Aberkane est l'empan : ce mot désigne, rappelons-le, la distance qui sépare l'extrémité du pouce de celle du petit doigt lorsque notre main est ouverte. Cette distance a été proposée à la Renaissance pour être une mesure à partir de laquelle construire un monde habitable par l'homme, c'est-à-dire un monde dont il puisse se saisir. D'autres « empans », autrement dit d'autres mesures de référence, ont été proposés dans l'Histoire, par les religions monothéistes d'abord et, après la Renaissance, par la philosophie des Lumières avec l'émergence de l'idée de démocratie. Chacune de ces approches a proposé, avec plus ou moins d'efficacité, un modèle du bonheur et de la liberté. Aujourd'hui, les travaux de neurosciences nous confrontent à une nouvelle forme d'empan : l'ouverture possible de notre cerveau et la façon dont il peut se saisir d'objets cognitifs à condition que ceux-ci soient présentés d'une certaine façon, exactement comme notre main ne peut se saisir d'un objet que s'il lui est présenté de manière correcte, on dit aujourd'hui « ergonomique ». L'empan de notre cerveau définit, par exemple, les conditions favorables à la mémorisation, les angles d'approche qui peuvent permettre de s'emparer d'un nouvel objet d'étude, etc. De la même façon que les dimensions du corps humain ont été érigées, à la Renaissance, en repères pour la construction des bâtiments, ce que nous savons aujourd'hui du cerveau devrait constituer les repères de la construction d'organisations adaptées à l'être humain, à commencer par celles dont la vocation est la diffusion des connaissances.

Enfin, un troisième jalon posé par Idriss Aberkane concerne l'importance de l'hyper-individualité qu'il évoque sous le nom d'« ego ». Bien que je préfère penser l'accomplissement de l'hyper-individualité en termes de « désir » plutôt que d'« ego », je le rejoins sur sa conclusion : il n'y a pas d'ego excessif, il n'y a que des ego qui savent se mettre au service de leurs projets et d'autres qui mettent leurs projets à leur propre service. Le développement de l'ego n'entraîne pas forcément le déni de l'alter ego. L'hyper-individualité n'implique pas obligatoirement l'hyper-individualisme, et deux individualités fortes sont susceptibles de s'enrichir mutuellement. Autrement dit, les projets qui nous tiennent le plus à cœur sont ceux qui nous permettent à la fois de nous épanouir et de nous rendre utiles au monde, à condition toutefois que nous ne fassions pas passer la réussite sociale du projet et les bénéfices secondaires que nous pouvons en retirer avant le bonheur qu'il y a à le mener. Un projet est comme un enfant que l'on aide à grandir, à s'épanouir et à se socialiser. De la même façon que les bons parents ne sont pas ceux qui s'attribuent les mérites de leur progéniture mais se réjouissent de leur succès, Idriss Aberkane invite les créateurs de projets à ne pas s'attribuer à eux seuls tous les mérites de leur réussite. Est-ce au passage un plaidoyer pour l'open source ? Je suis tenté de le voir ainsi…

Ces trois fils rouges – il y en a d'autres que le lecteur découvrira – permettent à Idriss Aberkane de tisser un ouvrage qui n'est jamais ennuyeux, d'autant plus qu'il est doté d'un remarquable sens pédagogique. Ses comparaisons sont toujours éclairantes, comme lorsqu'il évoque le gavage des oies pour dénoncer celui des enfants par l'institution scolaire : de la même façon que les malheureux volatiles développent un foie gras, autrement dit une maladie hépatique, le gavage des élèves les mène droit au « cerveau gras » ! L'image ne s'oublie pas…

J'avoue avoir parfois retrouvé dans l'enthousiasme d'Idriss Aberkane pour les neurosciences l'équivalent de celui que j'ai moi-même éprouvé jadis pour la psychanalyse, notamment dans le projet de redonner à l'humain sa prééminence sur les organisations. Hélas, le succès remporté par la psychanalyse l'a parfois transformée en un système total d'explications selon un principe unique, c'est-à-dire en idéologie. Et il s'est avéré que son organisation hiérarchique a eu des conséquences catastrophiques quand l'attrait pour le freudisme a conduit l'Université à s'en emparer. Le système ultra-hiérarchisé de l'une a renforcé celui de l'autre, avec des effets ravageurs sur l'ouverture d'esprit, la curiosité et l'impertinence qui avaient marqué les débuts de la psychanalyse. Jusqu'à ce qu'un nombre grandissant de psychanalystes, à l'intérieur d'écoles désignées ou en dehors d'elles, rejoigne la communauté des chercheurs dans l'exigence de fonder les pratiques thérapeutiques sur des preuves et non sur des intuitions. Il était temps !

Idriss Aberkane, lui, nous rappelle sans cesse l'importance d'une expérimentation libérée face aux certitudes établies, aux conformismes et aux hiérarchies nées des idéologies du passé. L'esprit aliéné est son seul ennemi, et il s'oppose autant au scientisme vengeur de ceux qui rêvent de remplacer un pouvoir médiatique par un autre qu'à ceux qui prétendent faire de la validation scientifique un fonds de commerce lucratif. En rappelant sans cesse que les systèmes humains doivent s'adapter à ce que nous découvrons chaque jour des formidables possibilités humaines, il protège sa démarche de l'un des ingrédients majeurs de l'idéologie : l'allégeance à l'idéal.

Les neurosciences questionnent aujourd'hui nos habitudes et nos façons de penser mieux que toute autre discipline, et Idriss Aberkane nous montre que leurs résultats peuvent prétendre poser les bases d'une nouvelle éthique, mais à la condition qu'elles reconnaissent leurs insuffisances. Car notre cerveau sera toujours plus grand que tout ce qu'il peut concevoir. Gardons-nous de construire des théories qui prétendraient rendre compte de tout, parce que le réel n'est pas cohérent, et acceptons de construire des théories avec des portions d'inconnu.

Je laisserai le mot de la fin à l'auteur : « Il faut donner faim, et ne pas avoir honte de cela qui relève de la neuroergonomie la plus élémentaire, connue des humanistes bien avant que le terme "neuroergonomie" fût seulement inventé. N'ayez jamais honte de vous émerveiller et ne croyez jamais que le professionnel, c'est celui qui ne s'émerveille plus. » Idriss Aberkane n'a pas seulement ce don, il a aussi celui de nous le faire partager.

Quelles sont nos limites mentales et comment s'en libérer ?

Introduction d'Yves Burnod

Le livre d'Idriss Aberkane pose une question simple, qui nous concerne tous, notamment nos enfants : comment se libérer des limites mentales que la société nous impose, que nous nous imposons à nous-mêmes, et qui nous brident dans nos réflexions et nos actions ?

Ces limites, il faut d'abord les identifier, ce qui n'est pas évident, parce que beaucoup sont inconscientes. On n'apprend leur existence que si on y prête attention. Puis, une fois qu'on les a identifiées, il est bon de réfléchir à la manière de se libérer de ces barrières mentales, de ces contraintes que l'on se donne souvent de façon inutile, généralement par conformisme.

Les réponses à la question « Quelles sont nos limites mentales et comment s'en libérer ? », Idriss Aberkane va les chercher dans différents domaines du savoir : la psychologie cognitive et sociale, les neurosciences, l'éducation, les nouvelles technologies, le marketing, la sociologie, l'économie, ou encore l'histoire. Dans ces différents champs – j'en ai distingué une dizaine –, il ouvre de nouveaux chemins de connaissance, des pistes de réflexion, et nous propose des modes d'action. Il nous invite ainsi à un voyage ponctué d'un grand nombre de balises qui permettent d'explorer davantage les pistes les plus pertinentes. À vous d'utiliser ces balises comme mots-clés pour poursuivre l'expérience ou écouter des conférences en ligne ! Ce guide d'Idriss Aberkane est riche en bons tuyaux.

Les dix domaines visités

Regardons de plus près ces dix domaines pour avoir une idée de l'ensemble du livre et de sa richesse – on a vraiment de quoi faire !

1. D'abord, Idriss Aberkane nous emmène au pays des **calculateurs prodiges**, doués de capacités mentales spectaculaires. Il nous apprend à nous libérer de la façon dont on les perçoit, souvent comme des phénomènes de cirque, et à les voir plutôt pour ce qu'ils sont d'abord, des chercheurs et des enseignants. Ce sont des inventeurs qui ont cherché et trouvé de nouvelles méthodes, de nouveaux entraînements, pour dépasser des limites mentales que l'on pensait infranchissables, résoudre des problèmes considérés comme insolubles. Ils montrent que ce n'est pas parce qu'on croit qu'une limite est insurmontable qu'elle l'est réellement. Ce sont des enseignants : quand on les interroge, ils présentent leurs méthodes, mettent en avant l'effort nécessaire qui permet ces exploits, comme le font les sportifs de haut niveau.

L'important n'est pas tant de les imiter – les problèmes qu'ils se posent sont souvent incongrus – que de comprendre leurs algorithmes mentaux. Comme le prouvent les expériences d'imagerie cérébrale faites avec les calculateurs prodiges, ils n'ont pas des cerveaux différents, mais une autre façon d'utiliser leurs capacités cérébrales. Comme j'ai pu moi-même le constater, les étudiants qui ont des parcours que certains qualifient d'« exceptionnels » partagent cette même recherche personnelle, cette même précision dans l'expertise, cette même passion, ce même plaisir, souvent accompagnés d'une grande générosité pour aider les autres à progresser.

2. Un autre domaine abordé par l'auteur est la **psychologie cognitive**. Celle-ci nous aide à comprendre ce qui est conscient et ce qui est inconscient, tout ce qui nous influence à notre insu, et la façon dont les autres peuvent nous « rouler » en se jouant de notre attention (Idriss Aberkane en donne d'ailleurs une illustration étonnante dans son chapitre « Comment payer quelqu'un avec du papier blanc... »). Les expériences sur la « cécité d'inattention » et la « cécité au changement » sont expliquées par des modèles neuronaux, comme celui de Dehaene et Changeux, qui peuvent permettre d'élucider pourquoi l'on est parfois conscient ou parfois inconscient de ce qui se passe devant nous. Il faut alors relier les limites que l'on se donne à la largeur de notre champ, qui dépend lui-même de nos inhibitions et des manipulations de notre attention par les autres.

3. Ensuite, Idriss Aberkane décrit des expériences de **psychologie sociale** qui démontrent, souvent de façon spectaculaire, de quelle façon nous sommes conditionnés par le comportement des autres, par leurs jugements. Là aussi, on peut utiliser les balises qu'il nous donne pour découvrir les vidéos sur l'impuissance apprise de Charisse Nixon, les expériences de conformité de Solomon Asch, de Milgram, de la prison de Stanford, l'effet de surjustification, les biais de la confirmation, etc. Ces expériences illustrent la force de l'influence du groupe, et le fait qu'on en est rarement conscient.

Progressivement, cela nous amène à la réflexion centrale : comment résister, apprendre à résister, échapper à cette influence des autres, qui nous limite souvent si fortement ? Le simple fait de vouloir résister, le fait d'avoir des amis qui résistent, sont des conditions minimales pour y arriver. Je me souviens de cette image où l'on voit des centaines de personnes faire le salut nazi et, dans la foule, un homme, un seul, qui reste les bras farouchement croisés. On regarde cette photo et on se dit : « Je le veux, j'en assumerai toutes les conséquences. » Pendant les grands conflits, comme la Seconde Guerre mondiale, la résistance était liée à la largeur du champ de conscience, les premiers à s'opposer à l'envahisseur étaient ceux qui avaient pris conscience des dérives de l'histoire.

4. Les connaissances sur le cerveau apportées par l'imagerie donnent une idée des différentes ressources cérébrales que l'on peut mobiliser pour résoudre chaque problème et atteindre chaque but : l'attention, la motivation, la mémoire de travail, les émotions, le décodage des intentions des autres, les mémoires sémantique et épisodique, etc. Négliger de mobiliser l'une de ces ressources, par routine ou par répétition, peut nous limiter fortement.

Il existe des cartes fonctionnelles des régions cérébrales qui montrent à la fois l'ensemble de ces ressources, toutes utilisables en parallèle, et la multiplicité des combinaisons possibles entre elles. Tous ces circuits cérébraux travaillant de concert augmentent des capacités capitales pour l'école et l'université, comme l'apprentissage et la mémorisation. Dans cette mobilisation, on retrouve les ingrédients des pratiques des meilleurs pédagogues. Les résultats d'imagerie mettent en lumière leur complémentarité, qui renforce de façon majeure leur efficacité : on a donc besoin que ces circuits coopèrent !

5. On s'habitue au système éducatif qui existe dans notre pays, que l'on juge comme une évidence. Or, il est libérateur de **comparer les systèmes éducatifs** existant dans d'autres pays : par exemple, comment les différentes méthodes pédagogiques traitent-elles des notes ? Si l'échec est pour notre cerveau une source d'inhibition, souvent paralysante, ce qui est paralysant n'est en fait pas l'échec objectif mais la perception subjective qu'on en a, comme le montre très précisément l'expérience sur l'« inhibition acquise » – la perception qu'on a de son propre échec comparé au succès apparent des autres.

Idriss Aberkane souligne à cet égard l'idée que l'échec doit être considéré comme un « plus », faisant partie de tout apprentissage, et non comme une honte à cacher. Ensuite, il aborde la question très controversée des notes, en comparant la « vie notée » et la « vie réelle », pour montrer comment ces notes brident nos capacités.

6. Un autre mode d'action pour se libérer l'esprit, ce sont les jeux, en particulier **les jeux vidéo « sérieux »**, source de plaisir, de nouvelles connaissances, de nouvelles représentations qui aident à réfléchir, de nouvelles façons de raisonner, de nouvelles capacités mentales. À condition de bien les choisir et de bien les maîtriser – le jeu peut aussi devenir une addiction –, on peut profiter de l'énergie des créateurs de ces jeux, pour lesquels il n'y a pas de limite entre l'ingénieur, l'artiste et le pédagogue qui réfléchit à des méthodes nouvelles. Un joli exemple d'efficacité est donné par les jeux informatiques développés par Patrick Marchal et sa société WeWantToKnow pour apprendre l'algèbre et la géométrie à ceux qui se croient nuls en mathématiques : en changeant la représentation mentale, en remplaçant l'inconnue d'une équation par une boîte dont il faut deviner le contenu, ces jeux débloquent les réticences et la peur de l'échec. C'est vérifiable, quantifiable, et tout le monde peut en bénéficier. Autre exemple, les plates-formes qui permettent d'accéder facilement aux contenus d'un très grand nombre de résultats scientifiques, comme Neurosynth ou LinkRbrain pour l'imagerie cérébrale. En moins d'une heure, des élèves de troisième se sont approprié ces outils pour faire leurs « travaux personnels encadrés », outils qui les ont libérés de leurs inhibitions… et de celles de leurs profs, très fortes a priori.

7. Autre pays visité par Idriss Aberkane, celui de **l'économie de la connaissance**. Il s'agit de comprendre quels sont les ressorts et logiques de l'économie de la connaissance, très différente de l'économie « matérielle ». L'objectif est là aussi de mieux identifier les limites, et de les repousser le plus possible. L'auteur se focalise sur deux variables importantes : l'« attention » et le « temps », qui conditionnent directement les capacités d'échange. Or ce sont précisément des variables majeures de notre fonctionnement cérébral, et aborder en même temps les neurosciences cognitives et l'économie peut être un atout remarquable pour développer de façon efficace les échanges de grands ensembles de connaissances.

Le problème posé par l'attention est celui des moteurs de recherche : en classant les résultats de nos requêtes, en sélectionnant les informations qu'ils nous fournissent, ils pilotent notre attention et notre regard et les limitent. Par exemple, dans un fil d'actualité, ils orientent notre regard sur le monde. Les journaux l'ont toujours fait, les radios et les télévisions aussi et, de ce point de vue, le Web est seulement un peu plus pervers, puisqu'on a l'impression de bénéficier de la diversité des sources alors que ces dernières s'imitant les unes les autres, ainsi que les lecteurs, on est envoyé là où il y a déjà le plus de badauds…

8. Idriss Aberkane nous emmène ensuite au pays de **la publicité et du marketing**, dont il rappelle que leur efficacité repose sur un mécanisme biologique très basique : la synapse de Hebb. C'est l'un des principes qui font leur succès et la difficulté de s'en libérer. Mais l'auteur va plus loin en montrant la sophistication des associations proposées par les publicités, comme celle de Philip Morris au Niger, qui associe les cigarettes à un départ vers une terre promise, alors que c'est exactement l'inverse : un emprisonnement dans une addiction.

La limite à notre connaissance du monde vient de la difficulté de prendre conscience des biais très forts véhiculés par une information présentée comme objective. Là aussi, comme pour la publicité, il existe des méthodes, des techniques pour identifier ces manipulations. Les réseaux sociaux ont permis de multiplier les expérimentations à grande échelle afin de comprendre des processus classiques en psychologie sociale, comme la contagion émotionnelle dans les groupes. Les réflexions d'Idriss Aberkane peuvent utilement se prolonger par la lecture du *Petit Traité de manipulation à l'usage des honnêtes gens* de Robert-Vincent Joule et Jean-Léon Beauvois[1] et de *TV lobotomie* de Michel Desmurget[2].

9. Idriss Aberkane nous présente également le monde des **innovations technologiques** : comment celles-ci peuvent-elles contribuer à la libération des cerveaux et des esprits ou, au contraire, en renforcer les limites ? Voir, par exemple, les écrans pour les tout-petits, qui conduisent à des retards de langage. L'auteur aborde à ce sujet les coopérations entre cerveau et technologies, notamment celles inventées et développées pour compenser des déficits des organes sensoriels ou moteurs et aider les personnes handicapées à compenser leur handicap. Il livre comme piste de réflexion le formidable travail d'un neuroscientifique, Paul Bach-y-Rita, sur la complémentarité entre ressources technologiques et ressources cérébrales. Par exemple, quand, pour rendre sensible à une scène visuelle un aveugle, on a utilisé une caméra dont les pixels étaient transformés en impulsion tactile, Paul Bach-y-Rita a

1. Presses universitaires de Grenoble, 1987 ; nouvelle version, 2014.
2. Max Milo, 2011 ; J'ai lu, 2013.

prouvé que c'était la capacité de l'aveugle à piloter le mouvement de la caméra avec sa main qui rendait la perception sensorielle fournie par les picotements de la peau très proche d'une perception visuelle.

L'autre source de libération offerte par la technologie réside dans le développement de nouvelles représentations mentales pour dépasser nos limites face à la complexité des informations, en particulier la capacité de prendre en compte de très grandes quantités d'information. À côté de l'hypertexte, Idriss Aberkane a lui-même développé de nouvelles méthodes d'hyperécriture. À suivre…

10. Le dixième pays visité par Idriss Aberkane est celui de **la sagesse**, à travers différentes cultures. Aux États-Unis ou en France, on est très influencé par la sagesse bouddhiste, notamment dans les lieux professionnels, où on a de plus en plus besoin de maîtrise, de recul, de méditation. Ce livre nous propose d'autres sources de sagesse, tout aussi pertinentes, pour dépasser nos limites, en particulier la sagesse soufie, que l'auteur connaît bien. Il propose aussi un voyage qui réunit l'Orient et l'Occident, rencontre dont on a grand besoin dans cette époque marquée par des clivages très forts.

Cette alliance de la science, des technologies, de la sagesse (« Qu'est-ce qui nous fait du bien à tous ? ») et de la médecine (« Que connaît-on qui marche ? ») peut se développer autour de questions simples, comme celle qui est posée dans ce livre : « Comment libérer son cerveau, son esprit ? » Cette interrogation peut être suivie par des questions tout aussi basiques, mais tout aussi mal résolues dans notre société : « Comment vivre le mieux possible quand on vieillit ? », ou encore : « Comment éviter les dérives addictives des très jeunes ? »

En essayant d'y répondre, on comprend la nécessité de voyager dans les différents champs de la connaissance : des neurosciences à la psychologie cognitive et sociale et aux comparaisons des systèmes éducatifs en passant par la technologie, la politique, la culture… Tout cet ensemble n'a pas besoin d'être défini. On doit néanmoins réunir, en visitant le pays de la sagesse, les différentes sagesses, celles d'Orient et celles d'Occident. C'est ainsi que l'ensemble du voyage, des neurones à la culture, nous conduit à une « neurosagesse ».

Sa méthode

Maintenant, revenons à la méthode d'Idriss Aberkane et, inexorablement, à cette question fondamentale : « Comment se libérer des barrières mentales que la société nous impose et que l'on s'impose à soi-même ? », qui préoccupe beaucoup d'entre nous, dans le travail, les études ou encore l'éducation des enfants.

Il y a plusieurs façons dans notre société de faire avancer la connaissance et la réflexion. L'une d'elles est de s'investir dans un domaine scientifique pointu, de publier – en se centrant sur un point particulier, comme par exemple en psychologie sociale l'« inhibition apprise » – et de développer l'expérimentation autour de ce thème. On bâtit une connaissance comme on construit une maison, pierre après pierre. Ce type de publication scientifique sur des sujets très précis permet d'être embauché et financé comme chercheur par des institutions comme le CNRS, l'Inserm ou, à plein temps, par l'Université.

L'autre façon de faire, celle choisie par Idriss Aberkane, n'est pas tant celle du bâtisseur que celle du voyageur. Il s'agit de multiplier les incursions dans des domaines très variés, concernés par la question qui nous préoccupe, en essayant d'en faire le tour le plus large possible et, comme un globe-trotter, de raconter son périple pour donner des pistes aux lecteurs tout en le balisant de façon précise. Avec cette méthode, on ne peut pas publier de résultats dans une revue scientifique, donc pas de CNRS, d'Inserm ou de plein temps universitaire. On s'autofinance, on se débrouille, on crée des start-up, on dépose des brevets, on donne des conférences, on vend ses logiciels, ses livres, comme Idriss Aberkane.

Il faut bien sûr, pour que cela marche, avoir des qualités de conteur, il faut ne pas être ennuyeux, ne pas avoir peur des images, des métaphores qui permettent de se faire comprendre par des publics de cultures très différentes. Mais avoir une bonne plume ne suffit pas, il faut aussi, si possible, avoir fait des études de biologie moléculaire, d'imagerie, d'économie, des maths, d'informatique… C'est encore l'informatique qui est le plus rentable, parce que c'est un domaine de production très libre où l'innovation se fait autant sinon davantage par des logiciels que par des publications ; si on innove par exemple en informatique et ergonomie, comme Idriss Aberkane, on peut écrire une thèse dans ce domaine, avec des brevets. C'est d'ailleurs en étant rapporteur de sa thèse[1] que j'ai pu juger de l'innovation qu'il apportait en neuroergonomie.

Libérez votre cerveau ! est avant tout un compte rendu de voyage, dans au moins une dizaine de domaines, comme je l'ai montré plus haut, avec à chaque fois plusieurs pistes pertinentes sur la question posée. Voyager, c'est aussi une façon de libérer son cerveau, son esprit, loin des catégories. Pour chaque piste, Idriss Aberkane donne une façon très simple d'approfondir les choses, en fournissant des balises Internet sous forme de mots-clés, comme « l'inhibition acquise », ou de noms d'auteurs, comme « Charisse Nixon ». On peut alors dénicher en ligne des vidéos, des expériences et des conférences sur le sujet. Et bien sûr, pour ceux qui veulent s'attarder dans l'un des pays visités, comme le pays des neurosciences, des livres de vulgarisation scientifique, comme *Les Neurones de la lecture* et *Le Code de la conscience* de Stanislas Dehaene[2], *Le Cerveau attentif* de Jean-Philippe Lachaux[3], *Un cerveau nommé désir : sexe, amour et neurosciences* de Serge Stoléru[4], ou encore *Les Pouvoirs de l'esprit : transformer son cerveau, c'est possible !* de Michel Le Van Quyen[5], sont cités.

Certains reprochent à Idriss Aberkane son intérêt pour le préfixe « neuro » – au-delà de la *neurosagesse*, il joue avec *neurodroits*, *neuro-inspiration*, *neuronaissance*, *neurofascisme*, *neurodatasome*… C'est simplement une façon pour lui de partir de questions fondamentales pour la société et, même si le chemin n'est pas encore construit, de penser aux pistes possibles pour y répondre, de voir s'il y a déjà quelques balises et, sinon, de s'efforcer d'en créer.

Malheureusement, quand j'ai interrogé des constructeurs et des voyageurs sur les réactions qu'ils ont provoquées quand ils se sont proposé d'élargir leur domaine de connaissance, plusieurs m'ont

1. « Neuroergonomie et biomimétique logicielle pour l'économie de la connaissance : pourquoi ? Comment ? Quoi ? », École polytechnique – Université Paris-Saclay, 2016.
2. Odile Jacob, 2007 ; Odile Jacob, 2014.
3. Odile Jacob, 2011 ; Odile Jacob Poches, 2012.
4. Odile Jacob, 2016.
5. Flammarion, 2015.

répondu par la même formule : « Je m'en suis ramassé plein la gueule ! » Et ce même si aujourd'hui, ils sont reconnus. Pour les constructeurs, j'appelle cela la « galère de Galilée » ; pour les voyageurs, la « galère de Magellan ». On pourrait se passer de ces galères qui n'aident en rien à résoudre les questions posées.

Mais là, on oublie les galères, on respire un grand bol d'air, et on part en voyage, on se fait plaisir avec des espaces nouveaux, des rencontres de gens passionnants et la perspective d'odyssées libératrices.

Les créateurs libérateurs

Le livre d'Idriss Aberkane inspirera à chaque lecteur d'autres pistes, comme tous les bons récits de voyage. Parmi celles-ci, pour libérer son cerveau et son esprit, on peut notamment penser à des créateurs comme le cinéaste russe Andreï Tarkovski avec son *Andreï Roublev*[1].

Nous sommes en Russie, au XVe siècle. Alors qu'il est un excellent peintre d'icônes, Andreï Roublev, pris dans la violence des conflits de son temps, décide d'abandonner son art et se mure dans le silence. Mais un jour, par hasard, il croise le chemin de Boriska, qui va, par son exemple, briser cette chaîne mentale du silence et de l'inaction qu'il s'est imposée.

Les villes ont été ravagées par la peste. Afin que la vie renaisse, le Prince veut que soit fondue une cloche impressionnante, avec une sonorité parfaite. Mais le maître fondeur est mort de la peste et les émissaires du Prince ne dénichent que Boriska, son fils, très jeune, qui leur affirme que lui seul saura réalisera cette cloche, car il connaît les secrets de son père. Le Prince accepte. Cependant, si la cloche ne sonne pas parfaitement, Boriska sera décapité. Alors ce dernier se lance dans un travail effréné pour associer le bon cuivre et le bon étain, les doser parfaitement, trouver l'argile pour le moule, la bonne température de fonte, etc. C'est un travail d'enfer, sans filet.

1. Film sorti en 1969.

Puis le Prince et tous les habitants se réunissent pour découvrir la cloche enfin fondue. Quand le sonneur actionne le battant, tout le monde retient son souffle : ce premier son entraînera soit l'euphorie, soit la condamnation à mort du petit fondeur ! Heureusement, le son de la cloche est parfait. Boriska, épuisé, s'effondre alors en pleurs dans la boue, et murmure simplement en parlant de son père : « Le salaud, il ne m'avait rien dit. »

L'exemple que vient de donner le petit fondeur, qui a mis toute son énergie et toute son intelligence dans cette aventure, qui a mis sa vie en jeu et qui a réussi, redonne à Andreï Roublev, enfin libéré, l'envie et la passion de peindre.

Polytechnicien, Yves Burnod est docteur en neurosciences, directeur de recherche à l'INSERM. Il a également dirigé des labos INSERM et CNRS, ainsi que des programmes européens de neurosciences cognitives, en particulier sur la Modélisation multi-échelle du cerveau pour l'adaptation et l'apprentissage (reliant molécules, synapses, neurones, réseaux neuronaux, réseaux en imagerie cérébrale, cognition, clinique neurologique et psychiatrique). Il travaille actuellement sur l'analyse automatisée de grandes bases d'articles pour relier les ensembles de résultats de plusieurs échelles du vivant et de la société.
Son contact : yburnod@gmail.com

I.

LIBÉREZ VOTRE CERVEAU

1.

Entrez dans la neuroergonomie

Nous n'utilisons pas bien notre cerveau. À l'école, au travail, en politique, nous n'utilisons pas *ergonomiquement* notre cerveau. Les conséquences de ce mauvais usage sont diverses, mais elles ont en commun le mal-être, la pétrification mentale et l'inefficacité. Cela est particulièrement vrai dans notre économie : les corrélats nerveux y sont loin d'être optimaux, le cerveau collectif de l'humanité est confiné, parce que le cerveau individuel des humains est confiné. À quoi tient ce confinement ? Comment peut-on s'en libérer ?

La neuroergonomie, c'est l'art de bien utiliser le cerveau humain. De même qu'une chaise est plus ergonomique qu'un tabouret parce qu'elle distribue mieux le poids de son utilisateur, on pourrait distribuer autrement, et plus efficacement, le poids de la connaissance, de l'information et de l'expérience sur notre cerveau. Lorsque nous le faisons, le résultat est à la fois profond et spectaculaire.

Quand l'humanité a découvert le levier, la poulie ou la machine à vapeur, le monde en a été transformé. Il en fut de même quand elle se dota de l'écriture, de l'imprimerie, de l'Internet… Quand nous donnons un levier à notre vie physique, le monde se transforme. Quand nous donnons du levier à notre vie mentale, le monde se transforme plus encore, parce que ce ne sont plus les outils mais leurs opérateurs qui changent. Leurs perspectives, leur compréhension du monde, d'eux-mêmes ou des autres, leurs raisons d'agir se transforment, parce que leur vie mentale est plus libre. Faire de la neuroergonomie, c'est changer le monde, cerveau après cerveau, et changer la destinée de l'humanité. Faire de la neuroergonomie, c'est libérer la vie mentale des gens.

Nous pouvons mieux apprendre, mieux produire, mieux voter, nous pouvons mieux penser, mieux communiquer, mieux comprendre, tout cela en étant plus épanouis, plus heureux, plus productifs, et donc plus brillants. Alors, que signifie exactement sortir son cerveau du confinement ?

Libérer le levier de sa vie mentale, c'est par exemple ce que fait Rüdiger Gamm (né en 1971), qui divise des nombres premiers de tête jusqu'à la soixantième décimale. C'est encore ce que fit Shakuntala Devi (1929-2013) qui, en 1977, fut capable d'extraire la racine cubique de 188138517 plus vite qu'un ordinateur, la racine 23e d'un nombre à 201 chiffres en moins d'une minute, ou qui multiplia de tête et en 28 secondes deux nombres à 13 chiffres.

Priyanshi Somani (née en 1998) calcula dix racines carrées de nombres à 6 chiffres, jusqu'à 8 chiffres après la virgule, en moins de 3 minutes. Alberto Coto (né en 1970) détient le record mondial de vitesse, 17 secondes, pour une addition de termes à 100 chiffres (soit au moins 6 opérations mentales par seconde). En 1976, Wim Klein (1912-1986) mit 43 secondes pour calculer la racine 73e d'un nombre à 500 chiffres.

Shakuntala Devi ou Rüdiger Gamm n'ont pas plus de neurones que vous et moi. Ils n'ont pas une grosse aire cérébrale en plus, ni un cerveau plus gros. En revanche, un haltérophile a bien plus de cellules musculaires que la moyenne humaine. Le record du monde actuel d'haltérophilie à l'arraché est détenu par le Géorgien Lasha Talakhadze, qui soulève 215 kilos… Il mesure 1,97 mètres pour 157 kilos, il a donc beaucoup plus de matière musculaire que la moyenne des gens qui liront ce livre. Quand un athlète de la vie physique s'entraîne, ses muscles grossissent parce qu'ils ne sont pas contenus dans des os. Quand un athlète de la vie mentale s'entraîne, son cerveau ne grossit pas, car il est contenu dans la boîte crânienne. Son volume est essentiellement fixe. Du point de vue de la masse, de la matière, du volume et du nombre de neurones, un athlète du calcul mental comme Rüdiger Gamm a le même cerveau que tout le monde. Le hardware est le même, mais le système d'exploitation est différent. En d'autres termes : il n'est pas sous Windows. Si les performances de son cerveau sont différentes, il doit cependant y avoir une raison à cela, et si cette raison ne relève pas de la masse ou du nombre de cellules, elle doit relever de *l'usage*, c'est-à-dire de l'ergonomie : pas plus de neurones, pas plus d'aires, pas de synapses plus rapides… mais des connexions différentes.

En 2001, une équipe française[1] a étudié le cerveau de Rüdiger Gamm par tomographie à émission de positons (TEP), en le comparant à des calculateurs normaux. La TEP met en relief les aires cérébrales qui consomment plus de glucose durant une tâche donnée. En l'occurrence, il s'agissait du calcul mental. Ce que Pesenti *et al.* ont découvert, c'est que si Gamm utilisait bien des aires communes à lui et aux calculateurs « normaux », il en utilisait aussi d'autres. Il s'agissait d'aires, de son cortex ou de son cervelet, que tout le monde possède, mais que la plupart des gens ne sollicitent pas pour effectuer des calculs : on notait en effet chez Gamm une activation entorhinale, hippocampique, et cérébelleuse.

Le cervelet est un excellent calculateur. Physiquement, il est organisé comme un véritable *data center* : des rangées de neurones (les cellules de Purkinje), alignées comme dans un cristal, qui prennent part à nos mouvements, à notre équilibre, à l'accélération de nos membres et à notre posture sans même que nous ayons à y penser. Cet organe est doté d'une grande autonomie de fonctionnement, qui est corrélée à sa position anatomique : il se trouve en retrait du reste du cerveau, s'organise différemment de lui, selon un fonctionnement qui évoque une carte graphique. Si nous savions comment employer son autonomie de calcul, elle serait un levier pour notre vie cérébrale. En bref, le cervelet est un élément essentiel de la coordination de notre vie physique, mais il peut l'être aussi de notre vie mentale, et c'est ce que semblent démontrer les calculateurs prodiges.

Que font des gens comme Gamm et Klein ? Pensez à une grosse bouteille d'eau en verre. Imaginez qu'elle représente un problème mathématique (comme calculer la racine 73e d'un nombre à cinq cents chiffres de tête). Elle a un certain poids. Ce poids représente la « charge cognitive » du problème. Imaginez votre main ouverte. Elle représente votre cerveau ou votre vie mentale. Pour résoudre

1. Pesenti, M., Zago, L., Crivello, F., Mellet, E., Samson, D., Duroux, B., Seron, X., Mazoyer, B. et Tzourio-Mazoyer, N., « Mental calculation in a prodigy is sustained by right prefrontal and medial temporal areas », *Nature Neuroscience* (2001), 4, 103-107.

le problème et soulever la bouteille, vous et moi n'utiliserons que notre petit doigt. Du coup, l'exercice sera fastidieux, voire impossible. Gamm et Klein, eux, utilisent toute leur main. Ils peuvent soulever la bouteille plus facilement et plus longtemps.

Dans cette métaphore, notre petit doigt représente notre mémoire de travail, ou encore le « calepin visuo-spatial », des modules limités de notre vie mentale, mais que nous sollicitons tous les jours et auxquels nous sommes habitués à recourir en premier pour résoudre une épreuve mentale. Cette mémoire de travail, par exemple, sera à coup sûr saturée en quinze secondes... Pouvez-vous répéter la phrase que vous avez lue il y a quinze secondes ?

Si notre main représente notre vie mentale, les autres doigts de la main peuvent désigner notre mémoire spatiale, notre mémoire épisodique, notre mémoire procédurale (à laquelle prennent part le cervelet et le cortex moteur). Ces modules sont beaucoup plus puissants, ils peuvent soulever des poids cognitifs plus vite et avec moins d'effort que le calepin visuo-spatial ou la mémoire de travail (celle que nous utilisons, par exemple, pour retenir un numéro de téléphone). Nous avons tous une mémoire épisodique, une mémoire procédurale et une mémoire des lieux, peut-être aussi développées que celles de Wim Klein ou Rüdiger Gamm, simplement nous ne les sollicitons pas pour faire des calculs mentaux. Nous les utilisons pour savoir où nous avons grandi (mémoire épisodique ou biographique[1]), comment faire un nœud de cravate (mémoire procédurale), où nous avons garé notre voiture (mémoire spatiale ou bien épisodique).

Ce qui fait de Klein et Gamm des prodiges, ce n'est donc pas une quantité de cerveau supplémentaire mais une capacité à l'utiliser

1. Ces deux mémoires ne sont pas exactement les mêmes, comme l'ont en partie démontré Pascale Piolino *et al.* Piolino, P., Desgranges, B., Benali, K. et Eustache, F. « Episodic and semantic remote autobiographical memory in ageing », *Memory* (2002), 10, 239-257 ; Piolino, P., Desgranges, B., Belliard, S., Matuszewski, V., Lalevée, C., de La Sayette, V. et Eustache, F., « Autobiographical memory and autonoetic consciousness : Triple dissociation in neurodegenerative diseases », *Brain* (2003), 126, 2203-2219 ; Piolino, P., Desgranges, B., Manning, L., North, P., Jokic, C. et Eustache, F., « Autobiographical memory, the sense of recollection and executive functions after severe traumatic brain injury », *Cortex* (2007), 43, 176-195 ; Piolino, P., Desgranges, B. et Eustache, F., « Episodic autobiographical memories over the course of time : Cognitive, neuropsychological and neuroimaging findings », *Neuropsychologia* (2009), 47, 2314-2329.

ergonomiquement. Leurs performances sont de purs cas de neuroergonomie. Je suis convaincu qu'avec cinquante mille heures de pratique (tout de même !), tout le monde pourrait atteindre ces performances. Mais tout le monde ne veut pas devenir haltérophile, athlète de la mémoire ou du calcul mental. Car ces précisions en matière d'ergonomie cérébrale sont largement acquises, très peu innées, et elles relèvent souvent d'une pratique à la fois acharnée et inspirée.

Notre cerveau a des articulations, il y a des mouvements qu'il peut ou ne peut pas faire, il a des limites claires, des *empans*. L'empan de la main, c'est la distance qui va du bout de notre pouce au bout de notre petit doigt, main ouverte. Il conditionne ce que l'on peut saisir. Mais nous pouvons saisir des objets bien plus gros que notre main s'ils ont une poignée. Les objets de la vie mentale sont d'une nature comparable : notre cerveau peut soulever des idées plus larges que l'empan de notre conscience, mais il faut qu'elles soient dotées d'une poignée. En psychologie, on appelle « affordance »[1] la partie d'un objet physique qui est la plus naturellement prise par nos mains. La poignée d'une casserole, par exemple, est son affordance. Eh bien, les idées aussi ont des affordances, et le bon professeur sait munir les notions abstraites d'une poignée intellectuelle simple. Ça aussi, c'est de la neuroergonomie.

On dit souvent que nous n'utilisons que 10 % de notre cerveau. C'est un mythe, et c'est même un non-sens évolutif. Que signifient ces « 10 % » ? Sont-ils 10 % de sa masse ? De son énergie consommée ? De son nombre de cellules ? Notre cerveau a été optimisé par l'évolution ; des centaines de millions d'humains et d'hominidés sont morts dans son affûtage, et même s'il est remarquablement flexible, plastique et adaptable, il n'y a pas grand-chose à jeter dedans. « 10 % », ce n'est pas faux, mais ça ne veut rien dire. Que signifierait une phrase comme « Nous n'utilisons que 10 % de nos mains » ? Ou « Tu n'as utilisé que 10 % de ce stylo » ? Ces 10 % de cerveau ont attiré notre attention parce que nous sommes conditionnés à réagir aux chiffres, aux notes, aux pourcentages… C'est ce que l'auteur René Guénon a appelé « le règne de la quantité » : nous sommes incapables d'évaluer réellement la qualité des choses,

1. Gibson, E. J. et Walker, A. S., « Development of knowledge of visual-tactual affordances of substance », *Child Development* (1984), 453-460.

alors nous nous conditionnons à ne voir que des quantités, des notes, même quand elles sont fausses ou hors sujet.

Ce qui est vrai, cependant, c'est que nous n'utilisons pas tout le *potentiel* de notre cerveau, de même que nous n'utilisons pas tout le potentiel de nos mains : diriger une symphonie, peindre un chef-d'œuvre, façonner un violon, briser un parpaing... Tout cela fait partie des ressources de nos mains, mais ceux qui réaliseront ne serait-ce qu'une seule de ces prouesses dans leur vie doivent se trouver dans la proportion d'un sur cent mille à l'échelle mondiale. De même, nous n'utilisons qu'une maigre partie du potentiel de notre cerveau. Le *Massachusetts Institute of Technology* s'est donné pour devise « l'esprit et la main » ; d'une certaine manière, cette métaphore signifie que nous sous-employons notre esprit. Si nous contemplons le chemin parcouru par l'usage de nos mains, du biface au piano, nous pouvons imaginer les horizons insoupçonnés que recèle la maîtrise fine de nos mouvements – ce que nous appelons la « kinésphère[1] ». Il en est de même pour notre vie mentale.

Sans doute les interfaces du futur feront-elles dialoguer subtilement les potentiels de notre vie physique et de notre vie mentale, parce que les deux sont entrelacés aussi bien par leur évolution commune que par leur mise en œuvre. Le neurone, en effet, est apparu dans l'évolution pour prendre le contrôle d'un mouvement de la vie physique. Ce n'est que plus tard qu'il a pris le contrôle d'un mouvement de la vie mentale. Le potentiel de précision de nos mains, dans cette gestuelle fine qui produit aussi bien un *Giant Steps* de John Coltrane qu'un *Paradis* du Tintoret, pourrait demain piloter des instruments beaucoup plus subtils et nuancés qu'un piano-forte, aussi bien pour guider des astronefs que pour réaliser des opérations chirurgicales. L'instrument, qu'il soit de musique ou d'autre chose, est un isthme sacré entre notre vie physique et notre vie mentale. Et dans l'art d'explorer cet isthme, il nous reste un chemin immense à parcourir.

---

1. La sphère de tous nos mouvements possibles, souvent définie, d'une façon plus limitée, comme tout ce que nous pouvons atteindre en gardant au moins un pied au sol.

Tous prodiges ?

Je fais partie de ceux qui pensent que nous pourrions tous être des « prodiges ». Le problème ne vient pas de nos capacités, mais de notre définition du terme « prodige », qui est au fond très puérile. Prenons le quotient intellectuel (QI), qui procède typiquement du « règne de la quantité », diagnostiqué par René Guénon. À l'origine, il relève du « facteur G » développé par le psychologue anglais Charles Spearman. En 1904, ce dernier découvrit une corrélation significative entre les performances scolaires à travers les disciplines : un enfant qui excelle en anglais a, par exemple, plus de chances d'exceller en mathématiques, de sorte qu'il y a fréquemment des « premiers de la classe » excellant dans toutes les disciplines. Constatant cela, Spearman voulut trouver le dénominateur commun à cette excellence scolaire, et il le nomma « facteur G », pour « général ». La notion de quotient intellectuel était en gestation.

On ne peut dissocier les découvertes de Spearman de la tendance générale à l'eugénisme et à l'« hygiène sociale » qui prévalait à l'époque ; les mesures de l'intelligence ont, en effet, été popularisées par l'eugéniste Galton, qui avait établi une échelle pseudo-scientifique aux capacités intellectuelles des peuples et justifiait ainsi, entre autres, la colonisation. Or ce que Spearman observait, c'était une forte corrélation dans la nature intellectuelle des épreuves scolaires, rien de plus. Ce qu'un élève doit mobiliser pour avoir une bonne note en anglais n'est pas très loin de ce qu'il doit mobiliser pour en avoir une aussi bonne en mathématiques. En aucun cas l'école ne capture toute la vie : c'est la vie qui contient l'école, pas l'inverse. De même, l'école ne capture pas l'humanité, et le facteur G encore moins. S'il vient souligner un aspect petit et reproductible de l'intelligence, il serait pseudo-scientifique de dire qu'il saisit l'excellence, même cognitive. Le facteur G est à l'intelligence ce que l'ombre est à la tête humaine. Il porte de la connaissance, c'est-à-dire de l'information « réplicable », mais il en porte très peu, et il faudrait être ignorant ou arrogant pour l'assimiler à ce phénomène multidimensionnel qu'est l'intelligence, et que seule la vie est à même de juger. Sélectionner des gens selon le facteur G dans la vie mentale, ce serait comme sélectionner des gens selon leur taille dans la vie physique : cela a du sens pour certaines épreuves... Mais une personne de petite taille n'est pas exclue par principe de la pratique du basket, ou une personne lourde intrinsèquement inapte à l'équitation.

J'aime aussi me rappeler que, pendant plus de dix ans, le chef mafieux Vincent Gigante, surnommé « The Chin[1] », parvint à convaincre de sa faiblesse intellectuelle des dizaines de psychiatres, parmi les plus brillants et les plus respectés, alors qu'il est considéré comme le plus puissant parrain de New York dans les années 1980.

La religion du facteur G n'est elle-même qu'un culte dans la grande religion de la quantité – impitoyable avec ses hérétiques, d'ailleurs. Or s'il existait un dénominateur commun physique à la réussite scolaire, si la taille ou la couleur des yeux se corrélaient à la réussite scolaire, n'importe quel humain sensé en viendrait à la conclusion que c'est l'école qui est mauvaise, puisqu'elle ne respecte pas la diversité physique – un bien en soi, car généré par la nature après une longue sélection. Alors pourquoi ce que nous appliquons de bon sens à la vie physique, refusons-nous de l'appliquer à la vie mentale ? Très souvent, le bon sens qui prévaut dans notre appréciation de la vie physique reste à construire dans la vie mentale, parce que si nous voyons nos mains, nos mouvements en action, nous ne voyons pas notre cerveau, notre esprit, fonctionner.

Si le facteur G suffisait à prédire à tous les coups les performances scolaires, cela voudrait dire qu'une mesure noométrique[2] serait capable de capturer toute l'école... Ce serait une mauvaise nouvelle pour l'école, pas pour notre esprit ; de même que réduire le succès scolaire à la taille ou à la couleur des yeux montrerait toute la faiblesse, non pas des humains aux yeux noirs ou de petite taille, mais de l'école qui prétend les comprendre et les noter.

Comme l'ombre d'un corps, le facteur G est reproductible. Sa mesure tend à demeurer la même sur une bonne portion de la vie d'un individu, il est assez bien héritable. Cependant, si la longueur des ailes d'un oiseau demeure constante à l'âge adulte et est

1. Le menton.
2. La métrique de notre vie mentale.

aussi bien héritable, elle ne suffit pas à capturer le vol de tous les oiseaux et la nature ne l'a pas sélectionnée chez toutes les espèces. Le phénomène de l'intelligence humaine est une chose bien plus complexe, subtile et diversifiée qu'une mesure unidimensionnelle. Cependant, nous aimons forcer la réalité à se conformer à nos mesures plutôt qu'étendre nos mesures à la réalité. Si le facteur G se corrèle facilement aux notes[1], aux performances académiques et au salaire, c'est le fait d'une tautologie sociale. Notre école et la portion limitée de notre société qui est basée sur les résultats scolaires sélectionnent assez bien les gens sur ce facteur. Mais le simple fait que des humains au facteur G moins éminent aient survécu deux cent mille ans démontre que la nature, elle, ne nous a pas sélectionnés sur ce principe. La nature est bien plus sophistiquée que nos modes de sélection rudimentaires, politiquement biaisés et intellectuellement naïfs.

Alors, qu'est-ce qu'un prodige ? On peut être un prodige sans avoir un facteur G supérieur à la moyenne, c'est une certitude. On peut également être un grand compositeur en étant devenu presque sourd (ce fut le cas de Beethoven), un des plus grands généraux de tous les temps en ayant des performances moyennes aux académies militaires et en ayant eu les plus grandes difficultés à apprendre à lire (ce fut le cas de Patton). Quant au général Giáp, qui mit en échec les armées les plus entraînées du monde pendant la guerre du Viêt Nam, et les esprits les plus émoulus des académies de son temps, il n'avait reçu aucune éducation militaire formelle. C'est ça, la réalité, qu'elle entre ou non dans les cases de nos préjugés.

Là où Bernard Law Montgomery[2] était un élève moyen, le désastreux et bien nommé Maurice Gamelin[3] sortit major de Saint-Cyr, en 1893. J'ai appris cette leçon d'un grand policier et diplomate français : ce sont les circonstances qui font les héros, leur formation seule n'est pas déterminante. Si ce principe devait être vérifié, cela

1. Il ne s'y corrèle pas totalement, bien sûr, et de nombreux QI excellents se retrouvent en échec scolaire, notamment parce qu'en dépit de leur adéquation intellectuelle à notre scolarité, celle-ci brise parfois leur motivation et leur curiosité.

2. Surnommé « Monty », maître tacticien et héros britannique de la Seconde Guerre mondiale.

3. Général français, dont la stratégie de défense fut un désastre en 1940.

signifierait que nos techniques de sélection ne sont que de pâles copies de celles qui prévalent dans la vraie vie, qui est à la fois plus ancienne, plus vaste et plus diversifiée que la vie notée (dont fait partie la vie scolaire).

La vie notée est à la vraie vie ce que le cheval de bois est au vrai cheval. Vous pouvez avoir échoué à une multitude d'examens sur cheval de bois et exceller sur un vrai cheval par la suite, laissant loin derrière vous les premiers de la classe. Or, dans la société que nous créons, celui qui excelle sur un cheval véritable sans être passé par le cheval de bois, on le traite d'imposteur ou d'arriviste. L'humain est ainsi fait, mais ce bizutage est le réflexe des faibles d'esprit. Si votre vie entière repose sur un cheval de bois, il vous sera plus facile d'affirmer que le cheval véritable n'est qu'une légende.

On nous a fait croire que la vraie vie (professionnelle, scientifique…) ne pouvait plus exister sans la vie notée. C'est pourquoi un scientifique doit passer son temps à surveiller sa note dans les classements de citation, sans quoi il n'existe pas. Pour avoir voulu très tôt libérer ma vie mentale de la vie notée, j'ai appris une sagesse essentielle : la vie réelle peut contenir la vie notée, la vie notée ne peut pas contenir la vie réelle. La première est plus ancienne, plus vénérable, plus vraie et plus noble que l'autre, qui a fait sur elle un coup d'État. Quiconque critique ce coup d'État s'expose à des punitions redoutables, car le système par lequel la vie notée a décapité la vie réelle et s'est couronnée à sa place possède tous les attributs d'une religion sadique, avec ses prêtres, son inquisition et ses expiations.

Sous la IIIe République, l'école française enseignait la nage au tabouret. On utilisait pour apprendre des machines, des appareils, sans jamais aller dans l'eau. Imaginez que l'on établisse un système de permis de nage, avec épreuves théoriques et mécaniques obligatoires. Imaginez un moniteur de ce permis rencontrant un enfant d'Amazonie ou des Caraïbes qui aurait, lui, appris à nager en se jetant à l'eau. Comment réagirait cet homme ? Il passerait par toutes les étapes de la dissonance cognitive[1] et chercherait probablement une explication fantaisiste pour maintenir le système de pensée sur lequel il a bâti toute sa vie. Son explication se trouverait

1. Il y a « dissonance cognitive » lorsque ce que je vois brise ce que je crois. *Cf.* p. 129.

quelque part entre « cet enfant est un cas particulier », « cet enfant a été formé à la nage sur un tabouret mais il nous le cache » et « cet enfant n'existe pas ! ». C'est une déformation professionnelle bien connue des scientifiques : si je l'ignore, ça n'existe pas, et si ça n'existe pas, ça ne peut pas exister.

Vers des corrélats neuronaux de l'excellence scolaire ou du QI ?

Sur le cheval de bois de notre école, il existe un certain facteur qui se corrèle à une certaine idée de l'excellence. Ce facteur G ou « quotient intellectuel » est utile comme mesure cognitive, par exemple pour évaluer l'impact d'un trauma ou d'une contamination chimique sur une partie de l'intelligence d'une personne. Mais il ne faut pas l'extrapoler. Si l'on analyse les centaines de publications scientifiques sur le sujet, on découvre à quoi peuvent ressembler certains de ces corrélats neuronaux[1] :

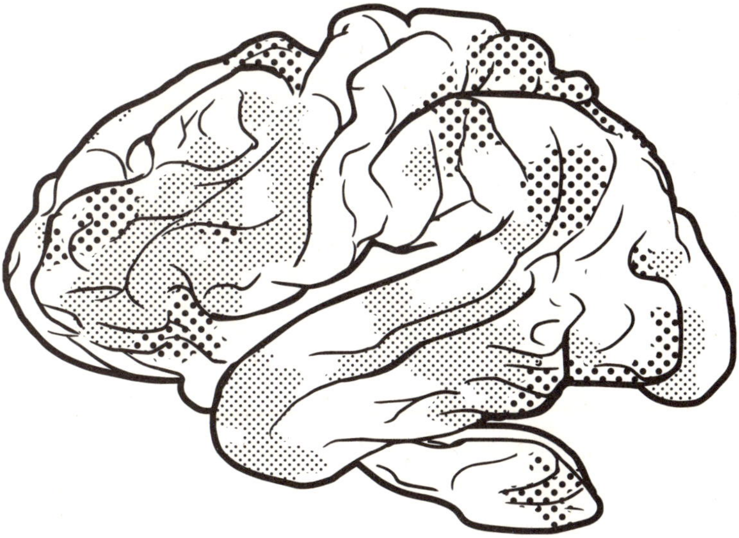

1. *Cf.* la plate-forme *LinkRbrain* de Salma Mesmoudi et Yves Burnod à l'Inserm.

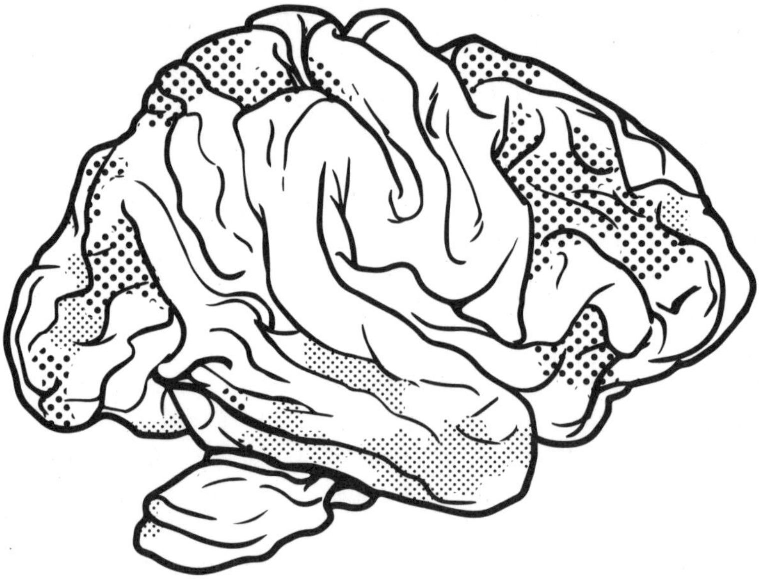

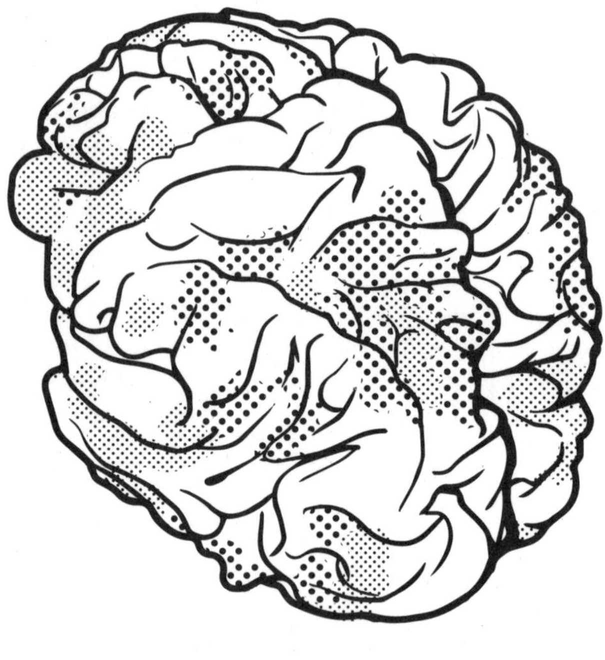

Les trois images ci-dessus représentent trois vues du cerveau, sur lesquelles on a projeté des activités neuronales moyennes correspondant, sur des centaines de gens, soit :

Représentés par les gros points : mathématiques
- calcul mental,
- opérations arithmétiques,
- rotations mentales,
- calcul (mental ou sur papier).

Représenté par les petits points : langage[1]
- lecture, incluant :
- – reconnaissance sémantique des mots,
- – reconnaissance visuelle des mots.

Les activités neuronales associées à ces fonctions mentales sont tirées de plus de deux cents publications scientifiques collectives. En neurosciences cognitives, on fait souvent une approximation statistique grave : on prend la corrélation pour une causation. Or nous ne voyons ici que des activités *corrélées* à la lecture ou au calcul mental, ce qui ne veut pas dire qu'elles en sont totalement responsables.

La première image montre l'hémisphère droit, la seconde, l'hémisphère gauche, et la troisième est centrée sur le sillon intrapariétal gauche (l'aire avec gros et petits points, au cœur de l'image). Le sillon intrapariétal, que Dehaene et Butterworth ont popularisé sous le nom de « bosse des maths » possède des populations de neurones dont le rôle est essentiel dans l'arithmétique exacte. Ces populations de neurones se trouvent dans les deux hémisphères. En fait, si l'on regarde les activités en gros points (associées, ici, aux mathématiques), elles apparaissent presque parfaitement symétriques sur les deux hémisphères. Celles associées au langage, en revanche, ne le sont pas : en général, les corrélats neuronaux du langage sont fortement latéralisés à gauche. Disons pour simplifier que si les sillons intrapariétaux gauche et droit contribuent à nos capacités de calcul, le sillon intrapariétal gauche est davantage sollicité dans une tâche scolaire avec restitution du résultat, par écrit et par oral.

Il est clair qu'à l'école, l'accent est presque totalement mis sur les capacités verbales des élèves, surtout en mathématiques, où un élève n'a aucun point s'il parvient à résoudre un problème sans savoir en verbaliser la démonstration. Comme notre cerveau sait faire des choses sans savoir les

1. En l'occurrence, langages européens. L'activation serait un peu différente pour du chinois, par exemple, ou du coréen.

expliquer (c'est même le cas de l'immense majorité des choses qu'il sait faire), lier l'excellence au monde verbalisé est déjà une limitation. Alors, si l'on exclut la volonté et la motivation – qui sont sous-évaluées dans l'éducation –, pour ne se concentrer que sur les capacités « intellectuelles », c'est le sillon intrapariétal gauche qui est sans doute au cœur du phénomène (au demeurant complexe) « avoir de bonnes notes ». Le phénomène serait alors encore plus confiné qu'on le croyait, même dans la vie cérébrale.

Autre problème : la question d'une possible régression de l'intelligence générale dans la population. En 2013, Woodley, Te Nijenhuis et Murphy[1] ont publié une étude affirmant qu'il existait un « déclin dans l'intelligence générale ». Elle s'articulait autour d'un test très simple, connu depuis l'époque victorienne : on affiche un point sur un écran et on demande au sujet de dire s'il se trouve à gauche ou à droite de lui, le plus vite possible. Il résulte de ce test que le temps de réaction s'est allongé dernièrement. Certains voient là le signe que notre intelligence régresse.
Pour ma part, je considère cela comme la surinterprétation d'une expérience minuscule, incapable de capturer la notion d'intelligence générale. Pour en avoir fait passer moi-même, je peux confirmer que plus votre esprit « erre », plus votre activité mentale spontanée est grande, moins vous serez affûté à ces tests basiques de « décision perceptive ». Cela prouve-t-il que vous êtes moins intelligent ? Une explication possible à l'observation de Woodley *et al.*, c'est que les gens « pensent » davantage, que leur cerveau est bien plus riche d'activités spontanées, de réflexions, de mémorisations aujourd'hui qu'hier, et que ces activités empiètent sur leurs performances à un test désuet.
De Néandertal à *Sapiens*, la taille du cerveau a diminué. Peut-on dire que les capacités cognitives des hominidés ont aussi diminué de Néandertal à *Sapiens* ? Je ne le crois pas.

Si vous limitez votre vie à la vie notée, vous n'aurez pas de vie, vous aurez vendu un cheval véritable pour acheter un cheval de bois. Pire, ce cheval de bois, vous le transmettrez à vos enfants. L'homme noté est inférieur à l'Homme tout court. Héritage de la pensée eugénique, nous avons cru que l'*Übermensch* (le « surhomme ») de Nietzsche se trouvait dans l'homme noté,

1. Woodley, M. A., Te Nijenhuis, J. et Murphy, R., « Were the Victorians cleverer than us? The decline in general intelligence estimated from a meta-analysis of the slowing of simple reaction time », *Intelligence* (2013), 41, 843-850.

alors qu'il se trouve justement dans l'homme libéré de la vie notée. *Homo sapiens sapiens* est supérieur à *Homo æstimatus*. Et parce que « estimé » nous semble flatteur, nous avons oublié qu'il est avant tout une aliénation. C'est l'esclave qu'on estime, avant de l'acheter ou de le vendre.

Le sage Pierre Rabhi l'a si bien compris qu'il a brisé les manuels de son temps. Il savait que c'était aux manuels de se mettre au service de l'homme et non à l'homme de se soumettre aux manuels. À la conférence TEDxParis de 2011, il a posé la question suivante : « Y a-t-il une vie avant la mort ? » Ses mots, limpides, sont réservés à ceux qui ont fait l'épreuve de la vie réelle.

> « ...et puis, la grande proclamation de la modernité, c'était que le progrès allait en quelque sorte libérer l'être humain. Mais moi, quand je prenais l'itinéraire d'un être humain dans la modernité, je trouvais une série d'incarcérations, à tort ou à raison. De la maternelle à l'Université, on est enfermés, on appelle ça un "bahut", tout le monde travaille dans des boîtes, des petites, des grandes boîtes, etc. Même pour aller s'amuser, on y va, en boîte, bien sûr dans sa caisse, hein, bien entendu... Et puis vous avez la dernière boîte où on stocke les vieux, en attendant la dernière boîte que je vous laisse deviner. Voilà pourquoi je me pose la question : existe-t-il une vie *avant* la mort ? »

Autrefois, nous existions par nous-mêmes, pas par notre fonction. Mais les structures tribales se solidifiant et s'amplifiant avec l'urbanisation, la fonction a pris le pas sur l'être. Je ne crois pas que Shakespeare, pourtant, ait affirmé un jour : « Faire ou ne pas faire, telle est la question. » Pierre Rabhi a raison : nous avons créé une grande diversité de boîtes, mentales, culturelles ou physiques, dans lesquelles nous avons pris l'habitude de nous enfermer systématiquement. Cet enfermement est une telle condition de notre vie, que bien souvent nous ne pensons pas à nous définir autrement que par la boîte où nous nous sommes rangés.

Notre cerveau est effectivement soumis à une succession d'incarcérations, que nous finissons par intégrer dans nos schémas de pensée. Car penser dans un schéma est plus rapide à long terme que de penser en dehors, de sorte que le schéma est à la pensée ce que l'industrie est à l'agriculture : un outil, mais aussi une limitation, une standardisation, un conditionnement et un appauvrissement intrinsèque du goût et de la diversité, donc de l'adaptabilité.

Au milieu du XIXe siècle, une gigantesque famine a frappé l'Irlande. Quasiment toutes les patates du pays étaient alors issues d'un même clonage. Lorsque le mildiou les a attaquées, cette absence de diversité a rayé la production de la carte, plongeant le pays dans la crise la plus tragique de son histoire contemporaine. Si l'appauvrissement de la biodiversité peut nous ruiner en quelques jours, il en va de même pour l'appauvrissement de la diversité mentale, à laquelle notre éducation a contribué elle aussi. Notre éducation est à notre cerveau ce que l'agriculture industrielle est aux plantations. Appauvrir la biodiversité nous ruine, appauvrir la « noodiversité » nous ruine plus encore.

Même Bill Gates, qui n'a pas échappé à la vie notée, puisque dans nos sociétés la fortune est la note la plus respectée, avouait un jour : « J'ai échoué à mes examens. J'ai un ami, par contre, qui a réussi tous ses examens à Harvard. Lui, il est ingénieur chez Microsoft. Moi, je suis fondateur de Microsoft. » Moralité : l'échec est un diplôme, et il y a un univers entier, incluant l'entrepreneuriat, que la vie ferme à ceux qui n'ont pas ce diplôme-là. Les mentalités évoluent cependant : Johannes Haushofer, éminent professeur de Princeton, a tout récemment publié le « CV de ses erreurs[1] ».

« La vie est une grande leçon que tu méprises, disait Richard Francis Burton dans son plus grand poème, savoir que tout ce que nous savons n'est rien. » Burton, qui vécut au XIXe siècle, parla couramment vingt-neuf langues et dialectes au cours de sa vie, dont un arabe tellement impeccable qu'il effectua le pèlerinage à la Mecque déguisé, pensant, rêvant, soliloquant en arabe. Jeune, il s'exclut lui-même des chemins de l'excellence administrative en commençant par quitter Oxford dans l'expression flamboyante de sa forte personnalité, celle-là même qui lui vaut d'être connu aujourd'hui, quand des milliers de ses pairs, bien plus haut placés dans la bureaucratie, ont quitté nos mémoires.

1. « CV of failures : Princeton professor publishes résumé of his career lows », *The Guardian*, 30 avril 2016.

Je me suis intéressé aux prodiges, aussi bien scientifiquement que personnellement, et s'il y a une chose que j'ai apprise d'eux, c'est qu'ils combinent une pratique passionnée et une tendance forte à ne pas rester à leur place. L'école commençant précisément par l'art de rester à sa place, il est normal qu'elle dissuade les prodiges, ou ne sélectionne parmi eux que ceux qui supportent son joug. Or, à quiconque voudrait exceller, je donne le même conseil : aussi bien intellectuellement qu'économiquement, ne *jamais* rester à sa place. Si ce conseil devait être vérifié, on comprendrait sans doute pourquoi les nations dont la culture tend à garder les gens à leur place risquent de brider l'excellence humaine.

Un autre phénomène que j'ai pu également observer : ceux qui sont sagement restés à leur place ont tendance à détester passionnément ceux qui ne l'ont pas fait. On ne peut pas leur en vouloir, leur confrontation avec les Maverick[1] est psychologiquement insupportable parce qu'elle les renvoie à un choix décidé d'avance : admettre qu'ils auraient pu, ou dû, quitter le troupeau des gens marqués au fer. Mais si vous ajoutez à ce syndrome la douleur de la marque au fer rouge, vous comprenez mieux encore la haine des gens marqués envers ceux qui ne le sont pas. De cette observation, j'ai tiré un grand respect pour ces Maverick et ces « nèg' » marrons qui ne restent jamais à leur place. Notre monde postmoderne, en crise, a besoin d'eux.

Une tendance notable chez les prodiges, et qu'a bien relevée le psychologue K. Anders Ericsson, c'est la pratique délibérée. Le prodige ne pratique pas parce qu'on le lui demande, mais parce qu'il adore ça. Léonard de Vinci affirmait que l'amour est la source de toute connaissance. Le prodige, en effet, travaille par amour. Il ne travaille pas pour une note, pour un prix, ou pour la reconnaissance de ses pairs, il le fait pour lui, par désir inconditionnel de ce qu'il produit[2]. C'est là que se situent les Léonard, les Paul Cohen – ce prodige mathématique qui démontra que l'hypothèse du continu, un problème sublime, ne pouvait être tranchée dans la théorie ZFC des ensembles, et qui se refusait à faire une revue

1. Du nom de l'avocat texan Samuel Maverick, qui refusa de marquer ses bêtes au fer rouge.

2. Cela ne signifie pas que le prodige ne prendra pas de salaire, seulement que le salaire n'est pas la motivation première de son travail.

bibliographique avant de travailler – ou encore les Grigori Perelman – génial démonstrateur de la conjecture de Poincaré qui refusa de soumettre son travail aux revues étriquées de ses pairs et rejeta aussi bien la médaille Fields que le million de dollars qui lui revenait au titre du prix Clay. Là encore se situait Nikola Tesla, le Léonard du XXe siècle, qui avait des décennies d'avance sur ses pairs et ne travaillait ni ne pensait comme eux. Là encore se situeraient Emily Dickinson et tant d'autres…

Nous reviendrons à cette notion de pratique délibérée, car elle est essentielle pour comprendre la notion d'expertise et, au-delà, celle de génie.

Reprenons le cas de Nelson Dellis, un des plus incroyables athlètes de la mémoire aujourd'hui. Cet homme n'est pas né avec une disposition particulière pour la mémorisation. C'est la contemplation du déclin cognitif de sa grand-mère, souffrant de la maladie d'Alzheimer, qui a déclenché sa passion pour la « mémorologie ». Né en 1984, il a concouru pour la première fois en 2009, et battu par la suite des athlètes dont les pairs pouvaient confirmer la prédisposition naturelle à la mémorisation. La leçon de Dellis, c'est que la pratique délibérée, même relativement tardive, peut surpasser les « facilités ».

2.

Oui, il faut tout changer à notre école !

Si le QI est surévalué, il procède d'une culture-syndrome plus vaste – dont un symptôme est le règne de la quantité – et de ces nombreux mensonges que l'on transmet mécaniquement à nos enfants sans sourciller. Il y a des mensonges puérils avec lesquels on a peu de problèmes (le père Noël, par exemple) et il y en a d'autres avec lesquels l'humanité entière a un problème. Pour comprendre quelques-uns de ces mensonges originels, comparons la vie notée et la vraie vie, le cheval de bois et le cheval véritable.

	Dans la vie notée	**Dans la vraie vie**
Se conformer au moule	Seule voie	Mauvaise voie
Rester à sa place	Seule voie	Voie de la soumission
Discuter l'autorité	Interdit	Nécessaire
S'exprimer librement	Déconseillé	Vital
Être autonome	Déconseillé	Vital
Question/réponse	Trouver la meilleure réponse à une question	Trouver la meilleure question qui a justifié cette réponse
Travailler en groupe	Seulement pour les travaux sans importance. Sinon = tricher	Vital

La vie notée nous trompe donc sur au moins sept aspects majeurs de notre existence. L'observation du sixième (question/réponse) est due notamment à Nassim Nicholas Taleb : « Dans les examens de la vraie vie, quelqu'un vous donne une réponse et c'est à vous de trouver la meilleure question. » Steve Jobs proposera la même idée :

> « Quand vous grandissez, vous avez tendance à prendre le monde comme il est, et à vous dire que votre vie est comme ça, dans le monde. Il ne faut pas trop se cogner contre les murs, avoir une famille sympa, épargner un peu d'argent... Ça, c'est une vie très limitée. La vie peut être bien plus vaste une fois que vous découvrez un fait très simple : tout ce qui vous entoure et que vous appelez la vie a été fabriqué par des gens qui ne sont pas plus intelligents que vous, et vous pouvez le changer, vous pouvez l'influencer, vous pouvez construire vos propres objets, que d'autres personnes utiliseront. Une fois que vous apprenez ça, votre vie ne sera plus jamais la même. »

Or s'il y a bien une chose que l'école a tenté de m'apprendre, sans succès, c'est que sa forme est parfaite et ne doit pas être changée, en tout cas pas par moi, son usager, et que le monde qui m'entoure, pensé par les gens les plus brillants qui soient, dépasse l'entendement de la plupart de ses usagers. L'usager du monde est un emmerdeur qui n'a pas à le modifier, car la métamorphose du monde appartient à une élite dont la légitimité est établie par le monde de l'élite précédente... Le privilège d'influencer, voire de changer le monde, n'appartient donc qu'à ceux qui ont le *mérite* déterminé par l'école – école qui a elle-même le monopole du mérite. Il faut donc avoir reçu un aval venu d'en haut pour remettre en question la réalité telle qu'elle est, et remettre en question les questions elles-mêmes.

L'école de deux vices fait deux vertus, et de six vertus (définir sa place par soi-même, ne pas accepter aveuglément l'autorité, s'exprimer librement, être autonome, travailler en groupe) fait six vices. Le prodige Richard Francis Burton avait parfaitement compris ce mécanisme dans la modernité naissante, lui qui :

- ne s'est jamais conformé aux moules qu'en apparence,
- n'est jamais resté à sa place,

– a été autonome très tôt,
– a appris très tôt quand et comment travailler en groupe.
Dans *The Kasidah of Haji Abdu El-Yezdi*, il le chante en ces termes :

... Dans le cours même du temps,
Chaque vice a porté la couronne de la vertu,
Chaque vertu a été bannie comme un vice ou un crime.

Aujourd'hui, par exemple, l'égoïsme, l'indifférence et la maltraitance de la Terre sont trois vertus capitales de nos sociétés postmodernes, mais elles sont trois vices capitaux dans les sociétés natives. N'importe qui peut comprendre que laisser à ses enfants une terre plus désolée que celle qu'ils ont trouvée à la naissance est un vice, et non une vertu.

À l'école, on nous apprend que la conformité est la vertu suprême et cela dure toute notre vie, en particulier dans le monde universitaire où la conformité est la plus sacrée de toutes les vertus. Le mille-feuille des commissions, des évaluations et de l'*imprimatur*, de l'article à la carrière, en passant par le financement, est là pour y veiller. Dans la vraie vie, comme l'a dit une sagesse profonde, « plus vous essayez de rentrer dans le moule, plus vous allez ressembler à une tarte ». Réussir sa vie c'est en prendre le contrôle, c'est assumer son identité, mettre en valeur sa spécificité plutôt que la brider, assumer sa rondeur quand les trous de la sélection humaine sont carrés, puisque c'est la sélection naturelle qui a validé notre différence. Toute sélection qui n'est pas naturelle est un eugénisme.

Qu'une vie réussie implique de ne jamais capituler et de collaborer avec les moules, c'était devenu une évidence pour Steve Jobs, prodige incontestable de l'entrepreneuriat, unique parce qu'insubstituable. Dans son célèbre discours de 2006 à Stanford, intitulé : « Comment vivre avant de mourir », il supposait que la vie avant la mort n'allait plus de soi :

« Votre temps est limité, alors ne le gâchez pas à vivre la vie de quelqu'un d'autre. Ne vous laissez pas piéger par les dogmes – car c'est vivre dans le résultat de la pensée de quelqu'un d'autre. Ne laissez pas le bruit des opinions des autres noyer votre voix intérieure. Et le plus important, ayez le courage de suivre votre cœur et votre intuition. Ils savent déjà, d'une certaine façon, qui vous voulez vraiment devenir. Tout le reste est secondaire. »

Quelle claque ! Jobs disait à des universitaires de faire exactement le contraire de ce qu'ils font tous les jours. La reconnaissance des pairs ? Oubliez ça ! Ne laissez pas l'opinion des autres troubler votre voix intérieure ! Ayez le courage de suivre votre cœur et votre intuition…

L'école moderne a remplacé notre cœur et notre intuition dans la définition de notre destin, de notre identité, et nous n'avons pas gagné au change. Nous avons laissé quelque chose d'extérieur nous définir, alors que cette prérogative sacrée ne pouvait venir que de l'intérieur de nous-mêmes. Et laisser l'extérieur nous définir, c'est une aliénation lente mais abominable, un esclavage qui ne dit pas son nom et auquel les esclaves finissent par collaborer. Une neuro-sagesse que j'ai apprise sur le tas : ne laissez personne d'autre que vous-même définir qui vous êtes. Vous connaître vous-même est votre devoir le plus absolu dans la vie. Tant que vous le négligez, vous n'êtes pas libre. Aussi, tant que vous laissez les autres vous définir, vous n'êtes pas libre.

Dans la vie notée, il faut se conformer au moule. Dans la vraie vie, si vous le faites, vous êtes mort (au sens de Pierre Rabhi). Vous êtes incarcéré de boîte en boîte, du berceau au tombeau, du parc jusqu'au cercueil. Car ce parc de bébé, qui n'est ni bon ni mauvais *a priori*, nous ne le quittons jamais, nous en créons d'autres, intellectuels, politiques, auxquels nous cédons notre liberté. Biberonnés à cette incarcération en série qu'est la modernité, nous finissons par admettre que l'un ou l'autre politicien nous déclare sans un accroc dans la voix : « La sécurité, c'est la première des libertés. »

Pourquoi le contredire, si c'est déjà ce que nous pensons de notre vie mentale ? Mais l'état d'*Homo sapiens sapiens*, son état original, sur plus des cent cinquante mille premières années de son existence, ce fut la liberté avant la sécurité. La liberté est mère de toutes les productions humaines, dont la sécurité, l'inverse n'est pas vrai. Point.

Dans la vie notée, il faut absolument rester à sa place, ne serait-ce que pour demeurer « notable », « évaluable ». Dans la vraie vie, si vous êtes resté à votre place, vous avez raté l'existence, car vous avez toujours été incarcéré. Un publicitaire a dit un jour que si l'on n'avait pas une certaine montre à cinquante ans, on avait raté sa vie. Le dessinateur Boulet a répondu : si vous rêvez encore de cette montre à cinquante ans, peut-être que c'est vous qui avez raté votre vie.

Je dis que si vous êtes resté à votre place toute votre vie, vous n'avez pas vraiment vécu. Votre vie a été occupée, au sens où un pays est occupé, et l'occupant a été la conformité, qui a régné sur vous par la peur. Perdre sa place, nous verrons combien d'expériences de neuropsychologie le démontrent, est l'une des peurs les plus violentes de l'être humain. Et cette peur, quand elle est cultivée, nous impose de rester à notre place, quel qu'en soit le prix, en particulier vis-à-vis de notre conscience. Les guerres et les massacres collatéraux ont apporté un nombre suffisant d'illustrations à ce principe.

Dans la vie notée, être autonome est fortement déconseillé. On ne choisit pas ses cours à l'école française, le programme est imposé par l'État, tout comme le rythme d'apprentissage. S'il y a des choses « hors programme », c'est bien que certaines notions ne doivent pas être abordées trop tôt. Dans la vie réelle, au contraire, l'autonomie est la seule voie vers la liberté. Il faut penser par soi-même et dénoncer les absurdités, quelle que soit l'autorité qui les profère ou les pratique.

Mais le pire de tous les mensonges véhiculés par la vie notée, c'est encore celui-ci : pour les choses importantes, le succès et l'échec sont individuels. Pour les choses sans importance, en revanche, ils peuvent être collectifs. C'est un mensonge absolu. De la chasse au mammouth au débarquement en Normandie, en passant par la construction des pyramides, toutes les choses qui changent le monde sont des succès ou des échecs collectifs. En revanche, celles qui ne le changent pas sont toujours des succès ou échecs individuels, c'est vrai.

Qui parmi les lecteurs de ce livre a conservé ses rédactions scolaires ? Et les quelques romantiques qui l'auront fait admettront qu'elles n'ont guère changé le monde. Eh bien, une rédaction est notée individuellement, et à l'école, la note individuelle représente un gros coefficient. Le travail personnel encadré (TPE), en revanche, c'est le truc collectif qui n'a aucun coefficient décisif. Dans la vraie vie, travailler en groupe, ça s'appelle coopérer ; à l'école, ça s'appelle tricher. Dans la vraie vie, le travail collectif, c'est sérieux ; à l'école, le travail collectif, ce n'est pas sérieux. Comment s'étonner qu'une humanité nourrie à ces principes soit incapable de coopérer mondialement, aussi bien pour préserver la Terre que pour se préserver elle-même ? Comment savoir si aujourd'hui l'école fait plus de bien que de mal ? Ce sont des gens fièrement scolarisés, persuadés de leur valeur individuelle, qui ont commis sans broncher les plus faramineuses atrocités sur terre, preuve que l'excellence scolaire échoue à sélectionner la bonté et l'humanité…

Dans la vraie vie, l'humanité crée une diversité de pensées, de pratiques, de méthodes, d'esprit. Dans la vie notée, l'école dit : « Hors de ma mesure, point de salut. » Pourtant, face à l'échec scolaire, cette même école admet que la priorité, c'est au moins la socialisation de l'élève. Comment alors l'encourager si on ne lui apprend à travailler qu'individuellement ? Je suis convaincu que la socialisation, à l'école, se produit par accident, et dans la cour de récréation, pas en classe. Je me demande même quel serait le score de socialisation de l'école par rapport à une cour de récréation permanente. Jusqu'à présent, aucune étude n'a confirmé la supériorité de la classe en ce sens.

Contrairement aux sociétés traditionnelles et natives, où l'existence est une place et où perdre sa place est une perspective tellement terrifiante que l'on fait tout pour y rester, dans nos sociétés postmodernes, la place ne va pas de soi. D'où une culture de la place fixe[1], qui est à la fois une culture de la conformité et de l'exclusion. Car notre société est une sorte de machine. Alors pour y avoir une place, il faut être une pièce conforme, et d'une certaine qualité. C'est précisément ce que fait de nous l'école. D'une masse d'enfants ouverts, créatifs, spontanément fraternels et non conformes, elle fait des pièces séparées. Vous avez étudié à Polytechnique ? Votre salaire sera supérieur à celui d'un ancien élève de l'université de Tours, parce que dans l'usine, la pièce sortie de Polytechnique est plus chère.

L'école est une colonne de décantation qui crée des classes, et c'est pour cela qu'elle ne peut pas satisfaire tout le monde : il est

1. Heureusement, à l'heure où j'écris ces lignes, cette culture est en plein bouleversement.

inscrit dans son cahier des charges qu'elle doit décevoir des usagers et, par principe, décevoir l'Homme plutôt que l'Usine qui est son client final. Pour changer l'école, il suffirait d'admettre que c'est l'Humain, le client, pas le Système. Nelson Mandela a eu mille fois raison de clamer : « Si vous voulez changer le monde, changez l'éducation ! » Et cela ne pourra se faire individuellement.

Hackschooling : la nouvelle école buissonnière ?

L'humain est né conforme, mais conforme à l'humanité. Or l'humanité n'est pas une création humaine, au contraire de la conformité scolaire, économique ou politique. Mettre une création non humaine, que nous ne maîtrisons pas, à la norme, à la forme d'une chose humaine, que nous maîtrisons mais qui est infiniment plus rudimentaire, c'est un acte perdant en soi. Nous l'avons vu le siècle dernier, en demandant à la nature de produire comme nos usines, alors que c'est à nos usines de produire comme la nature.

La soumission de l'humanité à la conformité, forcée de surcroît, me rappelle la fable soufie de l'aigle et de la vieille femme : un aigle épuisé tombe aux pieds d'une vieille femme, qui n'a jamais vu que des pigeons, au point que les pigeons sont les seuls oiseaux qui lui soient familiers. Pleine de pitié, elle recueille l'aigle et lui dit : « Tu n'as vraiment pas l'air d'un oiseau. » Elle lui ampute alors une partie du bec, lui taille les serres et lui arrondit les ailes, avant de le laisser prendre un envol bringuebalant : « Va, maintenant, tu as vraiment l'air d'un oiseau. »

Les bonnes intentions ne suffisent pas quand il s'agit de sculpter le cerveau, seule la sagesse importe. Le pseudo-pigeon de la fable, qui n'assume pas d'être un aigle et ne sera jamais un pigeon malgré toutes ses souffrances, c'est une production bien trop fréquente de nos systèmes éducatifs.

L'humanité est supérieure à la conformité, et la conformité, qui est une création non humaine, ne peut s'appliquer qu'aux autres créations non humaines, pas à l'homme lui-même. L'homme libéré, c'est l'aigle du conte, qui a été élevé parmi les pigeons mais s'est souvenu qu'il était un aigle, dans un pays où tout ce qui ne ressemble pas à un pigeon sera méprisé. Dans une série d'examens destinés à sélectionner le pigeon le plus conforme, un aigle échouerait lamentablement. Devrait-il s'en vouloir pour autant ?

Tous les « extraordinaires » que j'ai pu rencontrer se sont, évidemment, opposés à la conformité. Ils n'ont pas essayé d'entrer dans un moule, ils ont été un moule eux-mêmes, ce qui est l'ordre naturel de l'humanité : nous ne sommes pas là pour nous conformer à une empreinte, mais pour laisser la nôtre. Aucun de ces personnages n'était du genre à rester à sa place, sauf si c'était une place qu'il s'était définie lui-même, et pour un temps seulement. Tous étaient devenus autonomes, dans leur soif d'apprentissage. Un reproche immense que j'ai à faire à la plupart des écoles que j'ai fréquentées, c'est qu'elles n'hésitent pas à troquer l'émerveillement contre la conformité. C'est pour cela que la vulgarisation scientifique, dont le but premier est l'émerveillement, est encore si méprisée en France, par les gens conformés…

Émerveillement contre conformité. Cet échange est une très mauvaise affaire. L'émerveillement est le moteur de l'apprentissage et de la découverte. L'échanger contre les examens, c'est échanger un moteur contre une carrosserie. Paolo Lugari a su résumer cette question en une phrase : il vaut mieux un débutant enthousiaste qu'un prix Nobel déprimé. Combien d'élèves entrent à l'école avec de l'enthousiasme et peu de savoir-faire, et en sortent avec un peu de savoir-faire et plus aucun enthousiasme ? C'est pourtant l'enthousiasme qui motive le savoir-faire, pas l'inverse.

L'expert, l'« extraordinaire », fait toujours preuve d'une pratique délibérée dans le domaine qui fait son expertise. Il se met au travail tout seul, selon une dynamique opposée à celle de notre école. Tel fut le cas de Taylor Wilson (né en 1994) qui, à l'âge de quatorze ans, réalisa dans le garage de ses parents une fusion nucléaire deutérium-deutérium dans un fuseur de Farnsworth de sa propre fabrication. À ses dix-huit ans, Barack Obama lui confia l'accès professionnel à un laboratoire dans le Nevada (vous ne verrez jamais cela en France) et il reçut la même année une bourse Thiel, spécialement conçue pour convaincre les jeunes talents de quitter leurs études afin de créer une entreprise. C'est probablement la première fois que l'on crée une bourse non pas pour rester à l'école mais pour en sortir…

Jack Andraka (né en 1997) a prototypé une nouvelle méthode de diagnostic rapide du cancer du pancréas. Esther Okade (née en 2005) a été admise à dix ans à l'Open University, en licence de mathématiques. À l'âge de seize ans, Grace Bush a terminé la même année son lycée et une licence de droit avec mineure en espagnol (*South Florida University*). En France, Arthur Ramiandrisoa (né en 1978) a été le plus jeune bachelier que la France ait connu. Il avait onze ans et onze mois et n'avait reçu aucune éducation formelle ! D'où le titre de son autobiographie, *Mon École buissonnière*. La France a-t-elle pris la mesure de l'expérience de Ramiandrisoa pour réformer son école ? Bien sûr que non, cela n'entrait pas dans ses cases.

Prenons le cas de Logan LaPlante, dont la vidéo TEDx *Hackschooling makes me happy*[1] a déjà fait le tour du monde. Le *hackschooling* désigne une « école buissonnière 2.0 » incluant les nouvelles technologies et la mise en réseau. Pour une présentation qu'il a réalisée à l'âge de treize ans, LaPlante cumule plus de 9 millions de vues aujourd'hui. Il est aux États-Unis ce que Ramiandrisoa est à la France, et les conférences TEDx ont encore en réserve des tas de prodiges de sa trempe, comme Kate Simonds ou Thomas Suarez. Ces gens-là me font penser que nous sommes tous des prodiges en puissance, pour peu que nous soyons tombés amoureux d'une connaissance, d'une activité, qui suscite en nous une pratique délibérée, acharnée et inspirée. Car il n'y a pas d'excellence sans amour. Et l'école n'a pas (n'a jamais eu) le monopole de l'excellence.

Le *homeschooling* systématique reste à inventer, et c'est ce que propose LaPlante en en décrivant le concept : en *homeschooling*, il n'y a pas de notes. Et de fait, quels parents vont noter leurs enfants ? (On fait noter sa progéniture pour ne pas avoir à s'occuper soi-même de son éducation, c'est tout.) Il n'y a pas non plus de programme, de sorte que l'on explore le savoir selon son désir, en le développant perpétuellement plutôt qu'en l'éteignant. Car « l'enfant n'est pas un vase qu'on remplit mais un feu qu'on allume[2] », une

1. « L'école buissonnière me rend heureux. »
2. Montaigne, *Les Essais*.

sapience totalement oubliée dans l'école d'aujourd'hui. L'heure n'est plus à l'éducation de stock mais à l'éducation de flux, c'est à la dynamique d'apprentissage qu'il faut s'intéresser, pas au stock de savoirs. Il faut rendre nos enfants gourmands de savoirs. Cela tombe bien, ils le sont naturellement, à la naissance.

Pour réaliser le *hackschooling* à l'échelle mondiale, je ne connais pas de meilleur moyen que la méthode essai-erreur. Il faut expérimenter de nouvelles pratiques pédagogiques autour, notamment, de ce que le psychologue Stanislas Dehaene a appelé les « quatre piliers de l'apprentissage[1] » :

- l'attention,
- l'engagement actif,
- le retour d'information,
- la consolidation.

Et c'est précisément, nous le verrons, sur ces quatre éléments que les jeux vidéo se révèlent de redoutables technologies de neuro-ergonomie :

- ils captivent et canalisent l'attention,
- ils suscitent un engagement actif, une pratique délibérée,
- ils encouragent l'essai-erreur avec pénalité et récompense mais sans peur et sans humiliation, bien qu'ils notent davantage, plus souvent et plus intensément que l'école,
- ils consolident les acquis en allant crescendo dans les compétences de jeu.

Toute école trop arrogante pour apprendre d'eux se condamne à la décrépitude, dans un monde où les flux de connaissance explosent. L'idée du *hackschooling*, c'est précisément de faire dialoguer avec l'école cette culture du garage de la Silicon Valley, du *fab lab*[2]. Les multinationales sont capables de recréer un supermarché entier dans un entrepôt pour étudier les comportements d'achat et innover dans la façon de vendre leurs produits ; Apple ou Starbucks ont des magasins pilotes, dans d'immenses hangars, qu'ils consacrent à l'innovation d'usage. Si nous sommes trop dogmatiques pour butiner les meilleures pratiques où qu'elles se trouvent, nous ne ferons jamais évoluer l'école.

1. Dehaene, S., « Les grands principes de l'apprentissage », Collège de France, 2012.
2. Pour *fabrication laboratory*, « laboratoire de fabrication ».

Ces *fab schools* du futur devraient se construire comme des écoles pilotes où l'on expérimenterait de nouvelles pratiques éducatives, avec liberté absolue du professeur, le tout accompagné d'un wiki où les enseignants partageraient entre eux leurs méthodes, jusqu'à ce que les plus efficaces émergent. C'est cela, l'« éducation basée sur les preuves », sur l'expérience directe, et c'est le contraire d'une éducation stérilisée qui ânonne des *p-values* incantatoires[1]. Dans un monde en réseaux, horizontal, éclectique et évolutif, notre éducation est tout en hiérarchie, verticale, dogmatique et figée, et c'est pour ça qu'elle est de plus en plus inadaptée. Elle ignore que le pire des risques, c'est encore de ne pas en prendre.

Selon Nassim Nicholas Taleb, « le rôle de la bureaucratie, c'est de mettre un maximum de distance entre le preneur d'un risque et le receveur de ses conséquences ». L'éducation nationale est structurée de cette façon : s'il y a échec scolaire, qui est responsable ? Le ministre ? Le recteur ? Le programme ? L'inspection ? Le chef d'établissement ? Le professeur ? Reste un seul coupable possible : l'élève… La meilleure façon de progresser, c'est d'être au contact immédiat des conséquences de ses décisions, et c'est exactement le contraire de ce que fait un ministre. Le professeur, lui, est au contact des élèves, et cette responsabilité, il faut la lui reconnaître : il est le plus à même d'expérimenter des pratiques pédagogiques et d'innover. Il est le seul à qui l'on puisse confier l'innovation pédagogique basée sur l'expérience.

L'école des « extraordinaires »

Je suis passé par beaucoup d'écoles, notées ou pas, et plus ou moins inattendues[2]. L'une d'entre elles fut le monde des médias, envers lequel j'avais beaucoup de préjugés, ayant été éduqué dans une tradition française élitiste qui méprisait instinctivement l'ex-

1. Le *data dredging* ou « triturage de données », dont le trucage de la statistique des *p-values* est un exemple très étudié, est un symptôme typique de la vénération des données dans notre monde académique. Head, M. L., Holman, L., Lanfear, R., Kahn, A. T. et Jennions, M. D., « The extent and consequences of p-hacking in science », *PLoS Biol* (2015), 13, e1002106.

2. *Cf.* « Mon histoire », chap. 1, partie 3, p. 207.

position médiatique. Comme tout le monde, j'avais tendance à privilégier ma caste, et à lui donner *a priori* raison contre les autres, sans réfléchir… Depuis, je ne me sens plus solidaire d'aucune caste. Mon attitude a changé lorsque j'ai rencontré le paléoanthropologue Pascal Picq, maître de conférences au Collège de France. Cet homme s'est vu reprocher maintes fois son exposition médiatique, alors qu'elle n'est due qu'à son excellence à populariser la science. Je me suis senti aussitôt une grande affinité avec lui. En France, hélas, on ne dit pas « populariser », mais « vulgariser ». Tout en découle. Populariser, c'est vulgaire et compromettant.

Cela peut paraître surprenant, mais j'ai souvent constaté que des gens qui se piquaient de sérieux et de logique avaient tendance à fonder leur activité sur des croyances et des superstitions qui ne disent pas leur nom. L'idée que la bibliométrie et la revue *a priori* améliorent la science, par exemple, est une superstition qui n'a jamais été démontrée par les moyens scientifiques mêmes qu'elle publie. Elle est une pseudoscience non contradictible, mais cela n'empêche pas la majorité des universitaires de s'y soumettre aveuglément et de la citer dans leur curriculum vitæ.

Au fond, nos sciences n'ont qu'un empan minuscule – ce qui n'est pas une critique mais une observation. L'objet de fabrication humaine le plus éloigné de la Terre aujourd'hui est à peine sorti du système solaire. Même par le signal lumineux, toute notre capacité scientifique à influencer matériellement l'Univers est confinée à une sphère d'au mieux deux cent mille années-lumière[1] (et en vérité, plutôt deux cents), dans un univers observable qui a lui-même un rayon de quarante-sept milliards d'années-lumière. En gros, si l'on suppose qu'un signal lumineux a été envoyé au ciel par le tout premier homme, notre sphère d'influence sur l'Univers observable représente au mieux 0,0000000000000077 % du volume de l'Univers (quatorze zéros après la virgule) – en admettant, bien sûr, qu'il n'existe pas d'univers parallèles… Face à un tel résultat, le plus minuscule effort pour faire progresser la science dans l'humanité devrait être immédiatement encouragé, et aucune science ou technique ne devrait plus se montrer arrogante. J'ignore, du chercheur

1. En supposant que le premier *Homo sapiens sapiens* ait envoyé un signal lumineux précis au ciel.

fondamental ou du vulgarisateur, qui a fait le plus pour la science, car je n'ai jamais vu de démonstration scientifique de leur influence respective et de la supériorité de l'une sur l'autre. Celui qui sème l'émerveillement scientifique dans des millions d'âmes et dans les cœurs des générations à venir joue un rôle colossal, qu'on le lui reconnaisse ou non. La science, la vraie, n'a que faire de l'ego des humains, de leurs réactions épidermiques, de leurs pseudo-religions ou de leur mépris, elle est trop peu développée dans l'humanité pour se permettre des caprices aussi puérils, superficiels que le mépris de la vulgarisation. Mais ce à quoi nos sciences et techniques sont confinées dans l'Univers matériel est à la mesure, inverse, de leur ego.

En 2014, j'ai été invité à participer en tant qu'expert scientifique à une émission de divertissement produite par une société que certains collègues considèrent comme le diable en personne : Endemol. L'émission s'appelait *Les Extraordinaires*. Elle était présentée par Christophe Dechavanne et Marine Lorphelin, dans le cadre d'une franchise globale nommée *The Brain*, qui avait connu un succès immense aux États-Unis, en Italie, en Allemagne et en Chine. Dans ces quatre pays, aucun des experts conviés n'avait trouvé l'activité compromettante, mais moi, j'ai dû publier une tribune sur le site du *Huffington Post* pour expliquer mon choix. Et même en y écrivant que faire connaître les mots « mémoire épisodique », « cortex entorhinal », « sillon intrapariétal » et « hippocampe » à quatre millions de personnes d'un coup me semblait justifier cette apparition télé, j'ai pu faire l'expérience de ce que la vulgarisation, si elle est compromettante pour une certaine frange du monde universitaire français, devient scandaleuse lorsqu'elle fait de l'audience. C'est l'une des leçons que j'ai apprises à l'« école des "extraordinaires" »…

Une autre leçon, qui relève cette fois du management : pour l'avoir enseigné, je sais que faire fonctionner une société n'est pas chose facile. Or j'ai pu voir de l'intérieur comment Endemol France fonctionnait. L'entrepreneur turco-allemand Alp Altun m'a dit un jour : « L'ego, c'est le premier destructeur de valeur dans une entreprise. » Ce que j'ai pu observer dans les studios et les bureaux, c'est une capacité fine à calmer les ego de ces célébrités suivies par des centaines de milliers de personnes sur les réseaux sociaux.

De l'extérieur, on imagine ces gens dans de grands bureaux en acajou, entourés de toutes ces paillettes qui caractérisent les caprices de star, et on les rencontre finalement dans un bureau anonyme d'Aubervilliers, installés dans des open spaces qu'ils partagent parfois avec des stagiaires.

Autre leçon de l'« école des "extraordinaires" » : casse tes clichés pour y faire entrer la réalité, ne casse pas la réalité pour la faire entrer dans tes clichés.

Si vous êtes un expert des prodiges et des athlètes de la mémoire en neurosciences, il vous faudra beaucoup de temps pour réunir des sujets d'étude vraiment rares – entre deux et cinq sujets par an pour les meilleurs laboratoires. Force de frappe d'un casting professionnel aidant, l'émission m'en a procuré plus de vingt-cinq sur une seule année. Quand j'étudie les experts, je classe souvent l'ampleur de leur expérience en heures de pratique. Par exemple 5 heures de pratique pour atteindre leur niveau (5 fois 10^0), 50 heures, 500 heures, 5 000 heures, 50 000 heures (5 fois 10^4). Cela donne une bonne notion de la difficulté d'une tâche, son rayon d'action dans la sphère de l'expertise en quelque sorte. Dans la sélection des « extraordinaires », il n'y avait pas d'expertise sous les 50 heures, mais certaines, qui semblaient très impressionnantes, pouvaient s'atteindre à ce prix, relativement faible.

L'accroche de l'émission était : « Des Français ordinaires aux capacités extraordinaires », ce qui est tout à fait vrai. On se fait souvent des idées sur les « extraordinaires ». On croit qu'ils sont venus au monde avec une capacité spéciale, mais plus on les étudie, plus on penche en faveur de l'explication selon laquelle ils ne sont pas nés avec leur talent d'athlète mental, mais qu'ils ont grandi avec le désir de le développer. Pour eux, c'était souvent une obsession, quelque chose de drôle, de gratifiant. Il a existé un carburant dans leur vie pour leur permettre d'atteindre des milliers d'heures de pratique avec une grande intensité d'attention. Quand vous avez atteint 50 000 heures de pratique délibérée sur un sujet, vous êtes un grand expert, et vous pouvez devenir un trésor pour l'humanité.

L'intérêt d'exhiber les performances mentales de gens expérimentés dans un média de masse, c'était de montrer à tous le potentiel d'un cerveau affûté. L'une des barrières à l'affûtage cérébral, c'est l'idée qu'il est impossible. Notre cerveau est comme un diamant que l'on peut tailler. Tout le monde est capable de le faire, nous pourrions tous être des « extraordinaires ». Ce qui sépare un « extraordinaire » d'un « ordinaire », c'est la pratique délibérée, dont le moteur le plus puissant est, bien sûr, l'amour. Seul l'amour de votre tâche vous permettra de faire ce que fit Valentin, candidat de l'émission en 2015 : passer des heures à potasser deux cent cinquante vues satellites de villes françaises et identifier une ville d'après une seule vue aérienne couvrant un demi-kilomètre carré. Notre cerveau excelle dans la reconnaissance des formes, et c'est à cette mémoire des formes que Valentin fit appel pour réussir l'épreuve, mais, au-delà, il dut couvrir chaque image d'une signification, éventuellement d'une narration, afin d'en faciliter la mémorisation.

La narration est une méthode connue des athlètes de la mémoire. Le mnémoniste Joshua Foer a écrit un livre sur le sujet, *Moonwalking with Einstein : the Art and Science of Remembering Everything*, comparable à celui du Français Jean-Yves Ponce, touche-à-tout de la « mémorologie » qui explique avec pédagogie comment développer extraordinairement sa mémoire. Le titre du livre de Jean-Yves Ponce, *Napoléon joue de la cornemuse dans un bus*, est une phrase qui encode une série de chiffres pour en faciliter la mémorisation. Transformer le code à retenir en langage est une façon simple de le diriger vers d'autres fonctions de notre esprit qui le mémoriseront mieux, en particulier notre mémoire à long terme.

La méthode « Personne-Action-Objet » procède de ce principe. Si vous devez, par exemple retenir le code 24B1551A1375, il vous suffit de mémoriser une phrase, beaucoup plus ergonomique car mieux distribuée dans votre cerveau : « Jack Bauer boit une grande bouteille de Pastis à Marseille avec un Parisien » :

– Jack Bauer est le protagoniste de la série *24 Heures Chrono*, d'où le 24,
– le verbe « boit » commence par la lettre B,
– la contenance d'une bouteille de vin standard est de 1,5 litre,
– on boit du Pastis « 51 »,
– « à » désigne A,
– le département de Marseille, c'est 13,
– celui de Paris, c'est 75.

On retrouve ainsi le code : 24B1551A1375.

Ce qui rend les codes et les chiffres difficiles à retenir, c'est qu'ils ne sont pas « réifiés », c'est-à-dire « concrétisés ». A13 ne veut rien dire en soi, mais c'est le numéro d'une autoroute en France et si vous l'avez empruntée souvent, il vous sera très facile de l'associer à ce numéro abstrait : eh bien, c'est exactement ça, donner des poignées aux objets mentaux, pour mieux les tenir dans notre vie mentale. Les athlètes de la mémoire s'entraînent à rendre de telles associations systématiques, si bien qu'un code finit par toujours vouloir dire quelque chose pour eux. Quand ils atteignent un haut niveau, comme Jean-Yves Ponce, cela devient une seconde nature. Ponce a dépassé les 5 000 heures de pratique délibérée et attentive, il est d'ailleurs plus proche de 50 000 heures. Mais on peut obtenir des résultats dès 50 heures de pratique, car au fond, faire de la méthode PAO une seconde nature, cela revient à apprendre une nouvelle langue, simple, au vocabulaire limité, et dont on construit soi-même la grammaire.

Dans une autre épreuve de l'émission, une candidate devait se souvenir d'une série de « mariés », des hommes habillés en noir et des femmes habillées en blanc, sans avoir à retenir leur visage. L'épreuve se résumait donc à retenir des « bits » informatiques : 0 ou 1, ce qui est assez facile si on les arrange par trois. Une série de trois bits binaires donne huit possibilités, que l'on appellera, par exemple, ABCDEFGH. Pour retenir n'importe quel enchaînement de 50 personnes selon le seul critère qu'ils sont un homme ou une femme, il suffit donc de retenir 2 codes de 8 lettres (couvrant 48 personnes) plus 2 lettres supplémentaires. Là aussi, en 50 heures de pratique délibérée, n'importe qui peut réaliser des épreuves de ce type, et transformer une suite de personnes habillées en noir ou en blanc en une phrase mnémotechnique.

Plus difficiles furent les épreuves réalisées par Lotfi, Jean-Yves et Julie. Lotfi devait mémoriser, en moins de 2 heures, une centaine de visages avec leur nom et date de naissance. Il utilisa abondamment la méthode PAO.

1988, par exemple, lui évoquera un sex-toy. Pourquoi avoir choisi un tel objet ? Les choses violentes ou sexuelles sont toujours plus mémorables. Si un chiffre ou un code n'est pas naturellement évocateur (A13 = autoroute), mieux vaut lui associer quelque chose de gros, de sanglant, ou simplement d'insolite. Comme le disait le général Patton : « Quand je veux que mes hommes se souviennent d'un ordre, qu'il soit vraiment mémorable, je le leur donne deux fois plus salement. On ne peut pas mener une armée sans obscénité, mais cela doit être de l'obscénité éloquente. » Si une personne a une mâchoire carrée et que son nom de famille est Tang, Lotfi réduit « Tang » à « Tank », quelque chose de massif, comme sa mâchoire. Si elle est née le 20 avril 1988, il lui fait piloter un tank avec du poisson (avril) sauce vin blanc (20) dans une main, et un sex-toy dans l'autre. Cette technique est ancienne : les malentendants et les Indiens donnaient aussi souvent pour nom à quelqu'un l'un de ses traits de caractère ou physiques.

L'idée, c'est de donner du relief aux choses, pour mieux les agripper (encore une poignée, donc). La démarche est d'autant plus intéressante que Lotfi pratique également le « parkour », cette discipline qui consiste à se déplacer le plus rapidement possible en ville, en prenant appui sur tous les objets légalement autorisés. Dans le parkour, le corps se découvre des prises sur des surfaces lisses que la plupart des gens auraient jugées impraticables. La mémorisation procède du même principe. Des éléments semblent lisses et impraticables mentalement à la plupart d'entre nous, mais avec un minimum d'expérience on peut y trouver des prises efficaces. Le trait d'une photographie, l'orientation d'un nez ou d'un sourcil peuvent donner suffisamment d'appui à notre mental pour qu'il y tisse une histoire mémorisable.

Ce que la mémoire associative nous rappelle, c'est qu'il est plus facile pour le cerveau de retenir A et B ensemble que A tout seul. Il serait fastidieux de retenir quarante éléments pris séparément sur *La Joconde*, comme autant de pièces détachées d'un puzzle. Mais se souvenir du tableau comme d'un tout, c'est beaucoup plus facile. De même, il est plus simple de retenir une phrase qui a du sens qu'une succession de mots qui n'en ont pas. Pour cette même raison, les paroles d'une chanson, portées par une structure mémorable, un air de musique, se retiennent plus aisément que sans la mélodie. Le cerveau aime munir les choses de poignées. C'est une des bases de la neuroergonomie.

Ainsi, Jean-Yves Ponce a su retenir cinquante empreintes digitales (il aurait pu en mémoriser encore davantage) avec le nom, le prénom et la date de naissance de leur porteur. Julie, quant à elle, a retenu trente et une photographies serrées, cadrant chacune le pelage d'un dalmatien, et a pu ensuite les associer au chien en question. Il est intéressant de noter que Julie parle le coréen. Or pour quelqu'un qui ne maîtrise pas cette langue, les caractères seront difficilement discernables, et plus encore, d'ailleurs, dans le cas du chinois. Eh bien si un Chinois adulte peut retenir plus de cinquante mille caractères, qui sont tout aussi difficilement discernables à un Européen que les taches cadrées d'un dalmatien, bien sûr que cette épreuve des trente et un dalmatiens est réalisable, pour peu que l'on perçoive les taches des dalmatiens comme les signes d'une langue.

L'idée, ici, c'est de se créer un pseudo-langage dont chaque tache serait une lettre, un mot ou un caractère, qui se trouverait mis en relief sur la robe du chien, comme si ce dernier portait un dossard.

Bien sûr, pour la grande mémorisation, rien de tel que les « arts de mémoire », dont l'humaniste Giordano Bruno faisait un usage abondant et efficace. L'une des méthodes sous-jacentes, c'est la spatialisation de contenus, une technique permettant de retenir des livres entiers, et pratiquée aussi bien par les acteurs de théâtre (associée à la mémoire émotionnelle et à la cantillation du texte) que par Cicéron en son époque, quand il apprenait une plaidoirie, ou par les anachorètes de l'Antiquité, qui retenaient la Torah, la Bible ou le Coran par cœur. Cette méthode dite des « palais de la mémoire » est désormais utilisée par tous les athlètes de la mémorisation, et on lui doit sans doute l'expression « en premier lieu… en deuxième lieu », ou comment situer les éléments d'un discours dans le palais mental. Puisque la transmission de la mémoire a été orale durant la plus grande partie de l'existence humaine, les anciens devaient avoir acquis certaines connaissances en neuroergonomie de la mémorisation.

L'épreuve que réalisa Nelson Dellis dans la version française de l'émission[1] consistait à retenir dix codes alphanumériques (comme le 24B1551A1375 que nous avons vu plus haut). À l'écran, il fit quelques erreurs minimes et facilement explicables : la règle de l'émission voulait que les invités proposent les codes eux-mêmes. Pour la plaisanterie, ils lui donnèrent d'abord des codes trop simples

1. Binational, il a aussi concouru aux États-Unis.

à retenir, comme leur numéro de téléphone. Très professionnel, Dellis se mit à placer ces codes dans son palais de la mémoire, avant que la production ne lui demande légitimement de recommencer l'épreuve sur des codes plus sérieux. Or, quand les nouveaux codes lui furent fournis, il avait gardé en tête son meilleur palais de la mémoire, qui encombré par les premiers numéros, ne lui permit pas de réaliser l'épreuve au mieux.

Le public de la toute première émission française fut surtout impressionné par une épreuve beaucoup plus simple, mais intéressante au demeurant : le « carré magique ». On donne au concurrent un nombre de trois chiffres, qu'il doit décomposer en autant de sous-nombres que nécessaire pour remplir toutes les lignes et toutes les colonnes d'un échiquier, de sorte que la somme de ces sous-nombres, par colonne et par ligne, donne le nombre initial. Pour corser l'épreuve, il ne peut remplir l'échiquier qu'en suivant les mouvements d'un cavalier, placé au hasard. Bien sûr, il tourne le dos à l'échiquier, qu'il doit parcourir mentalement.

L'exécution de l'épreuve ressemble à la suite d'instructions suivantes : « B3 : 71, C5 : 61, D7 : 45 ». Dans le cas de l'émission, le total à décomposer était de 547.

L'épreuve, en vérité, est beaucoup plus simple qu'il n'y paraît. Il faut d'abord retenir le parcours bouclé d'un cavalier, c'est-à-dire un parcours qui revient au point de départ. Raphaël, le concurrent heureux de cette épreuve, retint celui qui fut utilisé dans la version allemande de l'émission.

Ensuite, il suffit d'apprendre par cœur un échiquier déjà rempli pour un autre nombre (mettons : 300), sachant de toute façon que tout nombre supérieur à 7 a son carré magique sans 0. Si le nombre à décomposer durant l'épreuve est 308, il suffira d'ajouter le nombre 1 à chaque case du carré ; si c'est 380, on ajoutera 10 à chaque case, et s'il faut ajouter moins que 8, il suffit d'ajouter ce nombre à toutes les cases qui font la diagonale de l'échiquier.

Au final, quel que soit le nombre à décomposer durant l'émission, le concurrent devra le ramener, par addition ou soustraction, à l'échiquier qu'il aura appris par cœur[1]. Ce que fit Raphaël.

1. Mon ami Mickaël Launay, ceinture noire neuvième dan de pédagogie mathématique, fournit sur sa chaîne YouTube Micmaths une explication très efficace du problème.

L'intérêt de cette anecdote, sur le plan neuroergonomique, c'est la rapidité du concurrent, qui témoigne d'un entraînement type « n-sigma[1] ». Si Raphaël excelle à apprendre l'échiquier par cœur, comme il le ferait d'une table de multiplication, puis à l'exécuter rapidement, c'est grâce à une pratique délibérée et assidue, même si apprendre soixante-quatre phrases du type « B3 : 71 » n'est après tout pas très éloigné de l'apprentissage d'une table de multiplication en français, qui repose bien davantage sur la musicalité et le par cœur que sur le calcul mental. Son cas illustre avec simplicité la règle selon laquelle la passion réduit le nombre de défauts par milliers d'opportunités (ou par millions, chez les meilleurs), ce que les industriels comme Airbus ou Tesla appellent simplement « excellence ».

Si l'épreuve de Raphaël pouvait se réaliser avec une faible probabilité d'échec sur scène – en considérant la pression et les impondérables émotionnels –, dès 5 heures d'entraînement sur Micmaths, la majorité des gens pourraient donc, selon moi, la réaliser proprement entre 5 et 50 heures.

Dans la première émission, l'excellence fut réellement atteinte par Sylvain, sur une épreuve dont je placerais le curseur d'expertise davantage entre 500 et 5 000 heures, pour une probabilité acceptable de réussite sur scène. D'après mes entretiens avec lui, Sylvain, paysagiste passionné, avait en réalité accumulé entre 25 000 et 50 000 heures de pratique assidue dans son domaine[2], le dessin stéréoscopique. Il s'agit de ces dessins un peu séparés, l'un rouge, l'autre bleu, que l'on peut voir en 3D quand on porte les bonnes lunettes.

Sylvain fut placé devant deux murs géants de 40 par 40 Rubik's Cubes identiques, dont les facettes étaient placées au hasard. On changea un point de couleur sur un seul des 1 600 Rubik's Cubes (chacun présentant 9 points, soit un total de 14 400 points de couleur) et Sylvain, en quelques minutes, fut capable de dire lequel.

Sa méthode consistait à loucher, afin de superposer les deux images avec une précision au pixel près. Le point de disparité lui

1. Désigne la capacité à exécuter un service ou un produit avec un nombre de « défauts par million d'opportunités » très faible.

2. 50 000 heures correspondent à environ 17 ans d'expérience professionnelle à raison de 8 heures par jour, 5 jours par semaine.

apparaissait alors comme un relief et lui sautait aux yeux (c'est le moins que l'on puisse dire). En psychologie, la technique de Sylvain est appelée « saillance volontaire ». Elle désigne la capacité de notre cerveau à mettre des choses en relief[1]. On l'appelle également « effet cocktail party » : à un cocktail, notre cerveau est tout à fait capable de n'écouter qu'une conversation dans la foule parlante, même si cette conversation n'est pas tenue à côté de nous. Déceler un pixel modifié parmi 14 400, cela procède un peu de la même méthode.

J'ai eu la chance de donner un jour une conférence avec le champion de ski Edgar Grospiron, qui propose une analyse identique de son expertise. En bon athlète, il effectuait chaque année des centaines d'heures d'entraînement (plus d'un million de virages dans sa vie !), le tout pour quelques minutes de compétition seulement (disons six descentes par an, au maximum). Or, le jour J, il ne devait pas seulement exécuter une bonne descente, il devait savoir l'exécuter avec un nombre de défauts par milliers (ou par millions) très faible. Pour cela, il déclare travailler sur l'accélération de son taux d'apprentissage : mon concurrent a de l'avance technique mais nous réalisons le même nombre de virages par an. S'il s'améliore tous les cent virages, moi je m'améliorerai tous les soixante, et je le devancerai.

C'est ce qui se produisit aux jeux Olympiques d'Albertville, en 1992, où il remporta la médaille d'or du ski de bosses.

En résumé, nous pouvons tous être extraordinaires, mais l'excellence, qu'elle soit dans le record ponctuel ou dans la fiabilité absolue que nécessite une compétition, ne peut s'atteindre sans passion. L'amour est encore la manière la plus efficace de reproduire un geste physique ou mental des milliers de fois, d'acquérir des milliers d'heures de pratique pour une tâche qui semblerait une corvée à n'importe qui d'autre. Je ne connais personne d'excellent qui ne soit pas aussi amoureux du domaine où il excelle.

Avec Allan Snyder[2], je fais partie de ceux qui pensent que les compétences « savantes » sont latentes chez chacun d'entre nous.

---

1. Un chef d'orchestre entraîné, par exemple, relève tout de suite une note un demi-ton trop haute.

2. Snyder, A., « Explaining and inducing savant skills : privileged access to lower level, less-processed information », *Philosophical Transactions of the Royal Society of London B : Biological Sciences* (2009), 364, 1399-1405.

Il y a en chacun de nous un Mozart ou un Nikola Tesla, et l'expérience ne consiste pas tant à acquérir l'excellence de ces génies qu'à la déverrouiller dans nos cerveaux. Même si cela semble contre-intuitif, c'est précisément ce qu'illustre le rarissime syndrome du savant acquis, dans lequel des personnes, à la suite d'une lésion, se découvrent d'époustouflantes compétences mentales et pratiques, comme de jouer d'un instrument sans l'avoir jamais pratiqué, ou de visualiser des intrications de courbes mathématiques avec une facilité déconcertante. Tout se passe comme si notre cerveau était verrouillé de l'intérieur, bridé dans ses capacités extraordinaires, et que nous pouvions le débrider. Là, en effet, nous le sous-employons.

Quelques cas du syndrome du savant acquis : Anthony Cicoria, chirurgien orthopédique, fut frappé par la foudre en 1994, dans une cabine téléphonique, et ranimé par une femme, infirmière, qui attendait que la cabine se libère. Après son trauma, il se découvrit une fascination pour le piano, qu'il apprit seul, jusqu'à pouvoir mettre en forme des mélodies qui s'étaient mises à le hanter, dont l'appropriée *Sonate de l'éclair*. Tommy McHugh, survivant de deux ruptures d'anévrisme, fut pris d'un désir irrépressible d'écrire et de peindre, pratiques délibérées auxquelles il se livra autour de dix-huit heures par jour, tous les jours, des suites de ses accidents vasculaires cérébraux. Orlando Serrell, blessé à la gauche de la tête durant une partie de base-ball, se révéla soudain capable de donner le jour exact de n'importe quelle date du calendrier dans les cent dernières années, alors que le traumatisme ne lui avait laissé pour séquelle apparente qu'un mal de tête de quelques jours. Pour décrire ce prodige, il disait que « les réponses apparaissent directement devant lui ». Le neurologue Bruce Miller fait mention dans ses travaux de cas similaires, où des patients assez âgés, atteints d'une démence fronto-temporale, voient apparaître chez eux des capacités artistiques manifestes[1].

La théorie de Snyder quant aux savants acquis est d'une grande limpidité :

1. Miller, B. L., Cummings, J., Mishkin, F., Boone, K., Prince, F., Ponton, M. et Cotman, C., « Emergence of artistic talent in frontotemporal dementia », *Neurology* (1998) 51, 978-982.

« Mon hypothèse est que les “savants” ont un accès privilégié à de l'information de plus bas niveau, moins transformée, avant qu'elle ne soit assemblée dans des concepts holistiques et des étiquettes signifiantes[1]. Du fait d'une faille dans l'inhibition descendante, les savants peuvent accéder à cette information qui existe dans tous les cerveaux, mais se trouve normalement sous la réalisation consciente. Cela suggère pourquoi les capacités des savants pourraient émerger spontanément chez des gens normaux, et pourquoi il serait possible de les induire artificiellement par une stimulation magnétique transcrânienne à basse fréquence. »

Selon Snyder, on pourrait « induire » le syndrome du savant, et l'introduction d'une telle neurotechnologie aurait pour conséquence de transformer l'Humanité. Il existe deux grandes forces dans le développement de l'intelligence : l'inhibition et la stimulation. Des chercheurs comme Olivier Houdé pensent à raison que « se développer, c'est apprendre à inhiber ». À la question « Que boit la vache adulte ? », notre cerveau doit inhiber la réponse « du lait », qui est, en lui, associé à « vache ». Le développement de l'intelligence chez l'enfant semble procéder du même mécanisme. À l'inverse, le phénomène du savant acquis ressemble à une désinhibition.

Cela voudrait dire qu'il existe dans notre cerveau un compromis permanent entre inhibition et excitation des populations de neurones : notre cerveau cherche à faire taire les réseaux qui n'ont pas la bonne réponse et à amplifier ceux qui l'ont, et l'apprentissage consiste à distinguer ces deux types de réseaux. Si nous savions à l'avance qu'un réseau a tort et qu'un autre a raison, nous pourrions inhiber l'un et amplifier l'autre par stimulation transcrânienne et accélérer ainsi l'apprentissage, voire « provoquer » le génie.

Chaque fois que nous écoutons quelqu'un jouer du piano, il est probable qu'une population de neurones parmi les 86 milliards de notre cerveau sache exactement rejouer ce qu'elle vient d'entendre. La pratique, les milliers d'heures accumulées par un Mozart ne servent peut-être pas à former des neurones au piano, mais à

1. Comme le langage ou la capacité de jouer du piano, par exemple.

donner la parole aux bons neurones, parmi toutes les populations possibles. Mathématiquement, il y a 2 à la puissance 86 milliards de populations de neurones possibles dans notre cerveau. Bien sûr, notre boîte crânienne n'a pas un volume suffisant pour brancher toutes les populations possibles entre elles avec des faisceaux de substance blanche[1]. Mais l'on peut rêver, un jour, d'une communication neuronale sans fil…

Après tout, la possibilité que le cerveau humain abrite du calcul quantique est sérieusement considérée par certains chercheurs actuels, tandis qu'elle était présentée comme ridicule quand le physicien Roger Penrose la défendit à la fin des années 1980. J'ai moi-même rapporté dans un éditorial du *Point* qu'elle était à l'étude par la recherche, ce qui m'a valu d'être étrillé par une poignée de scientifiques obtus, alors même que les études que je citais avaient été publiées ailleurs[2]. Tout changement révolutionnaire, nous le rappellerons, est perçu en trois étapes dans la société : ridicule, dangereux, évident. S'il y a bien une chose que le cerveau n'aime pas, c'est qu'on vienne déranger sa zone de confort.

Dans le cas du savant acquis, il me semble donc que le cortex frontal se met soudainement à laisser parler des neurones à qui il ne donnait pas la parole autrement. Certaines drogues, comme le LSD, peuvent aussi nous donner un accès conscient à ces activités. Dans le cas des hallucinations sous acide, des activités spontanées d'aires cérébrales sensorielles, normalement tues par le contrôle de notre cortex frontal, se frayent un accès à notre conscience. Si nous savions donner la parole à la bonne population de neurones,

1. La substance blanche est le fil conducteur le plus connu pour relier les neurones.

2. L'argument du physicien Roger Penrose sur la possibilité d'un calcul quantique dans le cerveau humain est appelé « Orch OR » pour « Orchestrated Objective Reduction ». Voir entre autres Hagan, S., Hameroff, S. R. et Tuszyński, J. A., « Quantum computation in brain microtubules : Decoherence and biological feasibility », *Physical Review E* (2002), 65, 61901 ; Hameroff, S., « Quantum computation in brain microtubules? The Penrose-Hameroff "Orch OR" model of consciousness », *Philosophical Transactions of the Royal Society of London A : Mathematical Physical and Engineering Sciences* (1998), 1869-1895 ; Hameroff, S., « Consciousness, neurobiology and quantum mechanics: The case for a connection » in *The Emerging Physics of Consciousness*, Springer, 2006, p. 193-253 ; Litt, A., Eliasmith, C., Kroon, F. W., Weinstein, S. et Thagard, P., «Is the brain a quantum computer?» *Cognitive Science* (2006), 30, 593-603 ; Reuell, P., « Quantum computing, no cooling required » *Harvard Gazette*, 2012 ; da Rocha, A. F., Massad, E. et Pereira, A., *The brain : fuzzy arithmetic to quantum computing*, Springer Science & Business Media, 2005.

celle qui est associée à la réalisation d'une tâche en particulier, nous pourrions un jour « imprimer » des connaissances dans le cerveau, comme avec une imprimante 3D.

« Donner la parole », c'est ce que peut effectuer la stimulation transcrânienne à courant direct – en gros, une pile de 6 volts reliée à un patch de tissu – ou magnétique, qu'évoque Snyder afin de reproduire le syndrome du savant. Pour y parvenir, il faut en effet inhiber l'inhibition, et faire place aux bons neurones. De cette manière, nous pourrions apprendre immensément vite, et ouvrir la voie à une ère aussi remarquable que le fut celle de l'écriture ou de l'imprimerie.

Raja Parasuraman, le père de la neuroergonomie moderne, a démontré qu'il était possible d'accélérer un apprentissage par stimulation transcrânienne à courant direct, un résultat qui a été confirmé et amplifié depuis.

Donc oui, se développer, c'est apprendre à inhiber, mais c'est aussi, symétriquement, apprendre à se désinhiber : les deux tendances sont en équilibre dans le cerveau, et la perturbation de cet équilibre peut produire aussi bien le génie que la folie. C'est d'ailleurs pour cela qu'ils sont parfois si proches l'un de l'autre.

Les expériences d'amplification de l'apprentissage

L'augmentation neurocognitive par stimulation électrique du cerveau est une idée relativement ancienne. L'Antiquité écrite a en effet gardé des traces d'utilisation de poissons électriques, que l'on plaçait notamment sur le front des patients épileptiques[1]. Parasuraman a mené de nombreuses expérimentations pour démontrer l'intérêt de la stimulation nerveuse. Quand nous sommes interrompus dans une tâche, par exemple, le temps qu'il nous faut pour nous y remettre peut être réduit par maintien d'une stimulation transcrânienne à courant direct (ou

1. J. Churchill, « Pharmaceutical Journal : A Weekly Record of Pharmacy and Allied Sciences », *R.P.S of G*, Angleterre, 1858, p. 223 ; Timbs, J., Vincent, C. W. et Mason, J., *The Yearbook of Facts in Science and Art*, Simpkin, Marshall, and Company, 1858, p. 151 ; *Wesleyan-Methodist Magazine*, vol. 3, 1859, p. 1040 ; Finger, S. et Piccolino, M., *The Shocking History of Electric Fishes : From Ancient Epochs to the Birth of Modern Neurophysiology*, OUP USA, 2011.

tDCS)[1]. Parmi les découvertes de Parasuraman et de ses équipes sur la tDCS se trouve déjà la preuve qu'elle peut améliorer l'attention, la mémorisation à court terme, la consolidation de la mémoire après sommeil[2], l'attention, le *multitasking*[3], la sensibilité de la perception[4] ou encore l'apprentissage et la vigilance[5].

L'idée que l'homme puisse aider son cerveau à trouver les neurones experts parmi la foule des autres neurones n'est donc plus très loin. Le parallèle est frappant avec les techniques d'augmentation non invasives du corps humain. Les exosquelettes permettent déjà aux hommes de soulever des poids très supérieurs aux records olympiques, un peu comme les fourmis transportent des objets plus lourds qu'elles sur de longues distances. Les stimulations transcrâniennes pourraient être au cerveau ce que les exosquelettes sont au corps : une assistance amplifiant le levier de certains neurones. Les conséquences de cette technique sont potentiellement immenses. Sur certaines connaissances, on pourrait amplifier extraordinairement l'apprentissage et la rétention, et construire de véritables « autoroutes de la connaissance[6] ».

Pour résumer une expérience récente dans laquelle des chercheurs sont parvenus à amplifier un apprentissage sur un simulateur de vol, on a parlé de « télécharger des connaissances directement dans le cerveau humain ». L'expression a fait tiquer certains scientifiques, qui trouvent la découverte surévaluée, mais il leur faut admettre que durant l'expérience, de l'information a bel et bien été transmise au cerveau par une machine, et qu'elle a assisté ce dernier dans son apprentissage.

---

1. Blumberg, E. J., Foroughi, C. K., Scheldrup, M. R., Peterson, M. S., Boehm-Davis, D. A. et Parasuraman, R., « Reducing the disruptive effects of interruptions with noninvasive brain stimulation », *Human Factors : The Journal of the Human Factors and Ergonomics Society* (2014), 0018720814565189.

2. Parasuraman, R. et McKinley, R. A., « Using noninvasive brain stimulation to accelerate learning and enhance human performance », *Human Factors : The Journal of the Human Factors and Ergonomics Society* (2014), 0018720814538815.

3. Scheldrup, M., Greenwood, P. M., McKendrick, R., Strohl, J., Bikson, M., Alam, M., McKinley, R. A. et Parasuraman, R., « Transcranial direct current stimulation facilitates cognitive multi-task performance differentially depending on anode location and subtask », 2014.

4. Falcone, B., Coffman, B. A., Clark, V. P. et Parasuraman, R., « Transcranial direct current stimulation augments perceptual sensitivity and 24-hour retention in a complex threat detection task », *PloS One 7* (2012), e34993.

5. Nelson, J. T., McKinley, R. A., Golob, E. J., Warm, J. S. et Parasuraman, R., « Enhancing vigilance in operators with prefrontal cortex transcranial direct current stimulation (tDCS) », *Neuroimage* (2014), 85, 909-917.

6. Voir le chapitre « La neuroergonomie pour l'économie de la connaissance », p. 107.

En 2011, Kazuhisa Shibata[1] et ses collaborateurs de l'université de Boston parviennent à accélérer un apprentissage simple en stimulant le cortex visuel primaire de leurs sujets. L'expérience est marquante. Les sujets résolvent un puzzle sur écran ; on étudie l'activité de leur cortex visuel par imagerie à résonance magnétique fonctionnelle (IRMf). Ensuite, on utilise l'IRM pour stimuler le cortex de nouveaux sujets, qui n'ont jamais vu ce puzzle. Résultat : ces sujets apprennent sensiblement plus vite à le résoudre, du fait de leur stimulation en amont. On a accéléré leur apprentissage. Cette technique s'appelle désormais le *decoded neurofeedback* (DecNef) et elle est un pas décisif vers « l'impression » d'une connaissance dans le cerveau.
Une société de recherche privée basée à Malibu, HRL Laboratories, a mené il y a peu, en partenariat avec diverses universités américaines et Lockheed Martin, une étude approfondissant les travaux de Parasuraman sur l'apprentissage du pilotage[2]. Le chercheur Matthew Phillips et son équipe ont voulu savoir si la stimulation transcrânienne à courant direct pouvait accélérer l'apprentissage de l'atterrissage sur simulateur. Trente-deux apprentis pilotes droitiers ont été répartis en trois groupes : certains ont reçu une stimulation électrique ultra-précise dans le cortex dorsolatéral préfrontal (aire essentielle à la planification mentale) ; d'autres l'ont reçue dans le cortex moteur gauche (qui coordonne les activités de la main droite) ; les derniers ont été coiffés d'un bonnet électrique mais n'ont reçu aucune stimulation. Les performances des trois groupes ont été comparées sur une session d'apprentissage de quatre jours et les résultats de Matthew Phillips ont confirmé ceux de Parasuraman.
On est donc capable d'accélérer l'apprentissage du pilotage en stimulant le cerveau avec une pile de 6 volts et un matériel peu coûteux (quoique précis), sans danger d'usage par rapport à une IRM. Sans doute pourrait-on en faire de même avec l'apprentissage du piano, d'une langue ou des mathématiques. Cela reste à tester.

Peut-être existera-t-il un monde futur où chaque fois qu'un humain aura repoussé les limites connues de l'excellence dans une discipline donnée, aussi bien mentale que physique, il sera possible de transférer tout ou partie de son expérience dans la vie mentale d'autrui,

1. Shibata, K., Watanabe, T., Sasaki, Y. et Kawato, M., « Perceptual learning incepted by decoded fMRI neurofeedback without stimulus presentation », *Science* (2011), 334, 1413-1415.

2. Choe, J., Coffman, B. A., Bergstedt, D. T., Ziegler, M. D. et Phillips, M. E., « Transcranial direct current stimulation modulates neuronal activity and learning in pilot training », *Frontiers in Human Neuroscience* (2016), 10.

de sorte que le vécu des pionniers sera accessible à l'humanité tout entière. Le projet peut paraître effrayant, il nous sidère, pourtant, bien employée, cette technique de répartition de la connaissance ferait entrer l'humanité dans une ère fascinante de fraternité et d'efficacité, pour autant qu'elle lui donne un sens. Chaque homme vivant crée une expérience qui est largement perdue pour ses pairs et les moyens dont nous disposons pour transférer le vécu d'autrui sont encore rudimentaires – l'écriture en fait partie, mais elle n'est plus satisfaisante. Les écritures neuronales seraient un médium bien plus riche, qui permettrait de transmettre directement expériences et émotions. Nous n'avons pas encore bien compris que même entre ennemis, les hommes acquièrent de l'expérience et un vécu qui pourraient bénéficier à tous les humains. Des deux côtés d'une ligne de front, on pourrait faire circuler les points de vue des uns et des autres, et ce qu'ils ont acquis par leurs efforts…

Peut-être ne suis-je qu'une nouvelle victime de l'optimisme béat qui a animé des générations de techniciens, qui pronostiquaient que l'arbalète ou la radio mettraient fin à la guerre, mais j'aime à penser que le partage de l'expertise et du ressenti pourrait rapprocher les humains.

3.

Comment payer quelqu'un avec du papier blanc…

Derren Brown est un showman britannique remarquable, expert dans cette discipline que l'on appelle le « mentalisme ». Le mentalisme repose entièrement sur la neuroergonomie, sur l'expertise du cerveau « au travail », sur ses degrés de liberté, sur ses points aveugles, sur ses biais. Brown a une technique intéressante, qui suffit à faire saisir en une fois, et à n'importe qui, les enjeux de la neuroergonomie. Cette technique consiste à payer des commerçants avec du papier blanc sans même qu'ils s'en rendent compte.

On peut encombrer notre cerveau…

Voilà comment se déroule l'un de ses tours : Brown entre chez un bijoutier new-yorkais et demande à voir une bague en platine sertie d'un diamant.

« Elle est à combien ?

— 5 000 dollars.

— OK, je vous la prends. Je vais vous payer en cash. »

Pour le bijoutier, la situation est sous contrôle : Brown est rentré dans son magasin, a été convaincu très facilement, il se dit qu'il l'a dans sa poche, que c'est un esprit faible, ou fragilisé, ou influençable, et que la transaction est terminée. *Business as usual*, tout marche comme prévu, il ne se méfie pas. Pendant qu'il emballe la bague et prépare le reçu, Brown commence alors à l'embrouiller avec des questions :

« Le métro le plus proche, c'est dans quelle direction ?

— Alors vous tournez à gauche, ensuite c'est la troisième rue, etc.

— L'Est, c'est par là ?

— Non, l'Est, c'est là.

— D'accord, j'ai dû *penser à l'envers*[1] alors, je n'ai pas compris. C'est la première rue, puis à gauche... »

Brown encombre l'esprit du bijoutier d'une tâche spatiale, très gourmande en « capacités de conscience ». Ce n'est pas grave, le bijoutier est chevronné, son cerveau est habitué à empaqueter une bague tout en faisant la conversation, il agit donc normalement. C'est à ce moment précis, quand son mental conscient est saturé, que Brown envoie sa suggestion : « J'étais un peu intimidé par le métro, ici, mais mon ami m'a dit : "*Prends-le, c'est bon, c'est bon, c'est bon.*" J'étais un peu intimidé mais tout s'est bien passé. » Au moment où le bijoutier pourrait tourner sa conscience vers les billets, au moment où son cerveau attend confirmation de son esprit critique pour les encaisser, il entend : « *Prends-le, c'est bon, c'est bon, c'est bon.* » Contextualisée, cette injonction résonne avec la tâche en cours - recevoir, manipuler, encaisser une petite liasse de papier -, elle influence le comportement du bijoutier parce que notre conscience ne peut pas faire deux choses en même temps.

De même qu'il n'existe aucun virus qui tue absolument tous les humains, il n'existe pas de *mental trick* qui fonctionne chez chacun d'entre eux. La technique de Brown ne marche donc pas à tous les coups.

Lors d'une autre tentative, il échoue dans la rue, en essayant de payer un vendeur de hot-dogs avec son papier blanc. La technique du vendeur se présente de cette façon :

« Bonjour, dit Brown, pourrais-je avoir un hot-dog, s'il vous plaît ? »

Le vendeur lui en tend un.

« Est-ce que vous savez où est le drugstore le plus proche ?

— Oui, par là.

— Dans ce coin ?

— Oui, Columbus Circle station.

1. En anglais, une suggestion puissante : « *I've been thinking the wrong way.* »

— D'accord, directement là... Vous savez, j'ai un mal de tête horrible, est-ce que vous savez *ce qui est bon pour vous* (il tend le papier blanc), *ce que vous prenez pour vous sentir bien*[1] ?

— Qu'est-ce que c'est que ça ? »

Brown essaie alors d'embrouiller le vendeur.

« Vous savez que mon père a cinquante-quatre ans ?

— Qu'est-ce que c'est que ça ?

— Oui, vous pouvez garder la monnaie.

— Non, ça, c'est quoi ? C'est blanc !

— Pardonnez-moi. »

Le vendeur se met à rire, Brown lui tend de l'argent.

« Tenez. J'ai cru que vous alliez vraiment l'accepter.

— Connard !

— Merci, mon ami, au revoir. »

Plusieurs raisons semblent expliquer l'échec de Brown et on pourrait les tester de manière expérimentale :

• sa technique est moins travaillée, la tâche de navigation spatiale est moins compliquée que celle qu'il donne au bijoutier : il aurait dû chercher un drugstore plus difficile d'accès ;

• Brown ne reprend pas la suggestion utilisée pour le bijoutier : « Ah, j'ai pensé à l'envers » ;

• même si la vente est maigre (quelques dollars), le vendeur de hot-dogs se méfie davantage : il est dans la rue, un milieu plus hostile, où une plus grande vigilance est de mise. Contrairement au bijoutier, il ne s'imagine pas qu'il a mis Brown dans sa poche ;

• la phrase de persuasion de Brown est moins percutante, et moins insistante : « Prends-le, c'est bon, c'est bon, c'est bon... » semble plus efficace qu'un simple « Est-ce que vous savez ce qui est bon pour vous ? » ;

• de même, « J'ai un mal de tête horrible » est moins efficace que « J'ai dû penser à l'envers » ;

Brown a une autre technique qui fonctionne, d'après lui, deux fois sur trois[2]. Elle consiste à entrer en contact avec quelqu'un et

---

1. En anglais, la formule est encore plus percutante : « *Do you know what's good for you to take so you can just take that and feel okay ?* »

2. Sachant qu'il sélectionne lui-même ses sujets selon son expérience de la susceptibilité, le ratio réel est probablement bien plus faible.

à lui prendre son portefeuille, en pleine rue, en le laissant le sortir lui-même de sa poche.

Il s'approche d'un homme sur un pont, lui porte lentement la main à l'épaule, regarde vers le sol et dit : « Excusez-moi... Excusez-moi... Vous ne sauriez pas où est... Heu... Pleasure Beach, si ?

— Pleasure Beach ? »

L'homme tend la main pour indiquer une direction.

« Est-ce que c'est là-bas, Pleasure Beach ? redemande Brown.

— Non, c'est après ça. Vous continuez le long de la rue, là, et après l'angle.

— Excellent ! Vous ne m'en voulez pas de vous demander, hein ? »

Il rit.

« Non, non, pas du tout ! »

L'homme sourit.

« Excellent, excellent ! répond Brown en parlant dans sa barbe. Hé, vous n'auriez pas l'heure, si ?

— Ah non.

— Puis-je vous la donner ? (Il lui donne une bouteille d'eau, qu'il tient à la main). Puis-je juste prendre votre portefeuille ? »

L'homme avance la main pour prendre la bouteille, puis sort son portefeuille de sa poche et le donne à Brown.

« C'est bon, je vais vous la reprendre », ajoute Brown.

Reprenant la bouteille, il garde le portefeuille. Puis, alors que l'homme se demande ce qui s'est passé, il dit en dévissant la bouteille : « Il fait chaud, hein. Alors donc, c'est tout droit par-là, en bas de la rue, hein ?

— Oui, c'est bien ça. »

L'homme a l'air de se demander s'il n'a pas oublié quelque chose.

« Parfait, merci beaucoup, au revoir.

— Au revoir. »

Là encore, la technique consiste à saturer ce que les neuroscientifiques appellent l'« espace de travail global » de notre conscience, ce « tableau d'affichage central » de notre cerveau, pour le forcer à réaliser d'autres tâches sans esprit critique, machinalement, comme donner son portefeuille. Comment Brown s'y prend-il pour saturer la conscience de son sujet ? Comme dans la technique du papier blanc, il le lance sur une tâche spatiale, puis le distrait. Mais ici, il éteint sa méfiance en lui donnant une bouteille d'eau, et *exactement en même temps*, lui demande le portefeuille. « Puis-je vous la donner… » est suivi aussitôt de « prendre votre portefeuille » : c'est ce timing, impeccable, cette connaissance parfaite des temps de réaction, qui font de Brown un excellent mentaliste. Ils lui permettent de « crocheter » l'esprit critique de son sujet, exactement comme le matériel adéquat, en agissant sur la faiblesse du dispositif, permet de crocheter la serrure.

Donner la bouteille en disant « Puis-je vous la donner », et spécialement quand l'homme la regarde pendant qu'il la prend, confirme à Brown que son esprit critique a validé l'action. Brown vient de se créer un petit instant durant lequel son sujet n'aura pas d'esprit critique « antérograde », c'est-à-dire sur l'action immédiate, et là, il lui demande « Puis-je juste prendre votre portefeuille », ce que l'homme fait, mais sur ce point, il demeure une possibilité d'esprit critique « rétrograde », c'est-à-dire *a posteriori*, que Brown endort en reprenant la bouteille et en distrayant son sujet : « Il fait chaud, hein ? »

L'homme s'en va, mais il ne tarde pas à revenir vers Brown, car son esprit critique a comme une « dette d'analyse », et il lui faut peu de temps pour se rendre compte que quelque chose cloche.

Dans un autre cas, exécuté plus rapidement et plus précisément, Brown parvient à prendre la montre, le téléphone et les clés de son sujet. Là encore, il faut peu de temps au sujet pour s'apercevoir que quelque chose ne va pas. Est-il naïf ou idiot pour autant ? Pas du tout. Il a simplement fait confiance à son interlocuteur, il ne l'a pas considéré comme menaçant. Pour que la technique fonctionne, il vaut mieux, cependant, choisir une rue encombrée, avec du bruit et de l'agitation, proposer au sujet une tâche spatiale relativement compliquée et lui mettre un objet dans la main.

Encombrer votre main, encombrer votre cerveau, voilà ce que fait Brown. À la main, il donne une bouteille d'eau, au cerveau, il donne une tâche spatiale. Plus vous imaginerez votre cerveau comme une main, plus vous connaîtrez ses empans. Vous saurez les actions qu'il peut ou ne peut pas réaliser en même temps, ses degrés de liberté et ses angles morts. Vous comprendrez que l'on peut mettre au point une « clé de cerveau » comme on peut réaliser une clé de bras.

Si vous aviez les deux bras encombrés, vous ne laisseriez pas une personne, dans la rue, vous mettre une bouteille d'eau dans les mains. Vous ne vous attendriez même pas à ce qu'elle essaye, parce que vous voyez votre propre encombrement et qu'elle le voit elle aussi. L'encombrement du cerveau, lui, est invisible. L'idée que notre cerveau n'est pas conscient de son fonctionnement, l'idée que l'activité du cerveau n'est pas autodescriptive peut s'écrire comme l'inclusion mathématique « métacognition $\subset$ cognition » qui se lit : « la métacognition est strictement incluse dans la cognition ».

La métacognition, c'est la cognition de la cognition, c'est la conscience de la conscience, par exemple, et elle est incluse dans la cognition (sinon où se trouverait-elle ?). Toute conscience de soi reste une conscience par exemple. La métacognition étant nécessairement plus petite que la cognition, il nous reste un excellent moyen de surmonter nos limites individuelles : autrui. Les autres nous voient sous des angles que nous ne comprenons pas, de sorte qu'ils peuvent nous informer sur notre comportement, dans un processus de métacognition qui serait susceptible, *in fine*, de dépasser notre propre connaissance. En gros, si on remplace le terme de « métacognition » par la formule « connais-toi toi-même », on prend la mesure du potentiel humaniste de la neuroergonomie. Pour l'heure, nous ne réalisons pas à quel point notre cognition est encombrée de comportements stéréotypés, d'assomptions, de conditionnements, ou simplement de pensées parasites. Quiconque comprend l'encombrement cognitif comprend la neuroergonomie.

Notre cerveau est saturable

Parmi les techniques de Derren Brown, il en est une qui permet d'illustrer les notions d'activité spontanée et évoquée. Notre cerveau, comme notre cœur, ne s'arrête qu'à notre mort. Son régime de fonctionnement et sa consommation d'énergie changent selon la tâche, mais tant que nous vivons, que nous soyons en sommeil ou en éveil, il est actif. Notre activité cérébrale est essentiellement spontanée. Pendant plusieurs siècles, notamment sous l'influence du mouvement philosophique empiriste, on a cru que le fonctionnement du système nerveux reposait essentiellement sur l'activité évoquée, donc sur ses entrées. C'est le cas d'un robot aujourd'hui. Le défaut d'activité spontanée est l'une des raisons pour lesquelles les robots actuels n'atteignent pas l'ombre de nos performances, notamment en termes d'apprentissage, d'adaptabilité et de reconnaissance de forme.

À penser que l'œil n'est qu'une caméra passive qui transmet une image cristalline du monde extérieur à un cerveau[1] seul interprétateur, on néglige trop souvent l'importance absolument décisive des connexions descendantes (qui vont du cortex à la rétine et non l'inverse). Il y a peu, dans une caméra portée par un robot, une telle proportion n'était guère respectée. Bien sûr, notre système nerveux n'utilise quasiment jamais une connexion d'une seule façon. On peut trouver, par exemple, une propagation antérograde de signal le long d'un axone censé être la sortie d'un neurone, et non son entrée. Pour autant, le fait que neuf des dix connexions entre le cerveau et la rétine portent de l'information du cerveau vers elle nous prouve que l'activité intrinsèque de notre esprit est essentielle à la perception du monde extérieur. L'activité spontanée du système nerveux est « première » elle commence chez le fœtus et joue un rôle déterminant dans le développement du cerveau sain *in utero*.

L'activité spontanée peut aussi empêcher un signal d'accéder à notre conscience, et c'est ce phénomène qui contribue à la saturabilité de nos émotions. Réactions, mémoires, attention, il n'y a rien dans notre cerveau qui ne soit saturable, nous l'oublions trop souvent.

Prenons un système électrique. Pour lui éviter de brûler, on y installe des fusibles, qui sautent en cas de surcharge. Notre cerveau fonctionne de la même manière, car il est construit sur la saturabilité : ses réactions ne sont pas linéaires avec la stimulation, mais souvent logarithmiques, ou plus simplement asymptotiques[2].

Exemple de réaction logarithmique à la stimulation : la psychoacoustique, c'est-à-dire la façon dont nous percevons les sons. On mesure l'intensité d'un son en décibels, et c'est une échelle logarithmique, parce qu'un son de 100 décibels est dix fois plus puissant qu'un son de 90 décibels, mais notre cerveau, lui, ne le perçoit pas comme tel.

---

1. Le tractus ou « nerf » optique ainsi que la rétine appartiennent au cerveau.
2. Elles s'arrêtent à une valeur seuil qu'elles ne dépasseront jamais.

Il en va de même pour les concentrations, de sucre, par exemple, ou de protons[1], dans la nourriture que nous consommons. Une eau à pH 7 est dix fois moins concentrée en protons qu'une eau à pH 6, et même s'il est facile d'affûter sa langue pour le ressentir, la plupart des gens ne font pas la différence. Un thé dix fois dilué apparaîtra bien dix fois plus clair dans une tasse transparente. En revanche, un jus de citron (pH 2,2) ne nous semblera pas plus acide que du vinaigre (pH 2,8), qui l'est pourtant six fois moins. Si l'on examine notre sens du goût, il décrit bien à quel point notre système nerveux est adapté aux usages de la nature et à la survie, et à quel point certains principes de son organisation sensorielle se retrouvent dans l'organisation de notre vie mentale.

Que ce soit du point de vue de la mémorisation ou de la perception, notre cerveau souligne bien plus les signaux négatifs que les signaux positifs. Il met davantage en évidence la punition que la récompense parce que, dans la nature, la punition est risque de mort tandis que la récompense est chance de repas. Les deux situations ne jouent pas de la même manière sur notre survie, comme en témoigne le dicton suivant : « Pourquoi le lapin court-il plus vite que le renard ? Parce que le renard court pour un dîner, et le lapin pour sa vie. » Tout de même, si le renard échoue un certain nombre de fois, il finit par mourir. Mais la probabilité observée qu'un renard attrape une proie dans la nature reste en faveur de la proie. C'est le *life-dinner principle.*

Ce même principe se manifeste dans notre sens du goût. Ainsi, nous relevons peu le goût sucré, alors que nous sommes extrêmement sensibles – et même *le plus* sensibles – au goût amer, que nous relevons à de très faibles concentrations. Pourquoi ? Parce que l'amertume est associée aux molécules qui ont un effet sur notre système nerveux, comme la caféine (un poison pour les mammifères dans l'évolution), ou comme la conine (un des principes actifs de la grande ciguë). Nous allons le voir, la façon dont notre cerveau met en valeur les signaux olfo-gustatifs de mort imminente est comparable à celle dont il traite les nouvelles impliquant un risque de mort, de sorte que nous faisons preuve d'une véritable

1. Ions hydrogène, responsables de l'acidité.

sidération envers les émotions fortes, en particulier de violence et de peur. Cette sidération peut être addictive.

Notre système nerveux a plusieurs manières de nous mettre en garde contre ce qui peut nous tuer. Soit il nous dote d'un nombre supérieur de récepteurs par centimètre carré de langue, ou bien de récepteurs plus puissants, soit il module notre activité mentale spontanée pour souligner le signal – ce phénomène relevant de ce qu'on appelle, en langage commun, l'attention et la vigilance.

Mais revenons-en à la saturabilité du cerveau, qu'illustre parfaitement le fonctionnement de notre rétine. On pourrait s'imaginer que cette dernière envoie au cerveau un signal proportionnel à l'intensité de la lumière qu'elle reçoit, or, c'est l'inverse qui se produit. À l'obscurité, le signal envoyé par la rétine est maximal, et en situation d'éblouissement, il tombe à zéro. Pourquoi ce « choix » évolutif ? C'est que l'obscurité est limitée, alors que l'éblouissement ne l'est pas. C'est donc un moyen pour notre système rétinien de fixer son maximum de réponse dans un environnement dont il ne connaît pas, à l'avance, le maximum de stimulation. Physiquement certes, notre rétine brûle si nous l'exposons au soleil direct, mais en termes de seule intensité lumineuse, son signal est éteint par la lumière.

Élargie à la psychologie des foules et à la géopolitique, la comparaison entre réponse limitée et illimitée éclaire d'une lumière nouvelle la doctrine du « choc et de l'effroi » (*shock and awe*), mise en application par les États-Unis durant leur tristement célèbre invasion et occupation de l'Irak. Publiée par Wade et Ullman, en 1996, et développée à la National Defense University des États-Unis, cette doctrine est encore une preuve que l'on peut être brillant et inhumain, et nous montre qu'il faut adjoindre la sagesse à nos sciences, sous peine de perdre notre humanité. « Choquer et impressionner », c'est infliger à l'ennemi une manifestation si brutale, si massive, si rapide de ses capacités de destruction qu'il devrait, en théorie, perdre toute volonté de se battre. Cette doctrine, également appelée *full spectrum dominance* (« dominance sur tous les fronts ») reflète l'état d'esprit post-Guerre froide d'une certaine frange de l'*establishment* de défense américain, et si elle est un mirage stratégique absolu, elle est un excellent diagnostic de son *hybris* ambiante. Les nations, comme les humains, ont une vie mentale, une psychologie, et des maladies de l'âme.

J'ai pour ma part retourné le problème et, en me basant sur mes études en neurosciences cognitives, je me suis forgé une doctrine stratégique totalement opposée. J'ai supposé que la démonstration massive des armes de « construction », dans une logique d'espoir et de « faire ensemble », était bien plus à même de produire un résultat stratégique fort que le *shock and awe*. Cette doctrine géopolitique s'inscrit dans un cadre plus vaste, selon lequel les armes de « construction massive » sont plus puissantes que les armes de destruction massive, moins chères, plus efficaces sur le court et le long terme, et, de surcroît, plus demandées dans le monde. Un peuple choqué par la destruction est acculé au désespoir, et le désespoir est dangereux (ce n'est pas pour rien que l'on appelait autrefois les bandits des *desperados*). L'espoir, lui, n'a pas de limite. Soumettre un peuple et sa vie mentale par la peur, c'est une démarche qui n'a qu'une seule limite : le mur du suicide. Or, il est évident que la guerre débutée en Irak en 2003 a créé un énorme réservoir de désespérés, que l'on voit se manifester aujourd'hui.

Mais revenons-en aux activités du cerveau, et analysons une autre technique de Derren Brown : celle où il conditionne un sujet à se sentir ivre alors que ce dernier n'a rien bu. La plupart des symptômes de l'ivresse tiennent à une inhibition du cortex préfrontal qui, lui-même, inhibe certains de nos comportements instinctifs. Pour faire simple, si le cortex préfrontal est inhibé, nous sommes désinhibés – d'où les symptômes de l'ivresse. Puisqu'elle augmente la confiance en soi et réduit la part du doute dans la planification d'une tâche, la désinhibition peut augmenter les performances et stimuler la créativité dans certaines tâches, comme la résolution de problèmes ou l'écriture (mais pas dans la conduite, vraisemblablement[1]). Dès 1987, des chercheurs ont observé une

1. Dans l'article suivant, les auteurs observent une baisse de performance dans les capacités attentionnelles sur dix buveurs modérés dès 0.15 g/l. Cependant, dix n'est pas un chiffre très significatif et il ne prend pas en compte les conducteurs professionnels. La possibilité qu'une légère désinhibition augmente les performances en ôtant les doutes et les hésitations au sujet reste intéressante. Voir Moskowitz, H., Burns, M. M. et Williams, A. F., « Skills performance at low blood alcohol levels », *Journal of Studies on Alcohol* (1985), 46, 482-485.

hausse de la performance, après administration d'une petite dose d'alcool pur, sur une tâche motrice exigeant vitesse et précision. Les deux doses testées étaient de 0,33 millilitre puis 1 millilitre en équivalent d'alcool pur par kilo, soit environ une pinte et trois pintes de bière à 6 % pour une personne de 90 kilos. La première dose (une pinte) augmentait sensiblement la précision, mais pas la vitesse ; la deuxième (trois pintes) réduisait la vitesse sur une tâche et la précision sur une autre[1]. La conclusion de tout cela, c'est que si l'inhibition réduit les performances, une substance propre à « inhiber cette inhibition », et administrée dans un dosage précis, peut les améliorer à nouveau. Cette vieille pratique qui consiste à lutter contre le trac par une (petite) dose d'alcool se trouve validée expérimentalement.

La désinhibition chimique permet d'augmenter nos performances justement parce qu'elle joue un rôle sur notre tendance à douter de ces dernières. Or, comme notre cerveau en sait beaucoup moins sur lui-même que ce qu'il peut réellement faire (métacognition $\subset$ cognition), notre tendance au doute n'est pas toujours en phase avec nos performances possibles. Nous avons en nous des performances « captives », aussi bien sur le plan cognitif que sur le plan physique, et nous pouvons les libérer à certaines conditions, par exemple sous adrénaline. Mais ne perdons pas de vue que si la nature ne les a pas sélectionnées, c'est qu'elle a eu des raisons de ne pas le faire – raisons qui nous dépassent et face auxquelles il nous faut rester humbles.

Quoi qu'il en soit, l'existence de ces performances captives vient confirmer que nous pouvons « libérer notre cerveau » de ses automatismes et de ses peurs. Ce que nous savons est plus « grand » que ce que nous pensons savoir, et ce que nous savons faire est plus « grand » que ce que nous pensons savoir faire. Par ailleurs, notre cerveau a tendance à se conformer à ce qu'il croit de lui-même, et de fait, lorsque nous nous persuadons que nous sommes incapables de réaliser une tâche, nous avons beaucoup plus de chances d'y échouer. C'est un cas typique de prophétie autoréalisatrice.

1. Maylor, E. A., Rabbitt, P. M. A., Sahgal, A. et Wright, C., « Effects of alcohol on speed and accuracy in choice reaction time and visual search », *Acta Psychologica* (1987), 147-163.

Nos performances pourraient-elles être améliorées sous hypnose ? Sans doute, car l'hypnose relève en partie d'une inhibition du cortex préfrontal (qui alimente notre esprit critique, nos doutes). L'expérience de Derren Brown sur le sujet faussement ivre est fascinante parce qu'elle montre que l'activité spontanée du cerveau peut éclipser son activité évoquée. Pour enivrer son sujet par suggestion, Brown lui demande de se souvenir exactement de l'effet que produit l'ingestion d'une bière. La précision est essentielle, car il s'agit de convoquer une myriade de souvenirs associés à l'ivresse, de sorte que le cerveau se souvienne mieux de cet état, et d'une façon plus convaincante.

Un des ressorts de l'hypnose, c'est aussi de mettre le sujet dans un état confortable, plus confortable que celui de sa vie mentale quotidienne. Plus le sujet ressentira le différentiel de confort, plus il sera réactif à l'hypnose, parce que l'hypnose désinhibe, détend, efface le doute et l'anxiété, et nous plonge dans un état que nous ne voulons pas fuir. Comme Don Corleone, l'hypnose fait à notre vie mentale « une offre qu'elle ne peut pas refuser » et c'est ce qui la rend si théâtrale sur scène : elle nous donne l'impression que le sujet est hypnotisé contre son gré, alors qu'il a envie de l'être et que cette envie l'étonne lui-même (surtout s'il n'a jamais été hypnotisé auparavant).

Derren Brown demande à son sujet de décrire la sensation que procure l'ingestion d'une gorgée de bière, la chaleur, le goût, etc. Il lui demande de ressentir précisément l'effet que produit la bière sur sa bouche, sa gorge, puis sa tête, et ce d'une façon répétée, comme s'il buvait plusieurs pintes d'affilée. Quand l'activité spontanée est suffisamment solide, elle évoque des souvenirs associés, comme les effets physiologiques de l'ébriété, et cette évocation est d'autant plus efficace que le sujet *veut* se sentir ivre, car l'ivresse est une sensation agréable, un choix que son cerveau n'a pas envie de refuser.

Quand nous nous souvenons d'une sensation, notre cerveau la reproduit quasiment de la même façon que lorsqu'elle est évoquée par le monde extérieur. Ce cas de neuroergonomie a suggéré aux philosophes l'idée que nous sommes, dans une certaine mesure, des « cerveaux dans une cuve », puisque tout ce que nous ressentons relève d'une activité cérébrale, et qu'une activité cérébrale spontanée est capable de nous faire croire qu'elle est produite par un stimulus extérieur. Dans les traditions philosophiques antiques, cette notion a été décrite par Platon, avec l'allégorie de la caverne, et par Tchouang-tseu, avec le rêve du papillon ; plus récemment, elle a inspiré aux sœurs Wachowski la saga cinématographique *Matrix*.

Cécité d'inattention et cécité au changement

Le cerveau a des degrés de liberté et des mouvements impossibles. L'évolution, qui est un excellent designer, puisqu'elle produit des systèmes incroyablement adaptés, cache les imperfections de ses productions aussi bien à elles-mêmes qu'à leurs proies ou leurs prédateurs. Il existe, par exemple, une imperfection intrinsèque à notre système optique. On l'appelle la tache de Mariotte, c'est le point aveugle de notre rétine, dépourvu de photorécepteurs, qui correspond à l'endroit où s'insère le tractus optique. Ce point aveugle n'apparaît pas dans notre champ visuel et nous ne relevons pas une tache noire en plein milieu de notre vision. Pourtant, il est bien réel.

De même que notre cerveau peut nous faire douter de nos capacités, il peut nous dissimuler ce que nous ne savons pas, ce que nous n'avons pas vu, etc. On peut donc le prendre en défaut – le « hacker », comme on dirait en informatique – et c'est notamment ce que fait l'hypnose, en « acquérant les droits d'administrateur sur notre cerveau », en court-circuitant notre esprit critique.

Le cerveau n'est pas un ordinateur, mais s'il fallait le comparer à une machine, on serait impressionnés par sa rapidité de démarrage. Elle tient au fait que, contrairement à une machine, il est constamment en mouvement. De même que le vélo a un moment angulaire qui contribue un peu à le maintenir droit lorsqu'il est en mouvement, le cerveau a un « moment cognitif ». Son activité en cours peut le rendre plus sensible à un stimulus extérieur : c'est le phénomène de vigilance ; ou à une connaissance entrante : c'est le phénomène de résonance cognitive, qui survient lorsque ce que nous venons d'apprendre s'insère parfaitement dans nos schémas de pensée. À l'inverse, lorsque ce que nous venons d'apprendre entre en conflit avec nos schémas de pensée, se produit la dissonance cognitive, qui peut nuire à notre apprentissage ; et enfin, dans le cas d'un stimulus sensoriel, la « cécité d'inattention » (*inattentional blindness*).

Je n'ai pas de meilleur exemple de la cécité d'inattention que ces vidéos YouTube qui ont déjà fait le tour du monde. Deux équipes de basketteurs – l'une en gris, l'autre en blanc – se font des passes. Le spectateur est invité à compter le nombre de passes que se fait l'équipe blanche. À la fin de la vidéo, on lui donne le nombre exact et on lui demande s'il a remarqué quelque chose d'étrange. Dans l'une des vidéos, c'est un homme déguisé en gorille qui passe dans le champ en se frappant le torse ; dans une autre, il est déguisé en ours brun et traverse le champ en moonwalk. La majorité des sujets ne remarquent pas consciemment le gorille ou l'ours brun parce qu'ils sont trop absorbés par le décompte des passes. On peut prouver que leur cerveau a bien vu quelque chose, mais la tâche en cours bloque l'accès de cette information à leur conscience, qui est un espace limité et qui a besoin de concentration pour réaliser une tâche. Henri Bergson avait raison : « L'œil ne voit que ce que l'esprit est préparé à comprendre. »

Des chercheurs comme Stanislas Dehaene et Jean-Pierre Changeux ont conçu, sur plus de vingt ans, un modèle informatique qui rend compte de ce mécanisme et grâce auquel ils ont obtenu des prédictions assez précises sur son timing et sa réplicabilité.

L'activité mentale en cours peut contrôler l'accès à la conscience. Ce phénomène est connu des infirmières expérimentées. Si vous devez pratiquer un examen douloureux sur un patient, de la prise de sang à la ponction lombaire, vous pouvez détourner son attention en lui posant une question de culture générale : quelle est la capitale de la Mongolie ? Combien font 13 x 11 ? Citez-moi deux vins piémontais ? Le sujet va chercher la réponse, et sa conscience sera insensible à la douleur pendant une demi-seconde environ. L'information de cette douleur aura bien été relevée, notamment par les nocicepteurs de la peau, mais elle n'aura pas accès à la conscience, dont l'attention limitée a été accaparée par la tâche cognitive. La conscience semble être un véritable « espace de travail » capable d'afficher une seule chose à la fois. Un grand nombre d'objets de la vie mentale (ou « noèmes », comme les appelait Edmund Husserl) se battent pour y accéder, dans un bouillonnement incessant. Et la dynamique de ce combat, c'est « *winner takes all* » : seul le noème gagnant semble avoir accès à notre conscience. Or l'objet « gagnant » peut avoir été aidé par notre attention, ou par une stimulation du monde extérieur. En principe, si notre cerveau voulait se fermer entièrement à la stimulation extérieure, il le pourrait. C'est d'ailleurs ce qu'il réalise sous anesthésie. Mais il n'est pas du tout impossible d'atteindre les mêmes performances sous hypnose ou par une pratique assidue de la méditation. Du point de vue neuroscientifique, cette dernière n'est rien d'autre que le contrôle de notre vie mentale spontanée.

Quiconque a essayé d'observer son propre cerveau en fonctionnement, ne serait-ce que par l'introspection, a déjà fait de la neuroergonomie. Les philosophes antiques, les chamanes, les moines bouddhistes, les soufis et tant d'autres ont observé l'esprit au travail. Une métaphore revient souvent dans leurs écrits : l'esprit est comme une eau qui peut être agitée ou calme. Cette métaphore, si simple et si belle, permet de comprendre les notions d'activité spontanée et évoquée. Imaginons l'esprit comme la mer et le message comme une onde. Sur une mer démontée, l'onde ne laissera aucune trace ; sur une mer parfaitement calme, elle sera parfaitement transmise. Autre idée, très présente dans le soufisme : l'illusion répandue d'un esprit unifié dans l'enchaînement de ses noèmes, d'un « courant de conscience », alors qu'il est le résultat de forces contraires en compétition pour l'accès à la conscience.

Si l'introspection est irremplaçable pour faire avancer la connaissance de l'esprit, notre vie mentale n'est pas naturellement consciente, elle est même majoritairement inconsciente, car la conscience est très coûteuse en énergie pour le fonctionnement cérébral. La majorité de nos actions et de nos décisions doit être inconsciente, automatique, et dépenser un minimum d'activité neuronale. Cela s'observe en imagerie : dans la conduite d'une voiture, la réponse neurovasculaire – soit la consommation d'oxygène impliquée par la tâche – est plus grande chez le conducteur amateur que chez le conducteur chevronné. À tâche égale, le cerveau de l'amateur consomme plus d'énergie que le cerveau de l'expert. Si notre vie mentale nous était totalement consciente, il n'y aurait pas de neuroscientifiques car chacun saurait expliquer comment fonctionne son cerveau. Je n'ai pas dit qu'une telle prouesse était impossible, mais dans l'état très limité de nos sciences expérimentales, elle relève de la croyance.

Sachant que le cerveau d'un expert réalise la tâche sans même y penser, il n'est pas surprenant que dans le tour de Derren Brown, le bijoutier chevronné se laisse payer par des billets blancs alors que le vendeur de hot-dogs, qui a moins d'heures de pratique que lui, ne s'y laisse pas prendre. Les maîtres ès arts martiaux savent que la marque de l'expert, c'est sa capacité à réaliser des mouvements sans y prêter attention, et à s'ajuster à la posture adaptée sans y réfléchir. Quelle que soit la discipline (sport, danse…), ce que le maître possède en plus, c'est la capacité à verbaliser ce qu'il fait. Les mouvements du corps et de l'esprit, dans leur immense majorité, ne sont pas naturellement accessibles à notre langage. On sait faire un nœud de cravate, monter à vélo ou nager, mais on ne sait pas forcément l'écrire à quelqu'un.

D'autres exemples illustrent la manière dont le cerveau nous cache son manque de conscience. La « cécité au changement », par exemple, est très proche de la cécité d'inattention. Elle aussi a été mise en vidéo d'après des pilotes réalisés par le psychologue Dan Simmons, à Harvard, et est devenue depuis une source de plaisanteries à faire en public. Le dispositif est le suivant : un étudiant se tient derrière un comptoir, vers lequel est dirigé le sujet de l'expérience. L'étudiant du comptoir l'invite à remplir un formulaire, puis, prétextant avoir fait tomber son stylo, se cache derrière le comptoir et laisse un autre étudiant prendre sa place. Tant que les deux étudiants derrière le comptoir ont plus ou moins la même silhouette et la même odeur, un bon tiers des sujets de l'expérience ne remarque pas consciemment la substitution.

Dans un autre dispositif, un étudiant demande à un sujet abordé dans la rue de le prendre en photo dans une certaine pose, mais entre-temps, deux autres personnes passent entre lui et le photographe, en transportant un grand panneau de bois. Caché par le panneau en mouvement, le premier poseur s'en va et il est remplacé par une autre personne, dans la même pose. Une fois de plus, dans un tiers des cas, la personne qui tient l'appareil photo, trop concentrée sur le cadrage et la mise au point, ne remarque pas que son modèle a changé, pour peu qu'il ait la même apparence générale.

Notre cognition est partielle, on le constate également quand on observe un panorama ou une œuvre d'art. À notre empan visuel, déjà limité par l'angle de notre vision, puis par notre fovéa (plus réduite que ce que notre champ visuel nous laisse croire), il faut ajouter notre empan mental. Comme nous le verrons dans la partie suivante, si vous contemplez Rome, vous ne pouvez pas visualiser chaque intérieur de chaque bâtiment. De même pour une œuvre d'art ou pour une personne ; toute œuvre, toute personne forme un objet trop vaste pour être chargé entièrement dans la conscience.

Retenons pour le moment que le cerveau, comme la main, a des articulations, des effets de levier et des angles interdits. De même que tous les gestes et mouvements réalisés par notre main sont infiniment plus restreints que tous les gestes et mouvements possibles, tous les gestes et mouvements cérébraux réalisés dans notre vie ne sont rien par rapport à tous ceux que nous pourrions réaliser. En cela seulement, il est vrai nous n'utilisons que « 10 % » de notre cerveau.

En fait, la consommation énergétique d'un ordinateur qui simulerait le fonctionnement cérébral (et encore, à un niveau de détail très faible) serait très supérieure à la consommation effective du cerveau – qui demeure cependant la plus élevée de notre corps par gramme : 2 % de notre masse mais 20 % de notre consommation énergétique. Comme le dit Stephen Smith, neuroscientifique à Stanford : « Il y a au moins cent vingt-cinq mille milliards de synapses dans le seul cortex cérébral, c'est à peu près le nombre d'étoiles dans mille cinq cents Voies lactées. » Nous avons déjà du mal à simuler le reploiement des protéines, alors le fonctionnement total et parfait d'une synapse nous échappe encore, sur ordinateur, mais même en assimilant la synapse à un transistor, cent vingt-cinq trillions de transistors seraient équivalents à un supercalculateur du type Titan de Cray – cent soixante-dix-sept mille milliards de transistors –, opérationnel en 2012. Or une synapse est encore très supérieure à un transistor, mais la consommation énergétique de Titan est très largement supérieure à celle de notre cerveau. Quant à la valeur économique de la seule initiative Human

Brain Project (EPFL, Heidelberg, Université de Lausanne, etc.), une première tentative de simuler un peu le cerveau, elle sera d'au moins 1,2 milliard d'euros, pour plus de sept mille cent cinquante hommes par an… On comprend que notre cerveau, cette « grosse méduse » de 1,2 kilo, comme le dit Bruno Dubois, gagne beaucoup à être connu.

II.

CONNAÎTRE VOTRE CERVEAU

1.

Qui est votre cerveau ?

« Ah l'esprit immortel de l'homme mortel ! »
on entend le zélote s'époumoner
dont l'esprit ne veut dire que la somme de ses pensées,
essence d'un « Je » atomique.

La pensée est le travail du cerveau et des nerfs,
pauvre et mauvaise chez l'idiot bas de plafond,
malade dans la maladie, endormie dans le sommeil,
et morte quand tombe le rideau de la mort.

« Silence ! dit le Zàhid[1]*,*
nous savons bien l'enseignement de l'école abhorrée
qui fait de l'homme un automate,
de l'esprit une sécrétion, de l'âme un mot

de molécules et de protoplasme,
vous, les matérialistes prompts à débattre
de ce développement en points de gelée,
et de singes qui sont devenus hommes. »

Sir Richard Francis Burton
The Kasidah of Haji Abdu el-Yezdi, VII

1. Dans la tradition soufi, le Zàhid (de l'arabe *zahir* : l'« extérieur », le « manifeste ») est celui qui interprète le Coran d'une façon superficielle et puérile et, d'une façon générale, l'étroit d'esprit qui s'arrête à la surface des choses.

L'idée que des choses intangibles comme la subjectivité, le rêve, la pensée, l'esprit ont des corrélats tangibles est encore aujourd'hui posée comme un « problème » : le problème du corps et de l'esprit[1]. En d'autres termes : comment le corps et l'esprit s'influencent-ils mutuellement ? Comment le corps produit-il l'esprit (pour les matérialistes stricts) ? Le corps est-il un état de l'esprit et l'esprit un état du corps ?

Quand Sartre affirme que l'existence précède l'essence, il part du principe que l'esprit est un état du corps, ce qui est une donnée immédiate de notre subjectivité adulte. Bien sûr, les données immédiates de la subjectivité ne peuvent être considérées comme des vérités, mais la conscience que nous en avons en est une : savoir que ce que nous ressentons, c'est déjà un moyen d'accéder à la vérité. Bouddhistes et soufis considèrent, à l'inverse, que le corps est un état de l'esprit, qu'il existe quelque chose d'éternel et d'indestructible en nous qui dépasse le corps mortel, et qui peut l'influencer de nombreuses façons.

En neurosciences, on parle de « corrélats neuronaux de la conscience », et non pas du « substrat neuronal » ou de « bases neuronales » de la conscience. De fait, en l'état actuel des connaissances, on ne peut réduire entièrement l'esprit aux nerfs. Ce postulat est une hypothèse pratique qui n'est ni prouvée, ni prouvable (puisque la métaphysique est hors de portée de nos sciences actuelles), mais qui est renforcée, comme le chante Burton dans son poème, par les corrélats physiologiques de notre subjectivité. Quand nous sommes endormis, nous sommes largement inconscients, et quand nous sommes malades, en quelque sorte notre pensée l'est aussi. Quand notre cerveau est lésé, notre pensée l'est également, etc. Il y a donc une physiologie de la pensée, comme il existe une physiologie de l'écriture et de la lecture. Elles sont fascinantes, surtout lorsqu'elles sont défaillantes. En effet, ces physiologies impliquent la possibilité de soins, et vouloir soigner soi-même la physiologie de son esprit, ce qui suppose d'être conscient d'elle, est une quête sensée. Cette physiologie, enfin, est inscrite dans nos nerfs.

1. En anglais, *mind-body problem*.

Nos nerfs sont-ils un ordinateur ?

Les circuits membraniques du cerveau

Nos nerfs sont des fils d'une version « évoluée » de l'eau de mer. De l'eau salée qu'il avait à sa disposition, le vivant, par essai-erreur guidé, a créé le liquide contenu dans les neurones. L'eau de mer a en général une teneur en sodium de 10 g/l. Le sérum humain, à 3,3 g/l, est au moins trois fois moins concentré. L'intérieur des neurones, y compris l'intérieur de leur axone qui transmet les potentiels d'action, l'est moins encore. Mais, pour simplifier les choses, on peut se représenter la neurophysiologie humaine comme une pelote de fils d'eau « salée » (au sens d'eau contenant des ions).

Le mode qu'a découvert le vivant terrestre pour élaborer sa technologie de l'information est très supérieur au nôtre. Tout d'abord, contrairement à nos puces sur silicium, il ne repose pas sur des semi-conducteurs stricts (ouverts ou fermés), mais sur des semi-conducteurs « flous », c'est-à-dire continus, avec une grande diversité de nuances entre les types de signaux. L'informatique humaine, elle, est basée sur la transmission ou non – transmission d'un courant, noté 0 ou 1, passant ou non passant. C'est le principe du transistor. Le nanotransistor, sur silicium dopé, est appelé semi-conducteur parce qu'il permet de faire passer conditionnellement le courant – ce qui n'est pas le cas d'un fil de cuivre à température ambiante –, mais la diversité de nuances de ce passage est faible : « oui » ou « non », 0 ou 1.

Le vivant terrestre a choisi un autre procédé. Les signaux qu'il échange relèvent de ce que l'on appelle la « logique floue », c'est-à-dire une logique où il existe un continuum entre le 0 et le 1, et qui permet une bien plus grande diversité de codage que notre informatique actuelle. Pour le vivant terrestre, en effet, la question « Le courant passe-t-il ? » est initiale, alors qu'en informatique, elle est finale. Dans un neurone, cette question ne fait qu'en ouvrir une grande diversité d'autres : Comment passe-t-il ? Dans quelles proportions ? Pour combien de temps ? Après quel autre signal ? Toutes ces interrogations, on peut les simuler sur ordinateur, mais elles ne sont pas intrinsèques au circuit en silicium (sauf depuis la découverte du « memristor », une unité de circuit qui ressemble un peu aux synapses), alors qu'elles le sont aux circuits membranaires des neurones[1].

Ces nanocircuits, que l'on pourrait appeler « membraniques », ont la particularité fascinante d'être interopérables avec d'autres systèmes de signalisation, comme les hormones ou le système immunitaire.

Cette interopérabilité, qui n'existe pas dans nos ordinateurs actuels, est encore mal comprise sur le plan technologique. La technologie de la membranique donne aux neurones la richesse d'expression du semi-conducteur, tout en la dépassant, puisqu'elle leur offre en même temps l'accès à l'auto-maintenance – dont un circuit sur silicium actuel est incapable.

Cela permet à la membranique d'être consubstantielle à l'homéostasie du corps humain – ce qui est précisément son but, puisque l'innervation sert à produire une sensation qui informe sur l'état du corps.

À l'inverse, nos ordinateurs ne s'auto-réparent pas, et l'état de leur silicium n'est pas consubstantiel à leur intégrité.

Il serait donc faux de dire que le fonctionnement nerveux repose sur l'électronique. On pourrait éventuellement parler de technologie « ionique », bien plus puissante en termes de codage que l'électronique. Le corps innervé n'étant pas vraiment métallique, il n'échange pas des électrons mais des ions. Or, si un électron est indiscernable d'un autre électron, un ion sodium n'a pas grand-chose de commun avec un ion calcium. L'entrée de l'un ou de l'autre dans un neurone n'aura pas les mêmes conséquences, car la vie a justement mis au point cette diversité pour en faire un codage plus vaste. Ainsi, non seulement le corps innervé se sert de signaux plus diversifiés et « flous » qu'un semi-conducteur au fonctionnement binaire, mais contrairement à un circuit imprimé, il utilise la nature même de ses porteurs de charge (sodium, potassium, calcium, magnésium…) pour encoder un signal, ce qui est

1. Les membranes neuronales n'échappent pas aux règles connues de l'électronique, et on peut les représenter par un « circuit équivalent ». Mais ce n'est qu'une énorme approximation, rudimentaire par rapport à la subtilité réelle d'une membrane. L'homme ayant propension à faire rentrer le réel dans ses cases plutôt qu'à élargir ses cases à la subtilité du réel, certains ont pu croire qu'une membrane se résumait à un circuit équivalent. Cette hypothèse est utile pour simuler des assemblées de neurones *in silico* mais elle n'est pas vraie.

brillant, mais sans surprise, puisque le vivant est l'entité la plus technologiquement brillante qui soit à notre disposition[1].

Le cerveau dans l'évolution : l'impératif de survie

Même si nous adorons nous enfermer dans nos propres créations, il serait donc ridicule de vouloir aligner nos nerfs sur les performances des ordinateurs. Si notre cerveau ne calcule pas facilement la racine 73e d'un nombre à cinq cents chiffres, ce n'est pas parce qu'il en est incapable, mais que cette capacité n'a jamais été fondée par un impératif de survie dans l'évolution. Nos nerfs, dont la justification fondamentale est la survie, ont eu des centaines de millions d'années pour se concentrer sur l'essentiel et se débarrasser du superflu. Nous, arrogants, arrivons intellectuellement au néolithique, il y a onze mille ans, ce qui n'est rien à l'échelle de l'histoire nerveuse[2], et nous prétendons embarrasser ce système incroyablement profilé de choses inutiles, voire délétères : dogmes, pratiques sclérosées, pétrification mentale… D'où la croyance pernicieuse selon laquelle, parce qu'un ordinateur peut effectuer des milliards de calculs arithmétiques à la seconde, il serait plus « avancé » que nos nerfs.

Notre système nerveux, c'est cette subtile colonie de cellules qui peuple notre corps, de notre crâne à notre voûte plantaire, de nos intestins à notre peau. Elle se corrèle à notre sensibilité, notre perception, notre action avec tant d'élégance qu'elle inspire aussi bien notre génie civil que notre robotique. Les nerfs du système nerveux périphérique sont, par exemple, colocalisés avec nos vaisseaux sanguins. C'est une façon simple qu'a trouvée l'évolution de faire guider ces derniers, des tissus mous (les vaisseaux sanguins) par des tissus plus durs, et par la même occasion de corréler la douleur à la perte de sang, de sorte que cette perte nous alerte. À l'inverse, dans une machine, la perte d'huile n'est pas obligatoirement corrélée à un signal de danger. De même chez nos robots, en qui la menace n'est pas obligatoirement corrélée à un signal, et c'est pour cette raison qu'ils ne sont pas autonomes. Cette absence de corrélation devient problématique quand

1. Que le vivant soit l'entité scientifiquement observable la plus brillante sur le plan technologique est le constat de base du biomimétisme.

2. La cellule nerveuse a au moins sept cents millions d'années. Onze mille ans représentent donc moins de 0,0016 % de son existence.

nous concevons des structures amenées à résister à des événements imprévus (comme une station spatiale, par exemple). Nous créons une structure et la dotons de capteurs après coup. Le corps humain, à l'inverse, est structuré par ses capteurs, dont les extensions courent dans la colonne vertébrale. Ces capteurs se mettent en place, en périphérie, en même temps que le sang (le tissu le plus ubiquitaire du corps) et structurent en partie le développement des muscles squelettiques. Dans le développement embryonnaire, les cellules nerveuses sont issues de l'ectoderme[1], mais elles migrent à travers l'organisme en développement pour innerver aussi bien les tripes que l'épiderme. Un tel système n'existe pas chez les plantes, dont les cellules, engoncées dans une paroi de pectocellulose semi-rigide, ne peuvent pas migrer.

C'est au système nerveux que nous devons le délice d'un massage, précisément parce qu'il est organisé en un ensemble complet, où des parties distantes peuvent s'influencer les unes les autres. Le plaisir d'un massage des pieds, ou des mains, tient à l'écrasement de nos terminaisons nerveuses, et en particulier des nocicepteurs[2], et la sensation qu'il nous procure est un phénomène subjectif fascinant, parce qu'il témoigne de ce que notre système sensoriel présente plusieurs régimes de fonctionnement, portés sur le même système de codage : la voie de la douleur est aussi celle du plaisir, tout dépend de la pression exercée. Ce principe de redondance, on l'observe aussi dans le système limbique du cerveau, qui est, entre autres, la voie de la peur. Les émotions fortes, dont certaines sont censées nous signaler un danger, peuvent se révéler puissamment addictives, d'où le succès des films d'horreur.

Or, une telle redondance est absente de nos systèmes « nerveux artificiels ». Si vous trifouillez une alarme anti-incendie dans un bâtiment, il y a peu de chances que vous en tiriez autre chose que ce pour quoi elle était prévue.

Systèmes autopoïétiques

Pour les biologistes Humberto Maturana et Francisco Varela, l'autonomie et la survie sont la base des sciences cognitives :

1. Le feuillet de l'embryon qui donnera notamment la peau.
2. Les nocicepteurs enregistrent également un écrasement dangereux ou un percement de la peau.

l'intelligence étant coextensive à la vie, l'intelligence artificielle sera de la vie artificielle. Cette théorie est connue comme « autopoïèse », une notion scientifiquement riche pour définir la vie. Est autopoïétique tout système qui s'auto-organise dans une limite qu'il crée lui-même. Prenons l'exemple de la cellule vivante : sa membrane permet au métabolisme d'exister en préservant les conditions de concentration nécessaires à son fonctionnement, et le métabolisme crée à son tour les composants de la membrane. Les étoiles, également, sont autopoïétiques, car elles possèdent un métabolisme nucléaire dont les conditions d'existence sont permises par leur limitation même. Elles sont également dotées d'un système de reproduction, apparemment sans sélection naturelle, mais avec enrichissement. Quand une supernova explose, elle crée dans la nébuleuse autour d'elle des ondes de compression qui augmentent la probabilité d'y voir naître d'autres étoiles, et libère en même temps des noyaux plus lourds, qui n'étaient pas forcément présents chez elle avant sa mort. À ce titre, on pourrait un jour considérer les étoiles comme vivantes.

Mais c'est encore trop tôt pour le dire : en l'état actuel de nos connaissances, nous ne pouvons affirmer qu'elles sont cognitives. Si c'est le cas, si elles s'adaptent bel et bien à leur environnement, la temporalité de cette cognition nous dépasse et n'est pas observable dans le temps où vit l'humanité (autour de deux cent mille ans). Peut-être que les étoiles sont capables de communication et de cognition, mais l'empan de nos sciences est trop réduit pour sonder ce phénomène aujourd'hui. Par un biais humain, certains scientifiques ont tendance à s'interdire tout mouvement intellectuel qui ne suivrait pas l'empan courant des sciences, alors que c'est à l'empan des sciences de suivre l'esprit humain et non l'inverse.

L'expérience Bolshoi

Il existe un phénomène astronomique dont nos sciences ont pu s'emparer (en partie seulement), et qui nous donne une petite idée de la structure de cet organisme complexe qu'est l'Univers, car de même que tenir un objet dans ses mains ce n'est pas tout en savoir, tenir un objet dans nos sciences n'est pas non plus en savoir tout. Il s'agit de la simulation de la répartition de la matière noire et de l'énergie noire dans l'Univers, avec l'expérience Bolshoi réalisée sur le supercalculateur Pléïades de la NASA.

Bolshoi est une simulation fascinante car elle envisage l'Univers selon une structure particulièrement raffinée, loin de l'aléatoire que l'on imagine trop souvent, notamment dans la répartition des galaxies. Comme un écosystème, l'Univers observable semble formé de niveaux de complexité intriqués les uns dans les autres, de la simple étoile au super amas comme Laniakea[1]. Peut-être un jour découvrirons-nous des liens élégants entre ces étoiles que l'Univers contient en un nombre bien plus grand que notre cerveau ne contient de neurones[2].

La question « Est-ce que les étoiles sont cognitives ? » interroge le principe même de la cognition. Or ce sujet est si vaste et nous le maîtrisons si peu que nous sommes aujourd'hui incapables de reproduire une cognition complète en laboratoire. Et pour cause : le phénomène de la cognition tient en partie à son imprévisibilité. Si vous criez quelque chose à une pierre lancée, sa trajectoire n'en sera pas modifiée. Si vous criez quelque chose à un humain qui court, vous pouvez changer son comportement. Ça, c'est un résultat de la cognition.

Pour le reste, si nous considérons notre cognition en particulier, elle est profondément différente du fonctionnement d'un ordinateur. Une certaine génération de chercheurs et de philosophes a voulu limiter la cognition au langage, alors que l'esprit contient le langage, mais que le langage ne contient pas l'esprit. Toujours la même erreur tragique, par laquelle nous confinons l'inconnu

1. Laniakea est en quelque sorte notre adresse dans l'Univers : un super amas de 22 000 galaxies, dont la nôtre, en mouvement autour d'un flot de matière noire appelé « Grand Attracteur », et dont on ne sait quasiment rien. Laniakea signifie « paradis incommensurable » en dialecte Hawaïen. Tully, R. B., Courtois, H., Hoffman, Y. et Pomarède, D., « The Laniakea supercluster of galaxies », *Nature* (2014), 513, 71-73.

2. Deux cents milliards au carré est une estimation fréquente pour le nombre d'étoiles dans l'Univers. Cent milliards est la borne supérieure du nombre de neurones dans notre seul cerveau (une étude en dénombre en fait quatre-vingt-six milliards en moyenne : Azevedo, F. A., Carvalho, L. R., Grinberg, L. T., Farfel, J. M., Ferretti, R. E., Leite, R. E., Lent, R. et Herculano-Houzel, S., « Equal numbers of neuronal and nonneuronal cells make the human brain an isometrically scaled-up primate brain », *Journal of Comparative Neurology* (2009), 513, 532-541. Quant au nombre d'êtres humains ayant jamais respiré sur Terre, il est en général estimé autour des cent dix milliards aujourd'hui. Voir, par exemple, Haub, C., « How many people have ever lived on earth?», *Population Today* (1995), 23, 4-5 ; Keyfitz, N., « How many people have lived on the earth?», *Demography* (1966), 3, 581-582 ; Weiss, K. M., « On the number of members of the genus Homo who have ever lived, and some evolutionary implications », *Human Biology* (1984), 637-649 ; Westing, A. H., « A note on how many humans that have ever lived », *BioScience* (1981), 31, 523-524.

au connu, le non-maîtrisé au maîtrisé, le créateur au créé… Cette erreur a perduré longtemps, aussi bien dans certaines écoles de philosophie que dans certaines écoles de science cognitive. En philosophie, elle a donné lieu à la croyance selon laquelle tout travail qui n'est pas rigoureusement typé logiquement (dans le sens de Bertrand Russel) n'est pas philosophique[1].

Si ce débat perdure, c'est que le fonctionnement naturel de notre pensée ne suit pas celui des machines et que, dans une civilisation d'ingénieurs et de techniciens, la valeur de celui qui peut confiner son esprit aux instructions-machine semble naturellement plus grande que celle de celui qui ne le peut pas. Il est vrai que notre esprit doit réaliser des efforts pour se confiner aux instructions-machine, parce qu'il n'a pas été formé comme cela. Or, jusqu'à preuve du contraire, il n'existe encore aucune série d'instructions-machine capable de survivre dans la nature. Si notre esprit ne fonctionne pas selon elles, c'est qu'il y a une raison.

En particulier, notre esprit ne type pas les variables qu'il manipule. Bertrand Russell avait introduit le typage des variables pour pallier le paradoxe qui porte désormais son nom, et qui avait fait pâlir le logicien Frege : l'ensemble des ensembles qui n'appartiennent pas à eux-mêmes appartient-il à lui-même ? Pour résoudre ce paradoxe, Russell avait établi comme principe logique l'interdiction de mélanger dans une phrase logique des objets et les ensembles qui les contiennent, les contenants et les contenus. C'est ce que réalise pourtant notre esprit en permanence. Les phrases que nous écrivons sont naturellement hétérogènes : nous pouvons mettre « moi » et « tous les gens comme moi » sur le même plan, dans la même phrase. Le cerveau fonctionne ainsi, nos ordinateurs, non.

Cognitive miser

Cet aspect des choses est particulièrement intéressant quand nous considérons notre empan cognitif. Comme je le disais plus haut, si

1. Concrètement, un groupe de philosophes déclara que, parce que la pensée de Derrida n'était pas conforme à leur idée de la philosophie, il ne pouvait pas être un philosophe. Cette attitude existe encore aujourd'hui dans le monde universitaire.

nous pouvons soulever des objets plus encombrants que l'empan de notre main à la condition qu'ils soient munis d'une poignée, il en va de même des concepts. Notre cerveau peut soulever des concepts encombrants s'ils lui sont présentés ergonomiquement. Il est dommage que l'art de mettre des poignées aux concepts – ou pédagogie –, soit encore méprisé, parce que sa maîtrise pourrait révolutionner l'enseignement et la recherche, notamment en mathématiques.

Le mathématicien au travail n'est limité, en fait, que par l'empan de son esprit, qui ne peut penser trop de coups à l'avance, opérer trop de transformations mentales à la fois, combiner trop de concepts. Si nous pouvions étendre artificiellement les empans de notre vie mentale, nos déplacements dans la noosphère seraient beaucoup plus rapides, efficaces, plus synergiques, simplement plus puissants. Parce que les empans de la vie mentale sont encore très limités, je ne peux imaginer à quel point le monde serait transformé si nos esprits avaient plus de leviers…

Notre esprit peut jongler avec plusieurs empans : c'est ce que font, consciemment, les athlètes de la mémoire et les prodiges. Considérons pour notre part l'objet mental « Rome » : il est trop vaste pour notre conscience. Et contrairement aux objets physiques susceptibles de préhension auxquels nous sommes habitués, les objets mentaux ne sont pas solides quand on les soulève. Si vous voulez soulever une carafe d'eau, vous devez en supporter tout le poids. Si vous voulez dire « Rome », il n'en est rien. Il faut plus de temps pour prononcer mentalement « Colisée » que « Rome ». Pourtant, s'ils étaient des fichiers informatiques, le second pèserait bien plus lourd que le premier. Il nous est impossible de penser *tout* Rome, alors nous en convoquons des tranches subjectives superficielles, des étiquettes, et c'est ce mécanisme qui est, entre autres, à l'origine des clichés. Rome en tant que telle, avec toute son histoire, toutes ses rues, ses perspectives, ses gens, est impossible à charger entièrement dans notre esprit. Il en va de même pour tous les objets courants de la vie mentale : « moi », « lui », « ma mère », « mon voisin », « mes enfants », etc.

Les clichés existent parce que le cerveau humain est, selon l'expression de Susan Fiske et Shelley Taylor, un *cognitive miser* (« miséreux cognitif »), qui cherche toujours à faire le moins d'opérations mentales possible.

Le cerveau aime les raccourcis, les pensées automatiques, et quand il doit choisir entre facilité et vérité, bien trop souvent, il choisit la facilité. Appréhender un objet mental dans son intégralité nous est impossible. Penser toute une ville représente un effort mental inaccessible. C'est cet effort, pourtant, que certains artistes ont voulu réaliser, comme Saint-John Perse dans le poème « Anabase », où il entreprend de saisir la fondation d'une ville, avec toute la magnanimité que cela nécessite. La méthode de Perse, en vogue à son époque, est connue sous le nom de « courant de conscience ». Elle se manifeste par une succession d'images évoquant la ville et demande un grand effort de lecture.

Parce que le cerveau est partisan du moindre effort, l'immense majorité des gens n'essayent pas d'agrandir leur conscience. C'est là une source infinie de maux humains. Et c'est aussi la raison pour laquelle un poème de Saint-John Perse est difficile à lire.

Car la clé de tous les débats, de toutes les décisions, de toutes les politiques, c'est la magnanimité, la grandeur de la conscience. Le tout-venant politicien est d'une pusillanimité sans nom, incapable de penser les choses dans leurs nuances, manipulant des objets comme « France », « les Français », « l'avenir », « l'économie », « l'emploi », sans en avoir l'ombre d'une représentation mentale précise. Ceux qui ont donné, puis exécuté l'ordre du feu nucléaire sur Nagasaki et Hiroshima n'avaient pas la conscience assez grande pour se représenter seulement les activités d'un pâté de maison de ces villes, même sur quelques jours, mais ils ont brûlé deux villes entières, familles, histoires, chairs et émotions, parce qu'ils étaient trop inconscients.

Cerveau saturable, cerveau adaptable

Mais notre cerveau est saturable, et cette saturabilité a un énorme avantage : l'adaptabilité. Ainsi, nous pouvons nous relever de l'éradication d'une ville entière comme nous pouvons nous relever d'un seul accident d'autobus parce que l'accident d'autobus sature aussi bien nos émotions fortes que la destruction de cette ville. Notre cerveau ne peut pas se morfondre au-delà de certaines limites, il finit par aller de l'avant. La saturabilité n'a pas été sélectionnée accidentellement par l'évolution.

Dans les années 1980, le psychologue Robert Plutchik a ainsi théorisé l'existence d'une « roue des émotions » ou « cône des émotions » qui capturerait la diversité émotionnelle humaine. Il s'agit d'une rosace de huit éléments, plus ou moins opposés et composables, comme des couleurs.

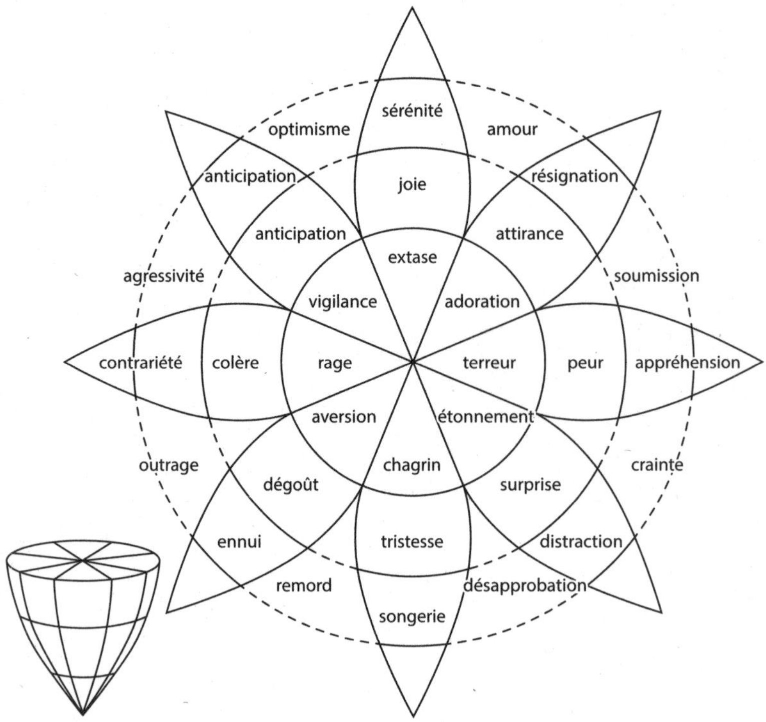

Le cerveau humain semble étiqueter le monde réel avec ces émotions, un étiquetage qu'il met régulièrement à jour, ce qui explique la relativité des réponses émotionnelles. Un enfant des pays riches ne pleurera pas pour les mêmes raisons qu'un enfant des pays pauvres. L'un, par exemple, pleurera parce qu'il n'a pas reçu le cadeau qu'il voulait ; l'autre parce qu'un de ses amis a sauté sur une mine… Notre cerveau se base sur les événements qui l'entourent pour définir un niveau de réaction. L'importance de ce qui nous fait réagir dépend de ce qui est commun dans nos vies, et c'est pour cela que, malgré un différentiel de confort physique et mental énorme, nos ancêtres du Moyen Âge riaient et pleuraient sans doute autant que nous.

La roue des émotions de Plutchik est utile pour la formation des acteurs, en particulier dans la « méthode » de l'Actors Studio, qui repose sur la mémoire émotionnelle. Quant à la grandeur de conscience, il ne faut jamais oublier que d'elle seule dépend la grandeur de l'humanité. Nous prenons constamment des décisions, manipulons sans cesse des objets de la vie mentale trop immenses pour nous, et cela nous rend naturellement irresponsables, mais aussi bien résilients.

Pour nous rappeler que ce qui est proche de nos sens est plus facile à se figurer mentalement que ce qui les dépasse, Saint-John Perse eut ce vers puissant : « Ce monde est plus beau qu'une peau de bélier peinte en rouge. » La peau de bélier rouge qui sèche chez le tanneur est directement accessible à mes sens, elle me touche et me fascine. Mais le tanneur a plus de peaux, et la ville a plus de boutiques, et le pays a plus de villes, et le continent plus de pays, et le monde plus encore de continents que je ne peux imaginer... Alors oui, le monde est plus beau que cette peau peinte en rouge, même si c'est par elle que ma conscience y accède.

Pour notre conscience, l'accessible est un chemin vers l'inaccessible. C'est un principe de pédagogie, donc de neuroergonomie.

Le cerveau est un monde

Une économie cérébrale

La meilleure façon de comprendre notre cerveau, c'est de le voir comme un monde, une planète peuplée. Une petite aire cérébrale ressemble beaucoup à une grande ville, dont chaque humain pourrait être un neurone. Contrairement aux humains dans une ville, les neurones ne se déplacent pas dans le cerveau adulte, mais ils produisent et échangent leurs productions. L'activité économique humaine est donc une bonne métaphore de l'activité cérébrale. Des populations humaines créent des biens et des services, transmis à d'autres populations humaines, qui les transforment, les assemblent et les améliorent. La fabrication de « la parole », par exemple, ou de « la lecture » est très comparable à la fabrication d'un ordinateur dans l'économie mondiale. Certains composants sont fabriqués en Thaïlande, d'autres en Corée, certains en Californie, etc. Le fonctionnement du cerveau est un commerce mondial de services neuronaux, basé sur l'échange sélectionné, en partie par l'évolution de l'espèce, en partie par l'évolution neuronale *in utero*. Le neurobiologiste Jean-Pierre Changeux parle de « darwinisme synaptique » pour expliquer la mise en place de certains réseaux de neurones avant et après la naissance. Dans son développement, le cerveau serait ainsi traversé de vagues d'activité – sorte de « ola » neuronale – dont certaines, par un jeu d'essai et erreur comparable au mécanisme de l'évolution dans un écosystème, finiraient par définir des réseaux fonctionnels. Ce mécanisme pourrait aussi se comparer à la mise en place d'une rivière sur terre.

Comme dans la logistique d'une multinationale, notre cerveau crée donc des chaînes de valeur, et toutes les fonctions « élaborées » de notre vie mentale sont aussi complexes que les produits et services élaborés dans notre économie mondialisée. De même que l'on ne peut pas dire où est fabriqué un ordinateur, si son design et ses logiciels sont californiens, ses pièces thaïlandaises, coréennes, japonaises et son assemblage chinois, on ne peut pas dire où est fabriquée la lecture. En revanche, on peut identifier les principales usines de sa chaîne d'assemblage dans le cerveau.

Telle une zone d'activité dans le tissu économique mondial, chaque aire cérébrale est responsable d'un service, et ce qu'elle crée peut être utilisé à plusieurs fins, exactement comme en économie : une usine de tissus peut fournir plusieurs usines avec des débouchés différents ; dans notre cerveau le cervelet exporte des services de calcul élaborés qui servent à la coordination des mouvements, mais qui peuvent aussi entrer dans la composition d'un calcul mental. C'est le cas chez le calculateur prodige Rüdiger Gamm, qui utilise notamment son cervelet pour diviser mentalement des nombres premiers jusqu'à la soixantième décimale…

Notre cerveau est une gigantesque économie de service, et chaque aire est exportatrice et/ou importatrice d'un service. Nos capacités cognitives sont des Lego de services assemblés. Et dans ce grand Lego des services, nous sommes loin d'avoir exploré toutes les possibilités offertes par nos briques neuronales. La lecture et l'écriture, que notre cerveau ignorait au début de l'existence d'*Homo sapiens sapiens*, sont un cas fascinant d'assemblage nouveau, fabriqué en bricolant plusieurs services neuronaux ensemble. Ce bricolage n'est certainement pas terminé ; nous pouvons innover en manipulant les services de nos neurones, et créer des valeurs nouvelles, inattendues, qui pourront changer le monde autant que le fit l'écriture. Dans mes travaux j'ai nommé l'un de ces nouveaux bricolages l'« hyperécriture ».

Produit neuronal de base et produit neuronal fini

Nous ne pouvons pas modifier les industries de base de notre cerveau, qui sont fixées par l'évolution : le service de base que rendent les assemblées de cellules de Purkinje du cervelet est fixe ; le service de base que rendent les cellules de lieu de l'hippocampe ou les cellules de grille du cortex entorhinal est fixe ; le service de base que rendent les neurones miroirs du cortex prémoteur est fixe, comme l'est celui que rendent les neurones sensibles aux nombres du sillon intrapariétal. Mais ce que produit notre vie mentale consciente, la pensée, la planification mentale, le chant, la lecture, le jeu, etc., tout cela est un assemblage aussi complexe de ces services qu'un ordinateur en fonction l'est de ses composants. Si nous étions davantage conscients de cela, nous pourrions bricoler un tas de nouveaux circuits cognitifs, selon le principe des *fab labs*… Les émanations de notre vie mentale, ces produits finis des services neuronaux, nous pouvons encore les améliorer, à l'infini. Nous débutons à peine dans le bricolage des services neuronaux, bien des médias restent à développer, bien d'autres formes de la vie mentale… Et l'écriture, qui a pourtant marqué l'humanité en définissant même son histoire, n'est rien par rapport aux innovations qui nous attendent encore…

De même qu'il y existe une microéconomie (comportement d'un consommateur ou d'un ménage), une mésoéconomie (comportement d'une entreprise), une macroéconomie (comportement d'un pays ou du monde), il y a une microéconomie neuronale (comportement d'un ou de quelques neurones), une mésoéconomie neuronale (comportement de l'aire cérébrale) et une macroéconomie neuronale (comportement du cerveau, de la conscience). Autant d'indicateurs cognitifs de la production neuronale qui sont l'équivalent, dans la vie mentale, des indicateurs économiques de la production d'un pays, comme le PIB, par exemple[1].

1. Le QI est de ceux-là, mais il est plus limité encore que le PIB en économie.

Tout en filant la métaphore économique, on pourrait donc parler de « produit neuronal de base » pour définir le service de base produit par une aire cérébrale, et de « produit neuronal fini » pour décrire le service assemblé, par exemple la lecture ou la conscience.

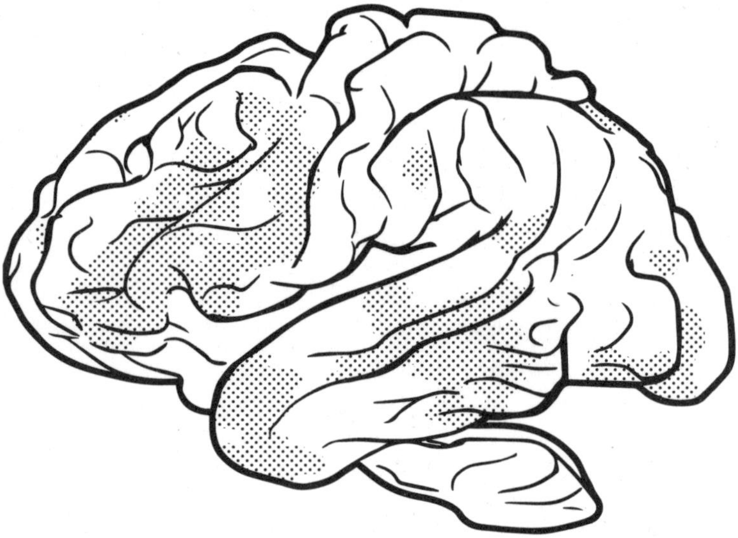

Ci-dessus :

Vue latérale gauche du cerveau humain avec des aires connues pour leur implication dans la construction de la lecture (reconnaissance des mots et de leur sens, jusqu'à la compréhension d'une phrase entière)[1]. Ce que j'appelle le « produit neuronal de base », c'est le service rendu par une seule aire cérébrale, par exemple l'aire de reconnaissance de la forme visuelle des mots (aire occipito-temporale ventrale, située stratégiquement sur la route commerciale entre le lobe occipital et le lobe temporal). Le « produit neuronal fini », en revanche, c'est la capacité à lire.

1. Image assemblée grâce à la plate-forme *LinkRbrain* de Mesmoudi et Burnod de l'Inserm.

L'urbanisme du cerveau

Si vous comprenez l'anatomie d'une ville comme Paris, vous pouvez comprendre l'anatomie du cortex cérébral. Le Paris de notre époque est encore largement structuré par les réformes urbaines d'Haussmann, qui organisent la ville autour de grands axes flanqués d'immeubles d'environ six étages. Cela tombe bien, le néocortex humain a six couches. Pendant longtemps, on a cru que cette organisation était la seule à garantir des fonctions cognitives élaborées, mais les découvertes récentes sur l'intelligence des oiseaux (qui n'ont pas de néocortex, mais une structure très différente sur le plan anatomique : le pallidum), nous a rappelé que, de même que les villes peuvent s'organiser différemment, les cerveaux peuvent produire les mêmes cognitions avec un urbanisme neuronal différent.

Dans le Paris haussmannien, prenons un immeuble qui abriterait des bureaux : on trouve à un étage un cabinet d'avocats, à un autre un cabinet médical, à un autre une régie publicitaire et à un autre encore un incubateur de start-ups. À chacun de ces étages, des bureaux individuels occupés par des humains. Chaque humain représente un neurone, il échange avec son voisinage immédiat, qui peut l'inhiber ou le stimuler, mais aussi avec d'autres humains à l'autre bout du monde – et même plus souvent avec ces humains du bout du monde qu'avec ceux qui se trouvent quelques étages en dessous. Notre cerveau fonctionne sur le même principe architectural, sauf qu'en général, les neurones proches le sont pour travailler plus facilement ensemble. La création de services neuronaux, comme celle de services humains, fait intervenir des échanges locaux – les collègues de bureau – et des échanges lointains – les correspondants d'un e-mail. Pendant longtemps, le Paris haussmannien associait à chaque étage une couche sociale bien précise. Le deuxième était par exemple l'étage noble, réservé aux riches, quand le dernier, sous les combles, abritait les chambres de bonne. Avec l'apparition de l'ascenseur, comme le note Serge Soudoplatoff, cette sociologie verticale s'est trouvée substituée par une sociologie horizontale. Les familles pauvres ont été progressivement boutées hors de Paris, et les derniers étages, plus lumineux et calmes, sont devenus la coqueluche des acheteurs *hype*... Le néocortex humain est stratifié lui aussi, les couches jouant des rôles parfois différents, et cette stratification est également le fruit de révolutions évolutives.

Dans l'économie mondiale, il serait difficile de définir précisément le rôle joué par une petite ville comme Cambridge, au Royaume-Uni, la diversité de ses productions ainsi que leurs destinataires. Si Cambridge est petite, son influence mondiale dans la production de services est grande. Il en va de même de certaines zones du cerveau : notre glande pinéale, qui est tellement cruciale qu'elle est considérée depuis longtemps comme un *chakra* dans le bouddhisme et un *lataif* dans le soufisme, a la taille d'un grain de riz. Pourtant, sans elle nous ne pourrions ni dormir, ni rêver, ni vivre, et nous sommes encore très loin d'avoir tout compris de son fonctionnement intégré.

Les divisions du cortex cérébral

La méthode de Korbinian Brodmann, basée initialement sur la réaction des tissus à une teinture bleue comme l'aniline, est une façon simple de subdiviser le cortex cérébral. Elle permet de délimiter cinquante-deux zones sur chaque hémisphère. L'aire n° 7, par exemple, est située dans le lobe pariétal et présente des neurones essentiels à la fabrication du service cognitif fini : « définir la position des objets par rapport à moi ». D'où sa position stratégique entre les aires visuelles et les aires motrices. D'après Mesmoudi et ses collaborateurs[1], elle est également au cœur d'un vaste réseau appelé « VSA-PTF » (pour « visuo-spatio-auditif » et « pariéto-temporo-frontal »), qui est en quelque sorte la route de la soie du cerveau. Ce modèle est fascinant car il identifie les deux axes commerciaux principaux de l'économie cérébrale : l'une semble intégrer les informations arrivant au cerveau par les sens en mobilisant des neurones multimodaux[2] ; l'autre semble le confronter aux souvenirs et à la planification mentale.

1. Mesmoudi, S., Perlbarg, V., Rudrauf, D., Messe, A., Pinsard, B., Hasboun, D., Cioli, C., Marrelec, G., Toro, R. et Benali, H., « Resting state networks' corticotopy: The dual intertwined rings architecture », *PloS One 8* (2013), e67444.

2. Ces neurones qui parlent, par exemple, aussi bien la langue de la vision que la langue de l'audition. (Le cerveau est comme un monde, ne l'oublions pas, et toutes les aires cérébrales n'y parlent pas la même langue technique.)

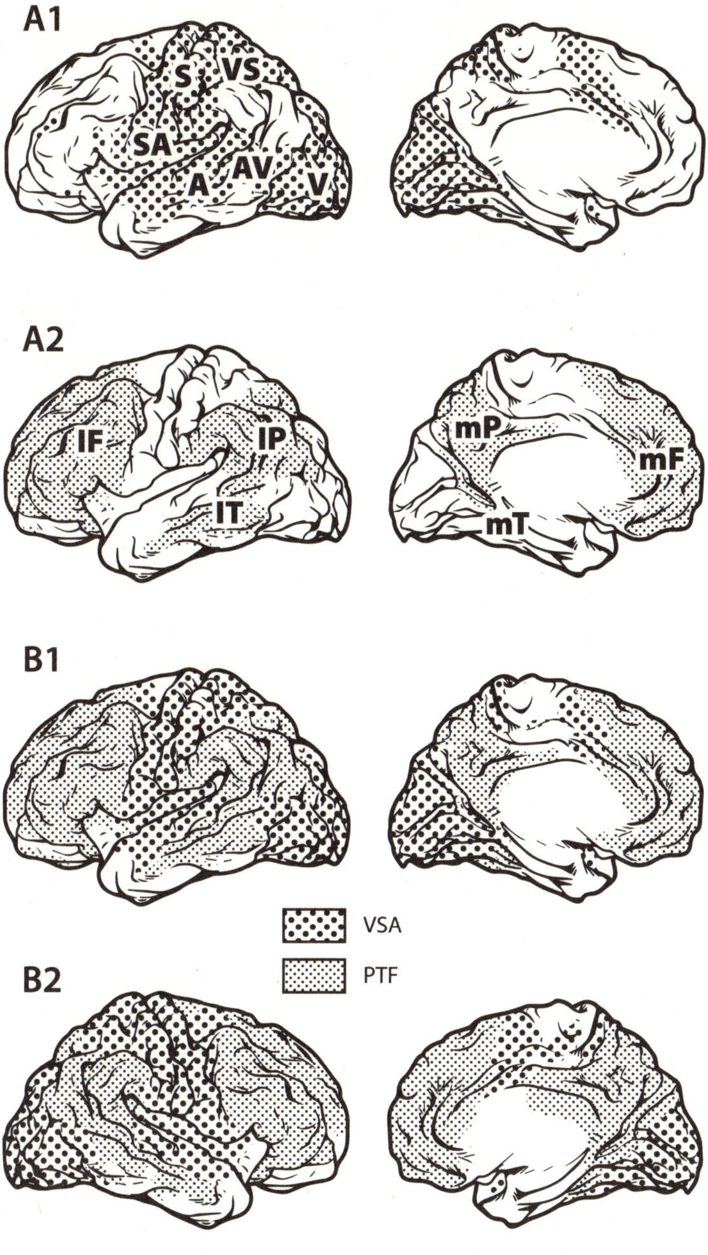

Ci-dessus le modèle « VSA-PTF » de Mesmoudi *et al.* :
Deux anneaux sont entrelacés et structurent le cerveau humain.
En noir : l'anneau « visuo-spatio-auditif » (VSA).
En hachuré : l'anneau « pariéto-temporo-frontal » (PTF).

L'anneau VSA a pour fonction d'intégrer l'information entrante et le PTF la confronte à l'expérience et à la planification mentale. Avec le corps calleux – faisceau de connecteurs entre les deux hémisphères –, ces anneaux VSA et PTF seraient les plus grandes routes commerciales du cerveau, en termes de services neuronaux échangés.

Si l'on prend les aires de Brodmann pour définir la géographie du cerveau humain, cela donnera la carte suivante, versée au domaine public par le chercheur Mark Dow :

l'image semble complexe au premier abord, mais si l'on compte cinquante-deux aires de Brodmann – la carte étant symétrique – cela en fait toujours beaucoup moins à connaître que de pays sur Terre. Rien qu'en Eurasie, il y a presque deux fois plus de pays qu'il n'y a d'aires de Brodmann !

Survoler l'économie du cerveau, cela revient finalement à retenir cinquante-deux pays, avec quelques-uns de leurs imports et de leurs exports. Une tâche relativement facile, qui ne réclame pas plus de cinq heures de travail. On peut partir du pôle Nord, le haut du sillon central qui sépare les lobes frontal et pariétal, et autour duquel s'organisent les aires somatosensorielles et somatomotrices, et continuer la numérotation comme si l'on devait nommer les nations du Nord au Sud.

L'année 2016 a vu également une découverte majeure en matière de cartographie cérébrale, améliorant considérablement notre compréhension des aires du cortex. Si l'on superposait la silhouette de deux cent dix personnes sur une image moyenne, on verrait se détacher plus clairement les proportions régulières du corps humain ; une équipe de chercheurs internationale en a fait exactement de même avec le cerveau, superposant deux cent dix cerveaux différents en étudiant notamment l'architecture de leurs voies de communication (la substance blanche). Cette étude majeure a produit une carte beaucoup plus affinée, délimitant cent quatre-vingt aires cérébrales selon leurs différences entre elles : « Chaque aire est similaire en elle-même et différente des autres[1] » comme le résume Matthew Glasser[2], premier auteur de la publication. Par

1. Scutti, S., «New brain map identifies 97 previously unknown regions», *CNN*, 20 juillet 2016.

2. Glasser, M. F., Timothy Coalson, Emma Robinson, Carl Hacker, John Harwell, Essa Yacoub, Kamil Ugurbil, J. Anderson, C. F. Beckmann et Mark Jenkinson, « A Multi-Modal Parcellation of Human Cerebral Cortex », *Nature*, 2015.

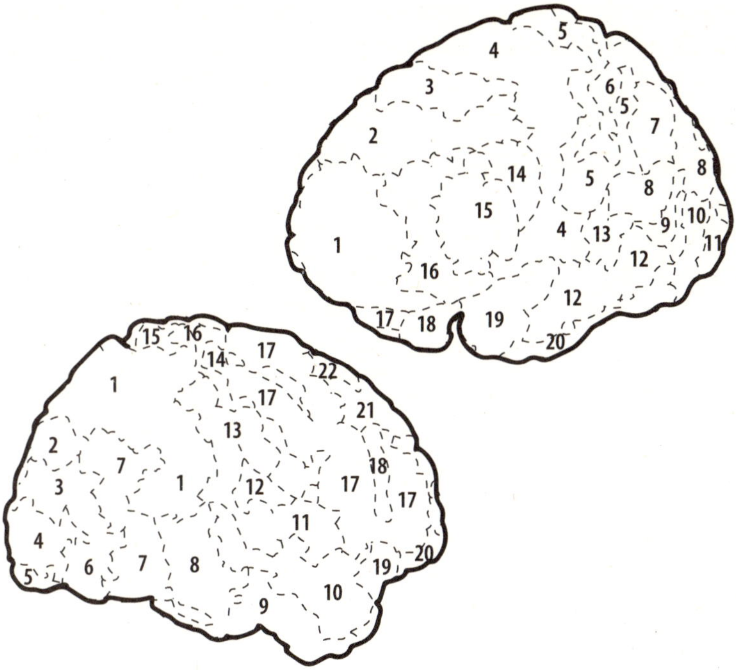

« différente », il faut entendre selon son anatomie, sa fonction, sa connectivité et sa forme. De même, dans une ville, une zone industrielle n'a pas la même architecture, la même fonction et le même réseau routier qu'une zone pavillonnaire.

L'importance de cette découverte est bien exprimée par le chercheur Greg Farber : « Vous voyez à quoi ressemble une carte de 1500 et une carte de 1950 ? Eh bien, en termes de résolution et de qualité d'image, je crois que l'on vient de passer de 1500 à 1950[1] » ! La métaphore de la carte est très juste, car notre cortex cérébral est comme une feuille chiffonnée (le chiffonnement est justement la meilleure méthode mathématique pour faire tenir une grande surface dans un petit volume). Mise à plat, cette carte dépliée, de la taille d'une pizza, est maintenant connue pour avoir cent quatre-vingt nations. Notre cerveau est un monde entier ; peut-être un jour notre monde fonctionnera-t-il avec la même précision collective que le cerveau, d'ailleurs.

1. Scutti, S., *op. cit.*

Des rivières cérébrales

La théorie réticulaire

Il y a des routes commerciales dans le cerveau, et elles ont leurs emplacements stratégiques : l'aire de reconnaissance visuelle des mots est située au carrefour des aires visuelle et auditive ; quant à l'aire de Wernicke, elle se trouve entre le cortex temporal, pariétal et la route qui mène au frontal (un peu comme Bâle se situe entre la Suisse, la France et l'Allemagne).

Or si le cerveau est un monde, il est aussi traversé de ces grands axes hydrographiques que sont les faisceaux de substance blanche reliant les neurones entre eux. Il existe d'ailleurs une technique d'imagerie cérébrale qui permet de les suivre : l'imagerie par tenseur de diffusion, ou tractographie, qui identifie les fils d'eau salée parcourant le cerveau, et grâce auxquels les neurones se connectent les uns aux autres. Tout se passe comme si le cerveau était parcouru de fleuves, dont la plupart sont fixés peu après la naissance, mais dont les cours peuvent se réarranger pour former de nouvelles cartes.

Les deux pères fondateurs des neurosciences modernes, Santiago Ramón y Cajal et Camillo Golgi, reçurent ensemble, en 1906, le prix Nobel de physiologie ou médecine pour leurs travaux sur l'histologie du cerveau. Ils avaient pourtant une vision opposée de son organisation. Ramón y Cajal défendait la théorie dite « cellulaire », selon laquelle le cerveau est composé de cellules cloisonnées, indépendantes, que l'on appelle aujourd'hui « neurones » et « cellules gliales ». Ces cellules communiquent en général par des jonctions chimiques ou électriques, que l'on appelle « synapses ». Golgi, lui, défendait la théorie dite « réticulaire » du cerveau, selon laquelle il aurait formé un continuum liquide sans interruptions membranaires, tissu appelé « syncytium » – et structure d'autant plus probable qu'elle forme déjà les fibres de nos muscles squelettiques.

Si l'on considère aujourd'hui que Golgi avait tort, sa théorie demeure toutefois une belle image pour la compréhension du cerveau : on peut, en effet, le voir comme un monde parcouru de rivières. À chaque compétence reproductible – jouer du piano, descendre une piste en ski de bosses, conduire, chanter, résoudre une équation différentielle aux dérivées partielles, parler chinois ou dessiner – correspond une rivière cérébrale, qui est souvent la même dans le cerveau de beaucoup de gens. Ainsi, la rivière de la lecture emprunte un bras que l'on appelle « faisceau arqué », qui connecte l'aire de Wernicke, à l'interface des lobes temporal et pariétal, et l'aire de Broca, dans le lobe préfrontal.

Stigmergies

Plus nous renforçons une compétence en la révisant, plus sa rivière associée se renforce. L'apprentissage de la lecture, par exemple, renforce notablement le faisceau arqué. Cependant, si la lecture fait son lit d'une façon similaire chez la plupart des gens, certaines compétences peuvent donner lieu à des rivières cérébrales très différentes. C'est l'une des diverses applications de la neuro-ergonomie.

Quand il s'agit de sauter le plus haut possible, l'être humain peut adopter au moins deux positions très différentes : ou bien la technique du ciseau ou bien le *Fosbury-flop*, qui s'avère plus efficace. En effet, aux jeux Olympiques de 1968, Dick Fosbury démontra de façon spectaculaire que la position de saut utilisée par tous ses pairs n'était pas la meilleure, même s'ils prétendaient le contraire. De même, les rivières cérébrales sur lesquelles reposent nos compétences ne sont pas forcément optimales. Un prodige comme Rüdiger Gamm nous le démontre pour le calcul, Nelson Dellis le rappelle pour la mémorisation, etc.

Nous améliorerions considérablement notre « hydrographie cérébrale » en trouvant des voies optimales pour chacune des compétences humaines. Ces voies nouvelles, nous pourrions ensuite les consolider de différentes manières (par la stimulation transcrânienne à courant direct, par exemple) et, surtout, les mettre en commun dans l'humanité.

En science des systèmes complexes, les rivières cérébrales sont des « stigmergies » c'est-à-dire des chemins efficaces qui se trouvent « tout seuls ». Le terme, issu de la fusion entre « synergie » et *stigma* (« signe ») est dû au biologiste Pierre-Paul Grassé. L'exemple le plus typique de stigmergie est la façon dont les fourmilières calculent automatiquement des chemins efficaces pour les ouvrières. Les fourmis déposent des phéromones au sol et sont conditionnées à suivre le chemin le plus odorant, qui se trouve aussi être le plus densément fréquenté, donc souvent le plus court.

Comme les fleuves, les rivières cérébrales sont stigmergiques, selon un chemin de « moindre effort ». Cependant, de même que d'infimes changements topographiques peuvent bouleverser la dynamique d'une rivière, de petits changements peuvent bouleverser nos rivières cérébrales.

Nous avons vu que l'innervation guidait l'irrigation du corps, et à l'image du sang qui irrigue matériellement nos chairs, le système nerveux les irrigue immatériellement d'informations. Ces rivières de signaux parcourent notre organisme et interagissent d'une façon encore mal connue et mal cartographiée. On a ainsi découvert récemment que le cerveau possédait un système lymphatique[1], résultat scientifique qui aurait été raillé il y a encore cinq ans. On a découvert également que le nerf vague jouait un rôle décisif dans l'apparition de la maladie de Parkinson. Les patients vaguectomisés ont peu ou pas de chance de développer la maladie, ce qui est très surprenant[2].

Notre cerveau est conçu pour l'action

Neurones et mouvement

Il nous reste encore beaucoup de choses à découvrir sur le neurone. On a longtemps pensé que son origine était unique dans l'évolution, alors que son apparition en tant que cellule pourrait avoir plusieurs sources différentes. Mais l'intuition la plus essentielle que nous en ayons aujourd'hui, c'est qu'il sert avant tout au mouvement. Le système nerveux, en effet, est utile aux organismes multicellulaires qui se meuvent – d'où sa nécessité chez la simple méduse pour coordonner ses déplacements.

Notre système nerveux central est une vaste moelle épinière dont la partie supérieure, devenue redondante du fait que le contrôle des

1. Louveau, A., Smirnov, I., Keyes, T. J., Eccles, J. D., Rouhani, S. J., Peske, J. D., Derecki, N. C., Castle, D., Mandell, J. W. et Lee, K. S., « Structural and functional features of central nervous system lymphatic vessels », *Nature*, 2015.

2. Svensson, E., Horváth-Puhó, E., Thomsen, R. W., Djurhuus, J. C., Pedersen, L., Borghammer, P. et Sørensen, H. T, « Vagotomy and subsequent risk of Parkinson's disease », *Annals of Neurology* (2015), 78, 522-529.

mouvements basiques ne nécessite pas un cortex *a priori*, a évolué pour former le cerveau. Cerveau et moelle épinière sont intrinsèquement des systèmes de mouvement, et la pensée, comme Henri Bergson l'avait spéculé, est aussi une forme de mouvement. Nous avons vu que le cerveau pouvait recruter des services neuronaux d'origine cérébelleuse pour effectuer un calcul mental. Or ce principe est général : la pensée abstraite est issue de cellules dont le rôle tourne autour du mouvement. Notre cerveau est conçu pour l'action.

Les plantes n'ont pas de cerveau mais cela ne veut pas dire qu'elles n'ont pas de cognition. Tout ce qui vit possède une cognition, et comme l'écrivait le psychologue américain William James : « Des créatures très basses dans l'échelle intellectuelle pourraient bien être capables de conception, il suffit pour cela qu'elles soient capables de reconnaître la même expérience. Un polype pourrait bien être un penseur conceptuel, si le sentiment de “hé salut machin-truc que j'ai déjà vu avant” apparaît dans son esprit. » Notre système immunitaire, par exemple, est un penseur conceptuel au sens donné par James, parce qu'il sait reconnaître des pathogènes qu'il a déjà vus. Si nous pouvions l'entraîner à un changement de paradigme cognitif, pour qu'il comprenne que les pathogènes de la grippe ou du sida – qui changent trop vite pour sa compréhension – sont en fait un seul pathogène, nous pourrions guérir de ces infections. Mais en termes d'éducation immunitaire, il nous reste beaucoup à apprendre, et là aussi, l'ergonomie cognitive est un domaine ouvert.

Les plantes ont une cognition beaucoup plus avancée que nous l'avons longtemps cru (dans notre arrogance toute humaine…). Mais elles n'ont pas de neurones[1]. Nous, en revanche, sommes innervés parce que nous devons chercher activement notre nourriture, et fuir des organismes qui nous cherchent activement comme nourriture. Notre pensée vient du mouvement, elle est un mouvement. Nos neurones ont d'abord servi à définir une kinésphère – un ensemble de mouvements possibles – puis une noosphère – un ensemble de pensées possibles –, et cette noosphère nous est encore largement inconnue.

1. Les plantes carnivores, cependant, qui coordonnent des mouvements pour capturer des insectes, sont dotées de cellules de plus en plus comparables à nos neurones.

Kinésphère et noosphère

Les animaux nous donnent cependant des leçons dans l'exploration et la libération de notre potentiel. Ils procèdent par essai-erreur et parviennent à réaliser des mouvements, physiques ou intellectuels, que nous ne leur aurions jamais prêtés. Certains serpents, comme *Chrysopelea ornata* qui vit au Viêt-Nam, peuvent sauter d'arbre en arbre et planer sur une distance allant jusqu'à 100 mètres[1] ! D'autres, comme le mamba noir, peuvent filer à plus de 30 kilomètres à l'heure en s'appuyant sur les hautes herbes, et la plupart peuvent nager, sur ou sous l'eau. Ces postures possibles, ces états possibles de leur kinésphère, les serpents les ont trouvés par essai-erreur, dans cette posture typique de la nature, qui la distingue tellement de l'économie humaine, et qui explique sa durabilité : sans avoir peur du futur, sans regretter le passé. L'humain, lui, s'interdit certaines explorations mentales et la pression des pairs l'encourage au confinement. Mais si nous explorons librement tous les états, tous les mouvements possibles de notre noosphère, des possibilités immenses s'offrent à nous, de nouvelles rivières cérébrales, de nouveaux mouvements de l'esprit.

Un serpent peut planer, un chien dressé peut ouvrir une porte ou utiliser une télécommande, des oiseaux peuvent compter, un poulpe peut innover et transmettre son savoir… Et notre cerveau, que peut-il faire ?

« C'est dur, hein, d'avoir un cerveau ? »
Jean Yanne

« *It is most difficult to be a man.* »
Richard Francis Burton

1. Socha, J. J., « Kinematics : Gliding flight in the paradise tree snake », *Nature* (2002), 418, 603-604 ; Holden, D., Socha, J. J., Cardwell, N. D. et Vlachos, P. P, « Aerodynamics of the flying snake Chrysopelea paradisi : How a bluff body cross-sectional shape contributes to gliding performance », *The Journal of Experimental Biology* (2014), 217, 382-394.

2.

La neuroergonomie pour l'économie de la connaissance

Al Gore est célèbre pour avoir promu, durant la campagne et la présidence de Bill Clinton, les « autoroutes de l'information » – terme qui permit de véhiculer rapidement les enjeux de ce nouveau type d'infrastructure. Lançant plus tard la BRAIN Intitiative, Barack Obama voulut « investir dans les meilleures idées avant tout le monde », ce qu'il fit. Les États-Unis ont traité les autoroutes de l'information d'une façon plus conséquente et plus sincère que n'importe quel autre pays en leur temps. Cela leur a donné la primauté sur le développement de technologies auxquelles ils avaient, certes, contribué (via leur recherche militaire sur les infrastructures informatiques décentralisées), mais dans lequel l'Europe aurait pu affirmer, elle aussi, avec le CERN notamment, son excellence.

Pour un cerveau global

Les infrastructures de l'information, ce sont les câbles sous-marins, les satellites, la fibre optique, l'ordinateur quantique, etc. Nous les avons, même si elles doivent constamment évoluer en densité, en répartition et en puissance, avec par exemple le projet 03b Networks[1]. L'Histoire nous dira si ces projets relativement

1. *Other 3 billion*, pour les « autres trois milliards d'individus qui n'ont pas un accès simple à Internet en 2016 », qui bénéficie du soutien de Google et d'HSBC entre autres, ou le projet Internet.org de Facebook, Samsung et d'autres compagnies.

centralisés fonctionneront, ou s'ils seront remplacés par des initiatives ascendantes émanant de la société civile.

Aucun d'entre eux, en effet, n'est désintéressé, et en ce sens, le rejet d'Internet.org par l'Inde n'est pas surprenant : le projet, porté par Facebook, a largement été perçu comme une intrusion par le gouvernement du Premier ministre Modi. Aujourd'hui, Hawaï est devenu un gigantesque plexus de câbles sous-marins, parmi les plus grands du Pacifique, et un plexus espionné à outrance par la NSA, qui l'a bardé de capteurs, illégaux au regard du droit international.

Si nous possédons des infrastructures pour l'information, il nous manque des infrastructures pour la connaissance. L'humanité, ainsi que l'avait anticipé Nikola Tesla et que l'ont discuté bien plus tard des philosophes comme Lawrence Davis et Ned Block, est en train de former un gigantesque cerveau collectif. Cette formation est loin d'être achevée. La vie multicellulaire de l'humanité a commencé au néolithique, mais l'idée d'humanité une et indivisible, même défendue par de nombreux sages à travers les millénaires, même inscrite au Hall of Nations des Nations Unies, même lisible dans les vers du grand Saadi de Chiraz, n'est toujours pas réalisée dans les faits. Des camps continuent de s'opposer, et les gens qui sont dans le seul camp de l'humanité sont rares. Alors si l'humanité d'aujourd'hui était un cerveau, ce serait un cerveau en gestation, parce que telle aire attaquerait telle autre, et telle autre aire tenterait de dominer telle autre encore. Mais ce cerveau global, dans lequel chaque être humain pourrait jouer son rôle en s'épanouissant, n'en est pas moins en formation.

Nous avons vu que dans l'évolution des neurones et de leurs systèmes[1], la cellule nerveuse est apparue avant la cellule gliale, qui en a démultiplié aussi bien l'efficacité individuelle que collective. En ce sens, le système informatique de l'humanité peut être comparé, dans une certaine mesure, aux premiers neurones de notre cerveau global. Sa glie, cependant, relèverait d'une autre dimension, celle des infrastructures de la connaissance, capables de transférer non plus des bits d'information, mais des savoirs. Cette glie du monde, ce serait la neuroergonomie : l'art de présenter les savoirs d'une façon digeste et accessible, donc efficace.

1. Auxquels, donc, on ne peut pas réduire tous les systèmes cognitifs, puisque les plantes, les champignons, les bactéries, qui sont tous cognitifs, n'ont pas de nerfs.

Transférer de l'information, créer du savoir

L'information et le savoir ne sont pas la même chose. L'information est ponctuelle, le savoir est reproductible. Si un homme détient, un jour, l'information selon laquelle il se trouve une ville après tant de kilomètres de forêt, à une époque différente, cette information ne sera plus forcément vérifiée. En revanche, si un homme sait faire du feu, il le saura à toute époque.

La limite entre information et connaissance n'est pas toujours distincte. Prenons l'exemple du siège d'Alesia : savoir qu'il existe une faille dans la fortification de César, par laquelle des cavaliers pourraient échapper au siège, relève de l'information : savoir comment les Romains établissent leurs fortifications, en général, relève de la connaissance ; mais comme il n'y a plus d'armée romaine aujourd'hui, cette connaissance ne résiste pas au temps.

La différence fondamentale entre la connaissance et l'information tient donc à ce que la connaissance, elle, est reproductible. Les services d'espionnage, en général, se spécialisent davantage dans l'information que dans la connaissance. Quand Richard Sorge, qui est considéré à raison comme le plus grand espion militaire de tous les temps, informa Staline que le Japon n'entrerait pas en guerre contre lui avant la chute de Moscou, il lui transmit une information, car non reproductible. La connaissance, qui relève de l'expérimentation dans le sens général du terme, appelle l'action – une action aussi bien intellectuelle dans le cas des mathématiques que physique dans les autres domaines. La connaissance, enfin, est une affaire de cognition. Elle relève de ce qui est cognitif, donc vivant, et dépasse actuellement les ordinateurs[1].

Une infrastructure de l'information relève de la communication d'ordinateur à ordinateur, comme la fibre optique, par exemple. Une infrastructure de la connaissance, elle, relève du cerveau humain. Elle est profondément différente. Quand un nouveau modèle de montre connectée télécharge plus d'éléments par seconde, il le fait

1. Mais sachant que les algorithmes génétiques sont capables de la manipuler, ce que j'écris ici est appelé à ne plus être vérifié dans un avenir assez proche.

via l'infrastructure de l'information. Mais dans la chaîne de valeur de l'information, le dernier mètre, lui, est parcouru entre la machine et le cerveau humain. Ce transfert relève de la neuroergonomie. Les infrastructures de la connaissance sont neuroergonomiques. Mais vu notre méconnaissance profonde de l'adéquation média-cerveau, il n'est pas étonnant qu'elles soient aussi faiblement développées.

Après les autoroutes de l'information, nous devons développer des autoroutes de la connaissance. Comme nous ne pouvons pas encore « imprimer » de connaissance dans le cerveau – même si cela pourrait rapidement devenir possible – nous devons passer par les canaux d'acquisition sensoriels que l'évolution, dans sa sagesse pratique, a développés en nous. La façon dont nous présentons la connaissance à nos sens peut profondément modifier son acceptation, sa compréhension et sa rétention. Or c'est exactement de cela que nous avons besoin : de modes pour mieux transférer la connaissance.

Aujourd'hui, en effet, nous produisons beaucoup plus de connaissance que nous ne pouvons en transférer. C'est un problème qui affecte aussi bien les États, les multinationales, que les petites et moyennes entreprises, les écoles ou les familles. Appréhender ce que savent nos enfants ou nos parents est un exercice trop difficile pour l'empan de notre vie mentale. Aussi, nous devons apprendre en groupe, de toute urgence. Il serait fou pour notre cerveau de confiner le savoir à un seul neurone : c'est l'assemblée de neurones qui fait l'unité de l'expertise cérébrale. Eh bien, il serait fou pour le cerveau de l'humanité de confiner le savoir à un seul humain, quand c'est l'assemblée d'humains qui est l'unité fonctionnelle du savoir. Notre école est encore largement aveugle à cette réalité : la plus brillante intelligence dont dispose l'humanité est collective. Pour toutes les choses qui comptent dans le cerveau, des populations de neurones travaillent en groupe ; pour toutes les choses qui comptent dans l'histoire de l'humanité, des populations d'humains ont travaillé en groupe.

La loi de Soudoplatoff

L'économie de la connaissance, au fond, est la plus ancienne des économies. L'être humain échangeait des connaissances bien avant d'échanger des outils, des plantes ou des biens, d'inventer l'agriculture, le troc ou la monnaie. Aujourd'hui, la société la plus riche au monde, Apple, vend essentiellement de la connaissance ; et Bagdad, du temps où elle vendait de la connaissance au monde, s'en sortait infiniment mieux que lorsqu'elle se mit à vendre du pétrole. De même, la Corée du Sud exporte bien plus que toute la Fédération de Russie aujourd'hui, alors qu'elle n'a aucune matière première à vendre. L'intérêt de l'économie de la connaissance, c'est que le savoir potentiel est infini. Tout ce qui est matériel est fini, mais le savoir potentiel est infini, étant immatériel. On ne peut avoir de croissance infinie dans le monde matériel, qui est fini ; dans le monde immatériel, si. C'est le principe de « non-rivalité des biens immatériels », ou, en entreprise, « loi de Soudoplatoff », d'après le cartographe Serge Soudoplatoff, qui l'a formulée chez IBM en 1984 : « Quand on partage un bien matériel, on le divise, quand on partage un bien immatériel on le multiplie[1]. » La valeur d'un livre n'est pas dans son papier mais dans ses lettres.

J'ai publié des règles simples pour rendre accessible l'économie de la connaissance[2], et en particulier deux de ses propriétés fondamentales.

Premièrement, la connaissance est prolifique. Comme les lapins, elle se reproduit vite, et sa quantité mondiale double rapidement – environ tous les sept ans en quantité, mais pas en qualité, c'est-à-dire seulement quand on compte tous les problèmes résolus dans toutes les disciplines.

Deuxièmement, la connaissance est collégiale ; la vérité est un miroir brisé dont chacun possède un petit morceau. Comme nous

---

1. Il s'agit au fond d'une sagesse ancienne, formulée par exemple dans la tradition orale d'Amadou Hampatê Bâ : « Le savoir est la seule richesse que l'on puisse entièrement dépenser sans en rien la diminuer. »

2. I. J. Aberkane, *Économie de la Connaissance*, Fondapol, 2015. Également « A simple paradigm for nooconomics, the economy of knowledge, Springer lecture notes on Complexity », août 2016.

avons un ego, nous avons tendance à croire que notre morceau de vérité représente le tout, ou du moins qu'il est plus gros que celui du voisin, et que si nous donnons ce morceau de vérité, nous allons perdre en statut social.

Les échanges de savoirs, quant à eux, obéissent au moins à trois règles. D'abord, ils sont à somme positive, parce que quand on partage un bien matériel on le divise, quand on partage un bien immatériel on le multiplie. Si je vous donne 20 euros, je ne peux pas les donner aussi à quelqu'un d'autre. Par contre, si je donne à quelqu'un la connaissance de ce livre, je peux la donner à quelqu'un d'autre encore. Ensuite, les échanges de connaissance prennent du temps. Un transfert de propriété est instantané sur les marchés financiers, à tel point qu'il existe aujourd'hui du trading haute fréquence dont la limite légale est la nanoseconde[1], mais ce livre, par exemple, vous ne pourrez pas le lire en une nanoseconde... Enfin, les combinaisons de savoirs ne sont pas linéaires. Si l'on met un sac de riz et un autre sac de riz ensemble, cela fait deux sacs de riz, c'est linéaire. Mais si l'on met deux savoirs ensemble, cela crée un troisième savoir, règle connue dès l'Antiquité, et à l'origine des grandes bibliothèques comme Herménopolis, Alexandrie, Pergame, etc.

Tout le monde naît avec du pouvoir d'achat

On peut esquisser des équations simples pour définir les flux de connaissance. Pour acheter un savoir, il faut payer de l'attention multipliée par du temps. D'un point de vue économique, on peut ainsi écrire simplement :

$$\varphi(k) \; \alpha \; At$$

Cela signifie que « la connaissance échangée est proportionnelle à l'attention multipliée par le temps ». Cette équation est limitée mais elle demeure puissante. Elle permet de fonder une économie

1. Cela signifie que l'on peut échanger un sac de riz un milliard de fois par seconde sur les marchés financiers.

de la connaissance avec une théorie de son pouvoir d'achat. Les économistes américains Beck et Davenport ont bien compris qu'il existait une économie de l'attention[1]. Aujourd'hui, l'information est surabondante, mais l'attention, elle, est de plus en plus limitée. L'attirer vaut beaucoup d'argent. C'est pourquoi, lorsqu'on veut acheter du savoir, il faut payer de l'attention fois du temps - d'où l'expression anglaise *pay attention*. Dans l'économie de la connaissance, l'unité de pouvoir d'achat n'est pas le temps mais l'At – que l'on pourrait noter @, avec deux barres, pour signifier une devise économique –, soit une heure à attention maximale.

L'attention maximale est une notion assez facile à saisir : vous y êtes quand vous êtes à ce point absorbé par un livre que vous ratez votre station de métro.

L'At est donc l'unité d'achat de base dans l'économie de la connaissance. Pour télécharger un savoir dans son cerveau, c'est elle qu'il faut dépenser. D'un point de vue cérébral, on écrira plus précisément :

$$\varphi_i(k) \; \alpha \; A(t)$$

Soit : « Le débit instantané de connaissance est proportionnel à l'attention, qui varie dans le temps. »

L'idée que, dans l'économie de la connaissance, le pouvoir d'achat est fixé en At a des conséquences magnifiques. D'abord, cela signifie que tout le monde est né avec du pouvoir d'achat. Le jeune Somalien n'est pas né avec 1 000 dollars en poche, mais, même si l'accès aux marchés du savoir ne lui est pas encore garanti, il a de l'attention et du temps disponibles à la naissance. Si l'on calcule un revenu mensuel d'« At de poche » (des At pour consommation personnelle), il apparaît qu'en économie de la connaissance, le chômeur a un plus haut revenu que le salarié.

Par ailleurs, si l'on compare un supermarché classique à un supermarché des savoirs, on observe deux différences fondamentales : lorsque je visite un supermarché normal sans rien dépenser, mon pouvoir d'achat est inchangé ; mais si je passe une heure dans

1. Davenport, T. H. et Beck, J. C, *The attention economy : Understanding the new currency of business*, Harvard Business Press, 2013.

un supermarché de savoirs sans rien acheter, j'ai bien perdu une heure, donc un At. Dans l'économie de la connaissance, le pouvoir d'achat n'est pas épargnable.

De plus, dans un supermarché normal, le désir est maximisé par le marketing, c'est l'argent qui limite l'achat. Dans un supermarché des savoirs, c'est le contraire. Le désir détermine si vous allez dépenser un At dans un divertissement plutôt que dans un apprentissage. Cela signifie qu'il faut encore élaborer un marketing des savoirs, maximiser le désir d'acheter quelque chose quand l'offre est très supérieure à la demande[1].

Capturer les At

Le marketing de la connaissance relève de la vulgarisation et de la neuroergonomie. Or l'ergonomie maximale est atteinte quand on s'amuse. Les jeux sont redoutables pour capturer des At. Quand une chaîne de télévision veut capter l'attention pour ses emplacements publicitaires, que diffuse-t-elle ? Un divertissement. Du football, par exemple, ou un jeu télévisé. Mais, en réalité, le summum de la dépense d'At correspond plus à l'amour qu'à l'addiction – l'amour étant nécessairement addictif mais l'addiction n'étant pas nécessairement amoureuse. Quand on est amoureux d'une personne, on a envie de lui donner toute notre attention et notre temps. L'économie de la connaissance maximise donc naturellement le pouvoir d'achat des amoureux. Si vous voulez maximiser votre débit de connaissance sur un sujet donné, faites en sorte de l'aimer, car seule cette condition vous garantira une haute dépense d'attention et de temps. L'économie de la connaissance est une économie du plaisir et de l'amour, et cela, Léonard de Vinci ou Victorin de Feltre l'avaient bien rappelé : il n'y a pas d'excellence sans amour.

Même sans amour, et du seul point de vue de l'addiction, les jeux demeurent d'excellents capteurs d'At. Le Super Bowl capte plus d'attention et de temps en un seul match que le monde universitaire

1. Ce qui est parfaitement le cas, puisque les savoirs mondiaux explosent : si nous produisons trop de savoirs, il faut encore donner envie aux gens de les consommer.

en plusieurs années, et c'est pour cela qu'un joueur de football est mieux payé qu'un doyen d'université, puisque l'attention et le temps des autres sont monétisables. Les jeux vidéo maintiennent également un très haut débit d'attention dans le temps. De 2004 à 2014, l'humanité a excédé les 7 millions d'années cumulées à jouer au jeu *World of Warcraft*. Moralité : si la connaissance vaut plus cher que le pétrole, le jeu vidéo vaut plus cher qu'un pipeline.

Les équations que j'ai définies ne saisissent pas toutes les situations possibles, loin de là. Elles ne représentent que certains apprentissages, dans des cas assez naïfs où le receveur de la connaissance ne connaît rien du domaine qu'il découvre (regarder un tutorial YouTube sur un bricolage qu'on ne maîtrise pas, découvrir une nouvelle page Wikipédia…). Dans d'autres situations, la connaissance entrante interagit, *résonne* avec la connaissance existante, et cette résonance est à la fois plus intéressante et plus imprévisible que dans le cas précédent. Pour raffiner un peu l'équation, on pourrait donc écrire :

$$\varphi_i(k) \propto A(t) + \mathrm{Syn}(k,t)$$

Syn(k,t) signifierait la synergie de la connaissance entrante avec la connaissance initiale de l'apprenant, au cours du temps. Cette synergie pourrait être constructive (si je sais déjà me servir d'une perceuse, je comprendrai mieux le tutoriel bricolage sur YouTube) comme destructive (si je suis un expert de la voiture à moteur hydrocarbure, les règles de la voiture électrique vont me déstabiliser). De même qu'il existe des interférences destructives à deux ondes, une nouvelle connaissance peut entrer en conflit avec la précédente, et l'une peut détruire l'autre. C'est ce que l'on appelle la « dissonance cognitive ». D'où une équation plus générale, sans doute, mais beaucoup moins comprise aujourd'hui, car nous maîtrisons peu la science des résonances cognitives.

$$\varphi_i(k) \propto A(t)\ (\mathrm{Res}\ (Sp, Ev))$$

ou bien : « Le débit instantané de connaissance est proportionnel à l'attention multipliée par la résonance entre l'activité spontanée et évoquée du cerveau – Res (Sp, Ev). »

Cette résonance entre l'activité en cours du cerveau et l'entrée d'un stimulus, Dehaene et bien d'autres ont montré qu'elle contrôlait l'accès à la conscience[1].

En résumé, mes modèles d'économie de la connaissance ne sont que des esquisses pratiques mais améliorables, qui ne sont pas vérifiées dans certains cas plus compliqués, un peu comme en mécanique des fluides, il y a des modèles linéaires et des modèles turbulents, mais la leçon qu'il faut en retenir, à ce stade, c'est que l'attention multipliée par le temps est la monnaie la plus élémentaire pour acheter du savoir, et que l'on maximise la volonté de la dépenser quand on aime le sujet que l'on apprend.

Encourager la dépense

Les personnes qui veulent acheter des savoirs sont comme le client d'un restaurant devant un menu sans indication de prix. Une telle situation n'encourage pas la consommation. Si nous pouvions étiqueter tous les savoirs possibles selon leurs prix en At, calculés empiriquement d'après les dépenses constatées de par le monde, nous mettrions au point une immense App Store du cerveau dont les applications « savoir jouer du piano », « savoir dessiner », « médecine générale » ou « piloter un avion de ligne » auraient chacune un prix variable dans le temps, à l'image du prix des biens et des services. S'organiserait alors une vaste compétition mondiale pour faire baisser le prix des savoirs à l'achat en en changeant les modes de délivrance.

Aucun problème, technique ou scientifique, ne résiste à la concentration des At humains, et c'est une leçon gigantesque. Plutôt que de confiner la science à une caste consanguine qui est à notre époque ce que la prêtrise égyptienne fut à l'Antiquité, il faut l'ouvrir au plus grand nombre, sans peur de l'essai-erreur, pour maximiser les At dépensés dans l'apprentissage.

Cela, les pratiquants de la science ouverte, l'ont bien compris. Ils ont d'ailleurs pu observer que des problèmes difficiles, sur lesquels les meilleurs esprits individuels avaient échoué, étaient résolus par

1. Même si tout apprentissage n'est pas nécessairement conscient.

la mobilisation collective des At d'un bien plus grand nombre de gens, pourtant moins qualifiés.

Si l'on construisait des Atlaser (ou lasers d'At), nous pourrions concentrer d'énormes volumes d'attention et de temps coordonnés, qui résonneraient d'une façon positive sur un problème donné. Ces Atlaser seraient des éléments essentiels de l'économie de la connaissance et de la géopolitique des savoirs. Bien plus efficaces scientifiquement, mais aussi moins chers que des accélérateurs de particules, ils permettraient de concentrer ponctuellement ou durablement l'attention et le temps de la population sur des problèmes précis, créant une immense valeur économique.

Quiconque prototypera et mettra en œuvre de tels Atlaser changera le monde.

Depuis sa mise au point à la fin des années 1980, le modeste protocole de transfert hypertexte (le célèbre http), imaginé au CERN[1] par Tim Berners-Lee, a fait bien plus pour la science mondiale que le CERN lui-même, pourtant infiniment plus nanti en investissements publics. Alors, si l'unité fondamentale du pouvoir d'achat dans l'économie de la connaissance est bien l'At, c'est de l'At avant tout qu'il faut dépenser, car il est plus important pour la recherche que l'argent lui-même. En aucun cas on ne doit réserver les dépenses d'At à une élite. Nous devons, au contraire, encourager la dépense d'At comme dépense publique décentralisée mais canalisée vers des objectifs scientifiques.

L'émerveillement est un moteur précieux dans l'économie de la connaissance. Il l'est aussi bien dans la recherche que dans l'apprentissage, et ces quelques personnes qui se font une fierté d'avoir castré leur émerveillement, cette caste qui s'imagine que le professionnel ne s'émerveille plus et qui le fait comprendre par son cynisme à l'égard de ses pairs ou des nouveaux entrants dans son métier, elle est heureusement en voie d'extinction. Il faut encourager l'émerveillement, et s'il y a bien un pays qui, aujourd'hui, investit délibérément dans l'émerveillement scientifique, ce sont les États-Unis. La France semble trouver l'émerveillement scientifique vulgaire, non professionnel et hors de propos. Je n'ai, pour ma part, aucun complexe à encourager le

1. Centre européen de recherche nucléaire.

Wow effect, que j'ai appris d'une chose aussi « vulgaire » que les médias de masse.

J'ai appris du communiquant Phil Waknell les trois étapes d'une bonne conférence :

1. « Bon sang, ça je ne le savais pas ! »
2. « Je suis bien content de le savoir. »
3. « J'ai envie d'en savoir plus. »

Et je me rappelle comme il insista sur la troisième : « Surtout, Idriss, ne rate pas la dernière étape, sans quoi tu n'auras pas rendu service à ton audience, puisque tu auras tué chez elle l'envie d'en savoir plus. »

Il faut donner faim et ne pas en avoir honte. N'ayez jamais honte de vous émerveiller, et ne croyez jamais que le professionnel, c'est celui qui ne s'émerveille pas.

3.

Dans l'éducation

Vers une gastronomie des savoirs

L'enfer au buffet

Imaginez… Vous êtes dans un hôtel de grand luxe, devant un buffet à volonté. Le buffet de votre vie : viandes grillées, menu végétarien, *salad bar*, caviar, huîtres et crustacés, sushis, pastrami, fromages savamment affinés, fruits frais, massage de pieds… tout ce qu'il faut. Il y a des plats que vous n'avez jamais vus mais ils ont l'air appétissants, d'autres ont l'air étranges mais après tout, avec un bon maître d'hôtel, vous seriez prêt à les découvrir. Pour couronner le tout, vous avez faim, très faim. Beaucoup de gens appelleraient cela « le paradis ».

Maintenant, imaginez que le maître d'hôtel surgisse en hurlant : « Tu dois absolument tout manger ! Chaque assiette que tu laisseras sera portée sur l'addition, tu payeras non pas ce que tu as mangé mais ce que tu n'as pas mangé, et s'il reste trop d'assiettes pleines, non seulement l'addition sera mirobolante, mais en plus tu seras viré de l'hôtel, humilié, on fera une haie d'honneur pour se moquer de toi ! » Puis le maître d'hôtel sort sa montre et ajoute, fatidique : « Tu as une heure ! Quelqu'un l'a fait avant toi, donc on sait que c'est possible. » Là, vous n'êtes plus au paradis, mais en enfer.

Le buffet n'a pas changé, pourtant nous sommes passés du paradis à l'enfer rien qu'en changeant les règles du jeu. Qui a déjà traversé une telle épreuve ? A priori, personne. Si vous aviez été forcé d'avaler tout un buffet aussi vite, votre perception de la nourriture en aurait été bouleversée à jamais et des années entières de thérapie ne vous auraient probablement pas permis de vous en remettre. Pourtant, je peux vous garantir que ce cauchemar, nous l'avons tous déjà vécu, et pas seulement sur une journée, mais sur des milliers de jours. Cette situation se nomme l'« éducation ».

L'école que nous appelons « traditionnelle » n'a rien de traditionnel, elle est industrielle, c'est tout. Socrate, Platon, Confucius, Vinci ou Victorin de Feltre n'enseignaient pas comme nous le faisons, mais notre mémoire intergénérationnelle étant très courte – six générations au grand maximum –, nous croyons que l'école des tables en rang et du tableau noir est la plus traditionnelle qui soit. Or elle n'a pas plus de dix générations, sur une humanité qui en a couvert plus de huit mille et qui ne l'a pas attendue pour faire circuler les savoirs.

Issue de la révolution industrielle, notre éducation est centrée sur la pensée de l'usine, et sa vertu cardinale est la conformité. Pas la créativité, pas le caractère, pas l'amour des savoirs, pas l'épanouissement. Non, la conformité avant toute chose.

La faillite de l'épanouissement

Pourquoi éduquons-nous ? Pour le bonheur intérieur brut, ou pour le produit intérieur brut ? Nous connaissons tous la réponse à cette question. L'école désirée est celle de l'épanouissement, l'école imposée est celle de l'utilité économique. Et l'épanouissement est supérieur à l'utilité économique. Tout humain épanoui est économiquement utile, mais tout humain économiquement utile n'est pas forcément épanoui. Nos sociétés sont, hélas, en faillite de l'épanouissement, et cette faillite est d'autant plus banalisée que l'épanouissement n'a jamais été leur but. Parce qu'elles ont de béantes lacunes en matière de sens et d'épanouissement, nos sociétés considèrent comme normal, inévitable, voire sain sur le plan statistique qu'il y ait autant de suicides pour dix mille habitants en leur sein.

Chaque décennie, plus de deux cent soixante-quinze mille personnes mettent fin à leurs jours au Japon. Cela représente une ville comme Strasbourg. En Chine, chaque décennie, deux millions huit cent mille personnes se donnent volontairement la mort – l'équivalent d'une ville comme Paris. Je ne prétends pas que l'éducation est seule responsable de ces drames, mais si Suicide Inc. était une société cotée en bourse, publiant ces atroces résultats trimestriels, l'éducation en serait un actionnaire important, sans aucun doute. On se suicide lorsqu'on est convaincu d'être inadapté à la société. Dans les tribus anciennes, tout humain du groupe était considéré comme adéquat a priori. Mais dans nos sociétés modernes, l'adéquation ne va pas de soi. À l'école, par exemple, si vous n'êtes pas en adéquation avec le système, c'est vous le coupable, pas lui. C'est une absurdité : l'homme construit des systèmes pour se servir, et ils finissent par l'asservir, lui. Cette situation se répète inlassablement dans notre histoire.

Prenons le cas français. Au début, l'école était considérée comme une corvée non pas par les enfants mais par leurs parents ! Pour les enfants, elle était en effet séduisante : entre assembler des bottes de foin et apprendre l'histoire de Jules César, le calcul était vite fait, et ce furent les parents qui s'opposèrent le plus volontiers à la scolarisation de leur progéniture, perçue comme une perte de temps. Aujourd'hui, cependant, comme l'école n'a que peu évolué dans l'art de susciter l'attention des élèves, ces derniers ont le choix entre les médias de masse sur Internet et leurs cours. Bien sûr, ce ne sont pas les cours qui gagnent. Et l'école, qui était autrefois la corvée des parents, est devenue celle des enfants.

À partir du moment où ce n'est plus à l'école de s'adapter à l'homme mais à l'homme de s'adapter à l'école, le ver est dans le fruit. Reprenons, par exemple, la métaphore du buffet. À l'école nous ne sommes pas notés pour ce que nous avons mangé mais pour ce que nous n'avons pas mangé. Quand une copie est corrigée, ce que l'on y voit, en rouge, c'est ce qui nous manque, pas ce que nous avons assimilé, qui va de soi. Ainsi, nous grandissons dans le conditionnement : nous apprenons à repérer d'abord que ce qui nous manque. Cela tombe bien, notre société est construite sur ce modèle, celui du manque plutôt que de la plénitude, de l'insatisfaction permanente plutôt que de la satisfaction simple, du négatif plutôt que du positif, etc.

En France, obtenir 20/20, c'est avoir mangé le buffet en entier, mais personne n'a cette note en moyenne. Si nous laissons trop d'assiettes pleines, nous passons en dessous de la moyenne, et nous échouons à entrer dans la classe supérieure, une humiliation. Or l'éducation nous prépare à la société, et plus elle sera violente, stressante, douloureuse, frustrante et anti fraternelle, plus notre société manifestera à son tour la violence, le stress, la douleur, la frustration et l'individualisme. Quand, chaque décennie, dix millions d'êtres humains – l'équivalent d'une ville de la taille de Séoul – décident de se donner la mort, ce n'est pas eux qui ont tort, c'est la société imparfaite où ils vivent. Il n'y a jamais de mal à être un homme. Ce qui ne va pas de soi, c'est l'humanité de la société, qu'il faut sans cesse construire, avec passion et vigilance.

La théorie du « Self-ExploDes »

J'ai, sur le suicide, une théorie que je résume en une phrase : « Self-ExploDes », littéralement « il auto-explose » ou « l'explosion du moi » :

« Self » est la contraction de *Self Image*, l'« image de soi ». On ne peut se suicider si l'on n'a pas une mauvaise image de soi-même. Cependant, l'éducation actuelle, parce qu'elle cherche toujours à nous montrer à quel point nous ne sommes pas conformes à son goût, nous donne bien plus souvent une image négative qu'une image positive de nous.

« Explo » est la contraction d'« Exploration » : on ne peut pas être suicidaire si l'on possède encore un goût pour l'exploration, au sens cognitif du terme, l'envie de faire des choses différentes, de voyager dans des lieux nouveaux. Mais l'exploration est fondamentalement bridée par la peur de perdre, la peur du risque, que l'éducation nous encourage à ressentir en nous confinant à des situations contrôlées, balisées, et en prônant la réserve plutôt que l'innovation. L'école actuelle n'encourage pas l'exploration, pour cette raison simple qu'elle est incapable de la noter. Elle se confine à une logique de moyens plutôt qu'à une logique de résultats, de sorte que les moyens priment sur l'efficacité, et que le moyen privilégié, c'est la note quantitative – bien incapable de capturer la créativité.

« Des », enfin, signifie « Désocialisation » : on s'imagine que la mission principale de l'école, c'est de socialiser les élèves, mais rien ne démontre que c'est le cas. Ce qui est sûr, c'est qu'à l'école, échanger des savoirs, c'est tricher, alors que dans la vraie vie, cela s'appelle de la coopération. Le spécialiste de l'éducation Ken Robinson a bien diagnostiqué ce vice essentiel. L'école nous apprend à être des analphabètes du groupe, la fraternité n'y arrive que par accident, en cour de récréation, et entre élèves plus ou moins du même niveau.

Elle nous apprend que les problèmes se résolvent seuls et que l'on ne peut faire confiance à un groupe pour les choses sérieuses. D'où notre conditionnement à espérer un sauveur providentiel.

Si l'éducation travaille délibérément les trois Self-ExploDes, cela tient à ses motivations. Comme dans la métaphore du buffet, le problème n'est pas ce qu'elle enseigne mais pourquoi et comment elle l'enseigne. Nos ministères et nos administrations sont bloqués sur le quoi (les programmes), fossilisés dans une logique des moyens et non des résultats. Ce qui compte, c'est que la méthode soit respectée, on ne pense pas une seule seconde que le problème vienne d'elle. Faire rentrer quelque chose d'aussi subtil et raffiné que le cerveau humain dans un bricolage administratif rudimentaire et vieux de deux siècles – la note – ne nous pose aucun problème.

Nous nous sommes piégés dans une civilisation de la note, des étiquettes et des classements mono-dimensionnels, et nous sommes tellement conditionnés à réagir aux étiquettes qu'un jour nous marquerons « Grand Vin de Bordeaux » sur une bouteille de cola et qu'il se trouvera des gens pour la boire comme telle. Or les étiquettes ne sont que des ombres déformées de la réalité. Une fois que vous retirez le cadre castrateur des étiquettes de votre cerveau, vous voyez le monde tel qu'il est, dans sa richesse, sa beauté et sa subtilité. C'est une expérience libératrice merveilleuse !

Cette expérience a à voir avec la façon dont nous pouvons aller de l'enfer au paradis en éducation. Ce n'est pas à la Réalité de rentrer dans nos cases, nos classements, nos notes, c'est à nos notes de se conformer à la Réalité. Alors pourquoi enseignons-nous ? Réponse : pour l'industrie, pour l'économie, à qui il faut des pièces conformes, commoditisées, AAA, et donc le comment de l'éducation suit ce pourquoi fondateur. Pourquoi enseignons-nous ? Pour l'industrie, où les places sont limitées. Du coup, comment enseignons-nous ? Industriellement.

À l'école du gavage : le cerveau dépendant et conforme

Comme je le disais plus haut, notre modèle d'éducation relève du gavage. Il y a un programme à avaler, et il faudra l'avaler au rythme prévu par les formulaires éducatifs. Dans ce système, l'appétit des élèves est indifférent, il n'émerge que par accident, non par dessein éducatif, puisque l'école n'est pas conçue pour le stimuler. Tout retard dans l'absorption standardisée du programme sera bien sûr puni. Certains élèves arrivent à l'école avec de l'appétit – ils sont rares, et souvent leur appétit initial s'estompe ou se voit remplacé par une simple addiction à la note, que nous présentons comme une vertu, alors qu'au fond, elle est un vice – pour les autres, l'ordalie va être particulièrement pénible.

Si vous avalez trop de nourriture sans la mâcher, vous vous sentirez mal, parce que votre système nerveux digestif, qui est très intelligent, vous le signalera[1]. On appelle notre système nerveux autonome, et en particulier digestif, le « deuxième cerveau » parce que c'est la partie du corps qui contient le plus de neurones après le « premier cerveau ». Nous serions scandalisés si l'école gavait le deuxième cerveau de nos enfants de force, ne serait-ce qu'une seule journée, alors pourquoi accepter qu'elle procède de même avec leur premier cerveau ?

Par ailleurs, la façon naturelle qu'a notre système digestif d'absorber de la nourriture, c'est le plaisir. Manger n'est une corvée pour personne, c'est un moment positif et gratifiant. Alors pourquoi faudrait-il qu'il en soit autrement pour notre premier cerveau, qui aime naturellement apprendre ? N'est-il pas surprenant qu'autant de personnes finissent écœurées par la connaissance ? Est-ce une vertu, est-ce du mérite que de faire partie des happy few qui survivent à cet écœurement organisé ?

Comment expliquer qu'une chose aussi intellectuellement stimulante et épicée que les mathématiques soit détestée par tant de gens de par le monde ? Certaines personnes aiment immédiatement les mathématiques, d'autres doivent apprendre à les aimer petit à petit, mais personne ne devrait jamais en être dégoûté. C'est un crime contre la conscience humaine que de les transmettre d'une manière qui exclura forcément des élèves, et il est plus grave encore de prendre ce mode pour vertueux. L'empan minuscule de nos sciences a besoin de ce qu'un maximum d'humains soient versés dans leur connaissance, et il n'y a rien d'utile ni de noble à faire d'elles un club élitiste.

Qu'obtenons-nous à gaver physiquement des oies ? Du foie gras. Alors qu'espérons-nous obtenir en gavant des élèves ? Du cerveau

1. D'où l'expression anglaise *gut feelings*, littéralement : « les sentiments des tripes ».

gras, rien de plus. Un cerveau conditionné, dépendant et conforme. On ne peut espérer construire une société saine si cette société produit en masse des cerveaux gavés, habitués à la souffrance et à la frustration. Or que semons-nous dans le cerveau naturellement curieux de nos enfants ? Frustration, inquiétude, conditionnement, soumission, souffrance, incarcération. Certains de ces cerveaux vont mourir ou tuer, mais les plus gras d'entre tous accéderont aux postes de décision et de pouvoir.

L'éducation « multicanal »

Mais assez visité l'enfer, à présent. Comment en sortir, plutôt ? Ce qu'il y a de terrible, dans notre éducation prétendument traditionnelle, c'est qu'elle n'épouse pas notre cerveau. Pourquoi en serait-il autrement, d'ailleurs ? Nous ne savions quasiment rien du cerveau lorsque nous avons pensé l'école. Si l'éducation est une boîte, comme le dit si bien Pierre Rabhi, elle est une boîte carrée et rudimentaire qui n'est pas aux dimensions du cerveau, mais qui essaye de l'y faire entrer de force, et le rend coupable de ne pas se mouler dedans. Ou pire, qui lui fait croire que rien n'existe en dehors d'elle.

L'éducation ergonomique est multimodale, ou « multicanal ». Prenons l'exemple de la chasse. De la savane à l'ère glacière, cette situation d'apprentissage n'a cessé d'évoluer en un mélange équilibré d'olfaction, d'audition, de vue, de mouvement, de planification mentale, d'effort intellectuel et physique. À l'école, c'est le contraire : l'apprentissage noble est de loin le moins ergonomique, puisqu'il est monocanal.

Pour le neuroscientifique, le cerveau est un appareil d'organes d'une complexité merveilleuse et encore inexplorée, et il y a autant de négligence à le mettre dans une boîte qu'il y en aurait à faire entrer un téléobjectif à deux mille euros dans un cageot à légumes. À la Renaissance, une prise de conscience comparable eut lieu. Le corps humain est magnifique et sacré, il faut le représenter, l'étudier, et ce n'est pas à lui d'entrer dans nos mesures. Des gens comme Léonard de Vinci ont pris conscience, par exemple, qu'il ne fallait pas forcer la nature à ressembler à nos idées, mais agrandir nos idées pour qu'elles ressemblent à la nature, qui est beaucoup plus riche et complexe que nos clichés primitifs.

Il faut admettre humblement que notre éducation aussi est très primitive, qu'elle est très loin d'être parfaite ou sacrée, mais qu'elle touche à quelque chose de sacré en effet, notre cerveau. Cette prise de conscience, dépouillée de tous les dogmes, de tous les conditionnements, précède cette formule, tout aussi sacrée, qui selon moi est la clé pour transformer l'enfer en paradis en éducation, d'un coup d'un seul :

> « Il ne faut pas forcer le cerveau à ressembler à notre école,
> Il faut forcer notre école à ressembler à notre cerveau. »

De même que pour le téléobjectif à plusieurs milliers d'euros, c'est au boîtier de s'adapter à la chose précieuse qu'il transporte, pas l'inverse et, *in fine*, le cerveau ne devrait même pas être confiné dans des boîtes, aussi prestigieuses, prisées et récompensées soient-elles. Le cerveau est plus ancien, vénérable, sacré et raffiné qu'Harvard, Oxford ou que l'École Normale Supérieure, et c'est à lui de donner des leçons à ces entités fugaces, pas à elles de le soumettre à leur forme. Les universités ne sont que des restaurants de connaissances. À l'instar de Léonard de Vinci, on peut se passer d'elles pour exceller dans la vie. Par contre, l'excellence ne peut se passer d'amour, et c'est pour cela que l'écrasante majorité des grands diplômés des plus grandes universités ont sombré dans l'oubli, parce que pour tout intellectuellement conformes qu'ils furent, l'amour ne les animait plus. Or, encore, celui qui échange l'amour contre la conformité fait une très mauvaise affaire. Alors, puisque la pédagogie est dans la répétition (qui est stigmergique, puisqu'elle renforce nos rivières cérébrales) :

> « Il ne faut pas forcer le cerveau à ressembler à notre école,
> Il faut forcer notre école à ressembler à notre cerveau. »

Plus on s'imprègne de cette formule, plus on quitte la caverne du conditionnement. L'enfer se dissipe et l'on entre dans un monde nouveau, bien plus riche que celui que nous quittons. Si l'humanité était une personne, on pourrait dire qu'elle s'est prise d'une manie pendant un à deux mois de son existence. Cette manie, ce fut l'industrie. Peu à peu, nous avons forcé les choses autour de nous à lui ressembler : notre école, notre société, nos villes, la nature, tout notre environnement devaient ressembler à ce nouveau dieu qui ne disait pas son nom, l'industrie, mais qui méritait qu'on lui fît des sacrifices humains[1].

Les Cinq Fantastiques

Aujourd'hui, plutôt que de forcer la réalité à ressembler à nos clichés, nous acceptons d'étendre notre intellect à la réalité. En matière d'éducation, cette nouvelle Renaissance a cinq héros, que j'appelle pour ma part les « Cinq Fantastiques ».

Le premier, c'est Ken Robinson, qui a clairement souligné l'aspect industriel de notre école « traditionnelle ».

Le deuxième, c'est Matthew Peterson, ce neuroscientifique dyslexique qui a réussi à enseigner les mathématiques à ses élèves sans aucun langage, et uniquement avec des jeux vidéo, tout en leur assurant les meilleurs résultats aux tests nationaux. Or enseigner avec le jeu, c'est exactement ce que prône l'excellente psychologue Jane McGonigal, ma troisième Fantastique…

La raison de ce succès est très simple : jouer est la meilleure façon d'apprendre. Dans une nature qui ne fait pas de cadeau, où chaque erreur peut être mortelle, *tous les mammifères jouent pour apprendre*. Pour eux, jouer c'est plus que sérieux, c'est vital. Les prédateurs comme les proies jouent pour apprendre et si ce comportement est omniprésent chez les mammifères, c'est qu'il a traversé efficacement des millions d'années de sélection naturelle. Ces aptitudes que la nature, dans sa sagesse pratique, a sélectionnées sur un temps aussi long, à l'épreuve d'examens en comparaison desquels nos petits devoirs surveillés ne sont que de rafraîchissants premiers pas, nous les éliminons immédiatement dans notre éducation…

Sur le plan neuroscientifique, le débat est clos depuis longtemps : notre cerveau n'apprend dans la douleur que lorsqu'il ne peut faire autrement, jouer est la façon naturelle d'apprendre. Pourquoi ? Parce que le jeu encourage une pratique prolongée et assidue.

Les deux plus hautes formes d'excellence, on l'a vu dans l'économie de la connaissance, sont l'excellence amoureuse et l'excellence amusante. Elles émergent spontanément chez ceux qui se créent des

1. Aux dieux anciens aussi, les sacrifices humains se justifiaient par le bien commun : on tuait quelques personnes pour assurer le bien-être et la prospérité du plus grand nombre. Il n'y avait pas de sacrifice humain gratuit.

défis autour de leur pratique, comme ces coursiers à vélo qui ont transformé leur métier en sport, par exemple. À l'école d'aujourd'hui, nous n'encourageons ni l'excellence amusante, ni l'excellence amoureuse, elles n'émergent que par accident. Dans la nature, si des bébés tigres ne jouent pas, ils ne sauront pas chasser, défendre leur territoire ou se reproduire. Ils mourront, tout simplement. Jouer est sain, c'est une manière de promouvoir l'excellence en répétant une tâche jusqu'à la perfection, et c'est aussi une des raisons pour lesquelles on forme les pilotes au simulateur. C'est pour la même raison que les officiers s'entraînent aux wargames, que le football américain fut utilisé pour former les cadets à la stratégie, et que les chirurgiens qui jouent aux jeux vidéo d'action sont plus performants en chirurgie laparoscopique[1]. Il existe plusieurs laboratoires dans le monde qui étudient la formation médicale par le jeu, et des jeux qui sauvent des vies.

Par exemple, le laboratoire iLumens de l'université Paris-Descartes a créé un jeu mobile pour apprendre la réanimation cardio-pulmonaire (le massage cardiaque et le bouche-à-bouche). Le jeu s'appelle *Staying Alive* car le tempo du tube des Bee Gees correspond exactement à celui d'un massage cardiaque. Du coup, les joueurs le retiendront mieux, et seront moins stressés lors de son exécution.

Mais revenons à nos Cinq Fantastiques. Après Ken Robinson, Matthew Peterson et Jane McGonigal, il y a encore Simon Sinek et Gunter Pauli. Simon Sinek, expert en marketing, a rappelé que l'on ne déplaçait pas des foules, que l'on n'engageait pas des gens autour des questions « quoi » et « comment » mais de la question « pourquoi »[2]. Il est implacable avec l'arrogante médiocrité politique : « Regardez, dit-il, ces politiciens avec leurs plans en cinq points, là, ils n'inspirent plus personne ! » À propos, Martin

1. Badurdeen, S., Abdul-Samad, O., Story, G., Wilson, C., Down, S. et Harris, A., « Nintendo Wii video-gaming ability predicts laparoscopic skill », *Surgical Endoscopy* (2010), 24, 1824-1828 ; Lynch, J., Aughwane, P. et Hammond, T. M., « Video games and surgical ability : A literature review », *Journal of Surgical Education* (2010), 67, 184-189 ; Rosenberg, B. H., Landsittel, D. et Averch, T. D. « Can video games be used to predict or improve laparoscopic skills? », *Journal of Endourology* (2005), 19, 372-376 ; Rosser, J. C., Lynch, P. J., Cuddihy, L., Gentile, D. A., Klonsky, J. et Merrell, R., « The impact of video games on training surgeons in the 21st century », *Archives of Surgery* (2007), 142, 181-186.

2. Comme le dit Antoine de Saint-Exupéry dans *Citadelle* (Gallimard, 1948) : « Créer le navire, ce n'est point tisser les toiles, forger les clous, lire les astres, mais bien donner le goût de la mer qui est un, et à la lumière duquel il n'est plus rien qui soit contradictoire mais communauté dans l'amour. »

Luther King a fait un discours « J'ai un rêve » et pas « J'ai un plan » ! Tout est dit. Si l'école est embourbée dans des débats qui n'avancent pas, si elle accumule les plans de réforme comme autant de dépôts sédimentaires et de *memoranda* indigestes, c'est que sa classe politique, et le peuple qui devrait la gouverner, ne se pose pas les bonnes questions. On ne débat que du « quoi » (les programmes), à peine du « comment » (note ou pas note ?), et jamais du « pourquoi », qui est pourtant la justification de l'enseignement. Il faut remettre l'épanouissement au cœur de la mission éducative. La question n'est pas de noter ou non, mais de savoir pourquoi et comment on le fait. Un jeu est intensément noté, il possède un score. S'il nous stimule, c'est parce qu'il est désiré et non subi. Dans un jeu, c'est le joueur qui réclame la note, elle rend l'ensemble encore plus amusant et accrocheur.

Mon cinquième Fantastique est Gunter Pauli, que d'aucuns appellent « le Steve Jobs du développement durable ». C'est un acteur majeur de l'actuelle Renaissance. Dans sa *Blue Economy*, il affirme clairement que « ce n'est pas à la nature de produire comme nos usines, mais à nos usines de produire comme la nature ». Dans la mesure où notre école est devenue une usine à éduquer, il faut la réformer en suivant la nature, dans laquelle les flux de connaissance sont multicanaux et ergonomiques. Ken Robinson note que dans certains pays, en une journée, les élèves passent moins de temps à l'extérieur que les prisonniers de droit commun ne respirent l'air du dehors… Comme lui, je pense que l'explosion des cas d'hyperactivité n'est pas une preuve que les élèves sont malades, mais que notre école et notre société sont malades. Mais c'est bien la nature des régimes totalitaires que de stigmatiser leurs dissidents.

Savoirs conformes

Mes « Cinq Fantastiques » ne sont pas seuls. Il y a des milliers, des millions de gens à travers le monde qui œuvrent à la renaissance de l'éducation, comme, en France, François Taddei et Céline Alvarez[1]. Taddei a créé le premier parcours interdisciplinaire dans

1. En fait, je ne connais pas de meilleure expérience que celle de Céline Alvarez pour les écoles maternelles en France. Une femme comme elle devrait être ministre de l'Éducation nationale.

l'Université française contemporaine. Céline Alvarez a, quant à elle, obtenu des résultats excellents dans sa classe de maternelle de Gennevilliers, sans utiliser les programmes et les méthodes fossilisées que lui imposait le ministère de l'Éducation nationale, et son excellence ne s'est vue récompensée que par un harcèlement administratif qui l'a poussée à démissionner…

Beaucoup d'administrations, hélas, préfèrent que les choses échouent avec leurs méthodes plutôt que de les voir réussir sans les leurs. Dans une religion de la case et du formulaire, la véritable hérésie, c'est de sortir des cases, de court-circuiter les formulaires. Le résultat ne compte pas plus que les moyens. J'aime rappeler que la fédération Suisse, qui n'a pas de ministère de l'Éducation nationale, possède un système éducatif très supérieur à celui de la France ; ou que l'élève allemand passe moins d'heures à apprendre les mathématiques chaque semaine que le français, alors que ses scores PISA[1] sont pourtant supérieurs. Une heure n'est pas forcément un At : de toute évidence, les Allemands passent plus d'At que les Français en mathématiques, mais moins d'heures.

Si vous voulez œuvrer, vous aussi, à cette deuxième Renaissance de l'éducation, vous devez vous rappeler sans cesse cette neurosagesse fondamentale : ce n'est pas au cerveau de servir l'école, mais à l'école de servir le cerveau. Ce message, nous devons nous le répéter passionnément, inlassablement. Pour l'heure, notre école continue à nous rendre dépendants, soumis, normalisés, individualistes et accrocs aux quantités.

Mais pour toute industrielle qu'elle soit, elle a pour elle un avantage énorme, intrinsèque : elle est massive. De même que la standardisation à outrance des repas permet de réaliser de gigantesques économies d'échelles dans le service d'un grand nombre de couverts, la standardisation à outrance des repas de connaissance, dont notre éducation est l'exemple le plus abouti, permet de servir très facilement un très grand nombre de couverts, partout dans le monde. Que l'on ne s'y trompe pas. Avec ses tables en rangées bien droites, ses formats non négociables et son exécution contrôlée

1. Le programme PISA (Programme international pour le suivi des acquis des élèves), mené par l'OCDE, a pour but de mesurer les performances éducatives des élèves des pays membres et non membres.

au maximum, notre éducation actuelle correspond à la plus haute façon connue de standardiser un repas de connaissance.

La vision de la IIIe République, dans le cas français, laisse peu de doute quant à cette finalité : délivrer la même expérience éducative (« Nos ancêtres les Gaulois… ») partout dans l'Empire, de Cayenne à Biên Hòa, de Dakar aux îles Kerguelen. Au XIXe siècle, les éducations nationales ont utilisé la franchise avant Starbucks, Subway et McDonald's, dans l'objectif de délivrer la même expérience et le même sandwich de connaissance, préparé et emballé avec la même estampille et le même label de qualité.

Certes, cette standardisation n'a pas atteint ses objectifs. Un lycée de Mantes-la-Jolie n'offre pas du tout la même expérience éducative qu'un grand lycée de la montagne Sainte-Geneviève, alors qu'un Starbucks délivre le même café du Bronx à Gangnam. Mais leur but demeure le même : les uns délivrent des saveurs conformes, les autres, des savoirs conformes. Les deux n'ont aucune honte à viser une standardisation de l'expérience, sauf que les uns y parviennent et les autres, non. D'ailleurs, l'école délivre souvent des savoirs sans saveur, et c'est précisément là qu'est le drame. Il nous faut, de toute urgence, élaborer une gastronomie de la connaissance pour sortir du modèle « fast-food » dans lequel nos éducations nationales se sont enfermées – et qui, accessoirement, impose ses produits à ses clients, sans solliciter de retour de leur part.

La meilleure école est ergonomique. Le cas de Léonard de Vinci et de François Ier est édifiant à cet égard. L'élève, dans ce cas, est le roi de France. Léonard doit donc trouver une façon de lui enseigner des choses même s'il est dissipé, distrait par tous ses privilèges, chasses royales, guerres et galanteries de palais. Dans ce cas d'école, la « supériorité » de l'élève est un élément intéressant, qui permet une ergonomie maximale : comme le protocole le situe au-dessus de son professeur, ce dernier est tenu de faire tout ce qui est en son pouvoir pour lui transmettre son savoir.

Cette supériorité, cependant, n'est pas nécessaire : Léonard, Botticelli, Michel-Ange, le Tintoret ont acquis leurs connaissances dans les *botteghe* de la Renaissance, ces ateliers multidisciplinaires, multiniveaux et pratiques (dont nos actuels *fab labs* ne sont que de plaisantes reconstitutions) où les savoirs étaient contextualisés et distribués dans un dessein pratique, et où leurs maîtres, quoi qu'il en soit, ne leur étaient pas inférieurs en statut.

Mais si l'ergonomie est maximale dans le mentorat royal, la scalabilité, c'est-à-dire la capacité à reproduire un million de fois ce que l'on sait faire une fois, est minimale. En revanche, dans l'école d'aujourd'hui, l'ergonomie est minimale – enseignement standardisé, monocanal, obligatoire, sans motivation, sans finalité pratique immédiate... –, pour une scalabilité maximale. L'école du XXIe siècle devra faire fusionner le meilleur des deux mondes, en délivrant un enseignement à la fois massif et ergonomique. L'ergonomie de masse, c'est précisément ce que réalisent des applications comme la brillante Duolingo, qui est bien plus efficace pour distribuer le savoir d'une langue qu'un enseignement « traditionnel ».

Il faut remettre le plaisir au cœur de l'école. Si notre cerveau l'a développé et fonctionne avec lui, ce n'est pas par hasard. Dans l'école actuelle, les professeurs souffrent autant que les élèves. Or, dans une école saine, les professeurs prennent du plaisir parce qu'ils sont des chefs étoilés de la connaissance, et les élèves prennent du plaisir, parce qu'ils se régalent et qu'ils apprennent à cuisiner.

Trois expériences de psychologie scolaire

1. L'impuissance apprise

L'impuissance apprise est un phénomène psychologique découvert par les tortionnaires à diverses époques, mais dont la connaissance scientifique contemporaine a été arrêtée durant la Guerre froide, aussi bien par des psychologues travaillant ouvertement dans le cadre de programmes de torture (ou du doux euphémisme « interrogatoire amélioré », que Michel Audiard définira comme « thérapeutique contre le mensonge ») que par des psychologues plus controversés, à l'interface probable de ces programmes secrets et des programmes académiques ouverts[1].
Le but des recherches sur l'impuissance apprise, aussi bien à l'Est qu'à l'Ouest, était de susciter la coopération inconditionnelle d'un prisonnier

1. Dont Martin Seligman, auquel est associé le concept dans le monde universitaire aujourd'hui.

en lui inculquant le message inconscient « *resistance is futile* ». C'est donc une recherche qui touche à la guerre psychologique[1]. Le concept en est le suivant : plus nous avons fait l'expérience d'une situation incontrôlable, plus nous aurons tendance à ne pouvoir contrôler une situation future si elle nous semble comparable, voire n'importe quelle situation. C'est précisément l'impuissance apprise que décrit Steve Jobs : « Quand vous aurez compris que le monde qui vous entoure a été construit par des gens qui ne sont pas plus intelligents que vous, et que vous pouvez le transformer, votre vie ne sera plus jamais la même. »

Les institutions peuvent encourager, volontairement ou non, l'impuissance apprise, qui est au fond une *cannot-do attitude* (par opposition à l'expression américaine : *can-do attitude*). Elle sera d'autant plus renforcée que nos pairs seront blasés d'ailleurs : la pression des pairs peut être constructive (si j'ai pu, pourquoi pas toi), ou destructive (si je n'ai pas pu, pourquoi pourrais-tu, toi ?). Je laisse le lecteur juger de l'état actuel de la pression des pairs en France.

Si les chercheurs comme Martin Seligman ont initialement publié leurs travaux sur l'impuissance apprise d'après l'étude de la réponse des chiens à des chocs électriques, l'expérience la plus probante pour un enseignant au travail reste celle de la professeure Charisse Nixon, qui démontre que quelques dizaines de minutes suffisent pour induire l'impuissance apprise à l'école (alors imaginez plusieurs années...). Même si cette expérience est plus artisanale que celles de Seligman, elle demeure reproductible.

Nixon[2] choisit une classe d'une trentaine d'élèves, qui savent qu'elle va réaliser une expérience. Elle leur tend l'examen suivant : trouver les anagrammes des mots BAT, LEMON et CINERAMA, un par un, en levant la main chaque fois qu'ils auront trouvé la solution pour chaque mot. Les solutions sont respectivement TAB, MELON et AMERICAN, par ordre croissant de difficulté (ce qui a son importance). Trois élèves dans la classe sont cependant piégés avec une copie dont les deux premiers anagrammes sont impossibles (WHIRL, SLAPSTICK), et le dernier identique à celui des autres (CINERAMA). L'expérience est implacable : quand ces élèves voient toute la classe réussir les deux premiers exercices alors qu'ils y ont échoué, ils manquent le troisième anagramme, pourtant à leur niveau. Ils se sont convaincus qu'ils n'avaient

1. PsyOp, en anglais ; PsyApp, en français.
2. Une vidéo de l'expérience est disponible à l'adresse suivante : www.youtube.com/watch?v=gFmFOmprTt0

pas le niveau pour réussir l'exercice. Cette sensation d'être inférieur au groupe est d'ailleurs très douloureuse.

Le psychologue Idries Shah a dit justement : « Vous avez peur de demain ? Pourtant, hier est encore plus dangereux. » Notre cerveau fait peser nos échecs passés sur nos tentatives futures, et si une série de petites victoires faciles donne élan à notre succès, une série d'échecs brise notre moral. C'est une règle bien connue de la géopolitique : Bismarck, avant de s'attaquer à la France, commença par galvaniser ses armées en défaisant le Danemark ; Massoud forma ses groupes de combat en Afghanistan en leur proposant d'abord de petites victoires accessibles.

Ce principe anthropologique n'est absolument pas respecté dans l'enseignement français, et ce manque a engendré une culture de l'apprentissage par l'échec et la souffrance. Je me souviens encore des conseils de mon père : « Pour réviser tes maths à l'Université, n'utilise jamais un bouquin français, prend un bouquin russe ou américain. Le bouquin américain commence par "combien font 1+1 ?" et il t'emmène, succès après succès, jusqu'à l'hypothèse de Riemann. Le bouquin français commence tout de suite par un piège. D'exercice en exercice, il y a un piège, une subtilité, le bouquin cherche à te dire qu'il est plus intelligent que toi, et au bout d'un moment tu le refermes[1]. » Cette arrogance pédagogique n'est pas un mythe. Même dans l'industrie des jeux vidéo, les sociétés françaises des années 1990 (comme la légendaire Infogrames) étaient connues pour produire des jeux plus difficiles et punitifs que les sociétés américaines.

Il ne faut jamais négliger le *cognitive momentum*, l'« élan cognitif de l'élève », et ne jamais croire que le briser est une vertu. Il faut, au contraire, cultiver chez lui la *can-do attitude*, pour le convaincre qu'il est capable de réussir. Des citoyens abreuvés d'impuissance apprise seront moins épanouis que des citoyens abreuvés de puissance apprise. Cependant, les premiers seront plus dociles que les seconds ; or, entre épanouissement et docilité, nous savons bien quel choix ont fait nos sociétés, *a fortiori* nos écoles…

2. L'expérience des yeux bleus et des yeux marron

À la mort de Martin Luther King, l'enseignante Jane Elliott voulut faire vivre l'expérience du racisme à ses élèves, selon la prière sioux :

1. Selon moi, cette arrogance pédagogique toute spartiate est une des raisons pour lesquelles il n'y a pas de « classe moyenne » en mathématiques, en France : d'après les tests PISA, il semble y avoir d'un côté des très riches, qui décrochent la médaille Fields ; de l'autre des très pauvres, convaincus à vie que les maths ne sont pas pour eux ; et entre eux, un vide relatif.

« Ô Grand Esprit, préserve-moi de juger quiconque avant d'avoir parcouru une lieue dans ses mocassins. » Elliott commentera : « Quand les blancs se réunissent pour parler de racisme, ils ne font que l'expérience d'une ignorance partagée. »

Avec l'accord de ses élèves, qui étaient âgés de huit ans en moyenne, elle distingua dans sa classe deux groupes : l'un « aux yeux bleus », l'autre « aux yeux marron ». Le premier jour, le groupe aux yeux bleus fut désigné comme supérieur : elle lui attribua davantage de temps de récréation, de meilleures conditions de restauration et un accès privilégié à une nouvelle salle de sport, déclarant sans ambiguïté que ces privilèges découlaient de sa supériorité intellectuelle et raciale. Elliott confectionna des cols bruns pour l'autre groupe, dont les élèves aux yeux bleus les affublèrent eux-mêmes, pour bien les marquer. Elle fit asseoir les yeux bleus au-devant de la classe, et les yeux marrons au fond. Bien sûr, les yeux bleus furent encouragés à ne jouer qu'entre eux.

Au début, les yeux bleus résistèrent à l'idée de leur propre supériorité, mais Elliott la leur confirma à l'aide de fausses déclarations scientifiques, du type : « Il est prouvé scientifiquement que la pigmentation des yeux est inversement proportionnelle à l'intelligence. » Cela eut pour effet d'apaiser leur résistance. En peu de temps, les performances scolaires du groupe aux yeux marrons devinrent significativement inférieures, en particulier en mathématiques. Le comportement individuel des élèves se modifia : les yeux bleus devinrent plus dominants, méprisants et sadiques ; les yeux marrons résignés, pessimistes et obéissants.

Plus tard, Elliott fit échanger les rôles aux deux groupes, et poser le col de la honte sur les élèves aux yeux bleus. Or, cette fois, elle n'observa pas une attitude de supériorité aussi marquée de la part du groupe qui avait déjà été victime de ségrégation. Si l'expérience des yeux bleus et des yeux marron a de rares fois été considérée comme peu efficace pour réduire le racisme[1], sa prémisse, *se mettre dans les mocassins de l'autre*, demeure scientifiquement confirmée par une autre expérimentation, de réalité virtuelle cette fois, dans laquelle des chercheurs ont « mis quelqu'un dans la peau d'un Noir[2] ».

1. Pedersen, A., Walker, I., Rapley, M. et Wise, M., « Anti-racism-what works? An evaluation of the effectiveness of anti-racism strategies », prepared by the Centre for Social Change & Social Equity for the Office of Multicultural Interests, Perth, 2003.

2. *Cf.* encart « Pour combattre le racisme, devenez noir ! », p. 221.

3. L'effet Pygmalion

Cet effet est bien connu : quand un professeur attend d'un élève qu'il soit bon, l'élève devient bon ; quand il attend de lui qu'il soit mauvais, l'élève devient mauvais. C'est pour cette raison que Maria Montessori avait établi en son temps la règle déontologique selon laquelle un professeur doit s'abstenir de *penser* du mal d'un de ses élèves (car l'attitude psychologique, même dissimulée, peut être trahie par le langage corporel, le temps de réaction, etc.). Elle craignait que cette simple pensée, ajoutée à une éventuelle impuissance apprise, ne transmette à l'élève un élan négatif qui le suivrait toute sa scolarité.

L'effet Pygmalion est illustré par l'expérience de Lenore Jacobson et Robert Rosenthal, menée dans les années 1960. Dans ce protocole, les chercheurs font passer un test de QI à des élèves d'une école primaire en Californie, sans en donner le résultat à leurs professeurs. Ils en choisissent cependant quelques-uns au hasard (un sur cinq, environ), et disent aux enseignants qu'ils sont plus performants. Les chercheurs testent plusieurs classes, certains avec « faux élèves brillants », et d'autres sans, afin de pouvoir les comparer. En un an, le QI général de toutes les classes a augmenté, mais celui des « faux brillants » a augmenté d'une façon plus significative encore. Preuve que les seules attentes d'un éducateur sur ses élèves peuvent avoir un impact sur leurs performances.

La pire peur d'un enfant, c'est d'être abandonné. La pire peur d'un adolescent, puis d'un adulte, c'est d'être exclu de son groupe, car le groupe (on le voit notamment dans les prisons), c'est la survie. Ce phénomène est un héritage de notre évolution. Les enfants, mais aussi les adultes, se sentent souvent obligés de se conformer à l'image que les autres ont d'eux, car il vaut mieux être conformément mauvais que non conformément bon. Le monde universitaire, qui est entièrement organisé autour de la conformité, adopte également ce point de vue.

Dans le cadre familial, quand un père dit à son fils : « Tu es mauvais en maths, mais tu sais, papa l'était aussi. », il croit réconforter son enfant mais il se trompe, car cette phrase peut le plonger dans un véritable dilemme : « Si je reste mauvais, mon père se reconnaîtra en moi, alors que si je deviens bon, il me rejettera… »

Pour faire réussir nos enfants, il faut faire réussir nos profs

La matrice Love Can Do

Le secret de la haute gastronomie, c'est de ne surtout pas tuer l'appétit de ses clients, mais de le cultiver. Un restaurant d'exception fait ainsi passer ses clients par trois stades successifs[1] :

1. « Bon sang, ça je n'y avais jamais goûté ! »
2. « Je suis bien content d'y avoir goûté. »
3. « J'ai envie d'en goûter plus. »

L'école d'aujourd'hui, à l'inverse, tue notre appétit en nous infligeant des savoirs obligatoires, formatés, sans aucun émerveillement, mais l'on pourrait remédier à cette situation en affirmant que le professeur comme l'élève ont vocation à devenir des gastronomes du savoir, et que cette vocation doit les épanouir…

J'ai développé à Centrale et à Stanford une matrice très simple, un modèle de management inspiré de ceux élaborés par les grands cabinets de conseil. Il s'agit de la matrice Love Can Do, qui pose deux questions :

– Est-ce que tu aimes faire ton métier (Love) ?
– Est-ce que tu sais bien le faire (Can Do) ?

Can Do est placé sur l'axe des x, l'inconnue x venant de l'arabe *chay'* pour « chose » (que l'on cherche), le « quoi », dans sa déformation ultérieure espagnole le phonème ch étant transcrit x.

Love est placé sur l'axe des y, y se disant *why* en anglais, et désignant le « pourquoi ».

Le meilleur des pourquoi, ce n'est pas la corvée, l'obligation, mais l'amour, la passion. Il est clair que cette question est vitale aussi bien pour un professeur que pour un élève. À la question « Pourquoi vas-tu à l'école ? », l'élève ou le prof qui répondra « Parce que je suis bien obligé » sera absolument médiocre, et ce quel que soit son niveau initial. L'élève ou le prof qui répondra « Parce que j'adore ça » sera excellent.

Il n'y a pas d'excellence sans amour, il n'y a pas d'excellence sans passion.

1. *Cf.* la leçon de Phil Waknell sur les trois étapes d'un bon discours, p. 118.

Hélas, notre bureaucratie éducative ne sélectionne les professeurs sur leur vocation et leur passion que par accident. Elle ne les sélectionne pas sur l'axe des y, le *why*, elle met toute son énergie et toute sa standardisation sur l'axe des x, le *what*. En France, le concours de l'agrégation n'offre aucune épreuve de pédagogie, donc on ne peut même pas dire que le « *can-do* », la méthode, soit sélectionnée, puisque l'art de l'ergonomie mentale est méprisé par notre plus prestigieux concours éducatif.

Pour ma part, j'ai étudié en 2005 à l'École Normale Supérieure, près du Panthéon. C'est là-bas, paradoxalement, que j'ai découvert à quel point les enseignements pouvaient manquer d'ergonomie : comme beaucoup d'étudiants, je n'y ai pas été heureux, et j'y ai fait l'expérience de ce que le bonheur et l'épanouissement ne sont pas la priorité de notre enseignement, et que les gens les plus brillants confondent parfois, pire que des enfants, la souffrance et le mérite.

La majorité des élèves ne fréquente l'école que parce qu'elle y est obligée, et seule une minorité d'enseignants reconnaît se lever tous les matins par amour de l'éducation. Ceux-là même qui sont les plus passionnés, comme Céline Alvarez ou Jean-Yves Heurtebise[1] finissent broyés par la doxa fossilisée qu'on leur oppose comme supérieure à leur esprit d'innovation, de sorte que les perspectives d'adaptation du système demeurent infimes.

Heureusement, le vaste monde, lui, n'attend pas l'école pour évoluer.

Car l'école souffre d'une crise majeure dans la captation de l'attention des élèves. Elle peut capter leur temps, puisqu'elle est obligatoire, mais aucun décret ne pourra jamais garantir la captation de leur attention. Incapable d'admettre son échec en la matière, elle en vient, comme nous l'avons vu, à stigmatiser par principe les élèves peu attentifs. La plupart du temps, on ne va pas à l'école parce qu'on l'aime, mais parce qu'on n'a pas le choix. Tout

1. Enseignant-chercheur en philosophie à Taïwan, passé par l'éducation nationale à Marseille, le brillant Jean-Yves Heurtebise fascina tellement sa classe de Terminale S en philosophie qu'elle lui consacra une page Facebook *in Heurtebise we trust*. En 2010, sa classe obtient parmi les trois meilleurs résultats de philosophie de toute son académie en moyenne, un de ses élèves majorant l'épreuve de philosophie au baccalauréat. Heurtebise ne fut jamais titularisé, n'ayant pas le CAPES – mais ayant un doctorat –, et un inspecteur lui reprocha ses méthodes d'enseignement hétérodoxes. Il quitta professionnellement la France pour ne plus jamais y revenir.

le problème est là. Pourtant, l'école est un restaurant de savoirs, c'est un lieu qui devrait nous donner envie de vivre pour manger, et pas seulement de manger pour vivre ! On ne devrait jamais souffrir à l'école, ce qui ne veut pas dire que l'on n'y fournira pas d'effort, mais l'effort passionné n'est pas de la souffrance.

Effort *vs* souffrance

Il ne faut donc pas, cependant, confondre souffrance et effort. Dans un jeu, dans une compétition, les efforts fournis sont très élevés, mais ils ont une signification, une motivation puissante, et sont délibérément prolongés. L'effort délibéré, on l'a vu, est la base de l'excellence. Et pour le produire dans la plus grande quantité possible, il faut de l'amour.

La matrice Love Can Do nous permet de distinguer quatre grands types d'acteurs parmi les gens de métier :

- Celui qui fait son métier parce qu'il l'aime et parce qu'il sait le faire est un acteur « au-dessus de la mêlée ». Son excellence est sans égale dans son métier. Aujourd'hui, c'est le cas d'Apple, de Tesla, d'Hermès…
- Le suiveur a le même savoir-faire que l'acteur « au-dessus de la mêlée » : il ne travaille pas par passion mais d'abord parce qu'il y a un marché. Les biens et services qu'il délivre le démontrent, et il n'est généralement pas l'usager de ses propres produits.

Les garages de la Silicon Valley – ces lieux où sont nés Hewlett-Packard, Apple, Google, Fairchild Semiconductor, Amazon, Tesla –, qui correspondent pour beaucoup à la *bottega* de la Renaissance, voient le jour non pas parce qu'il y a un marché, mais par amour. Ils ne se lancent pas dans le métier parce qu'ils savent le faire (leur savoir-faire est souvent minimal par rapport à celui de leurs concurrents), mais parce qu'ils adorent le faire. Du coup, la totalité de leur connaissance est ultérieurement acquise par passion, ce que Steve Jobs a parfaitement résumé en ces termes :

> « Les gens disent qu'il faut avoir beaucoup de passion pour ce que tu fais, et c'est totalement vrai, et la raison est que, c'est parce que c'est si difficile, que n'importe quelle personne rationnelle, autrement, va laisser tomber. C'est vraiment dur, et vous allez devoir

le faire sur une longue période alors si vous n'aimez pas ça, si vous ne prenez pas de plaisir à le faire, si vous n'aimez pas ça pour de vrai, vous allez abandonner. Et en fait, c'est ce qui se passe pour la plupart des gens. Si vous regardez les gens qui sont considérés comme "couronnés de succès" aux yeux de la société, bien souvent, ce sont des gens qui adoraient ce qu'ils faisaient de sorte qu'ils ont pu persévérer, quand c'est devenu vraiment dur. Et les autres, qui n'aimaient pas ça, ont abandonné... parce qu'ils sont sains d'esprit ! Qui voudrait continuer un truc aussi difficile s'il n'aime pas ça ? Donc c'est beaucoup de travail, dur, et beaucoup d'inquiétude, et si vous n'aimez pas ça, eh bien, vous allez échouer, c'est tout. Alors oui, il faut de l'amour, il faut de la passion. »

Toute la bureaucratie, dans nos sociétés, préfère la conformité à la passion. À l'école, dans les examens, les concours, puis dans les recrutements, chaque fois que cette chaîne doit choisir entre la conformité et l'amour, elle choisit la conformité. Comment s'étonner de ce qu'elle produise autant de malheur et de souffrance ? La conformité n'est pas une fin en soi, et elle ne remplira jamais une vie humaine, elle ne vous fera jamais vous lever heureux et vous endormir épanoui… Qui aimerait dire avant de mourir : « J'ai vécu conforme ! » ?

Les biens et services qui n'ont été fabriqués que pour un marché ou, pire, par corvée, portent sur eux cette souffrance, cet ennui. « Pourquoi fabriques-tu des voitures ? » demande-t-on au fabricant de Trabant. « Eh bien, parce que le comité central me l'a demandé, camarade. Moi je voulais être vétérinaire, au départ, mais on m'a dit : tu fais des voitures, donc je fais des voitures. Du coup, je me suis fait chier à la construire, tu vas te faire chier à la conduire, tout va bien. »

C'est la situation de l'entrant forcé (la pire d'entre toutes les situations), c'est-à-dire celui qui fait son travail parce qu'il y est obligé. Dans notre éducation, la majorité des élèves et la majorité des professeurs ont le moral d'un entrant forcé. Ce n'est pas leur faute, c'est la structure que nous avons conçue qui encourage cette situation, parce qu'elle considère l'enthousiasme et la passion comme anti-professionnels et qu'elle préfère un enseignant blasé, mais dans le moule, à un enseignant passionné qui défie les cadres.

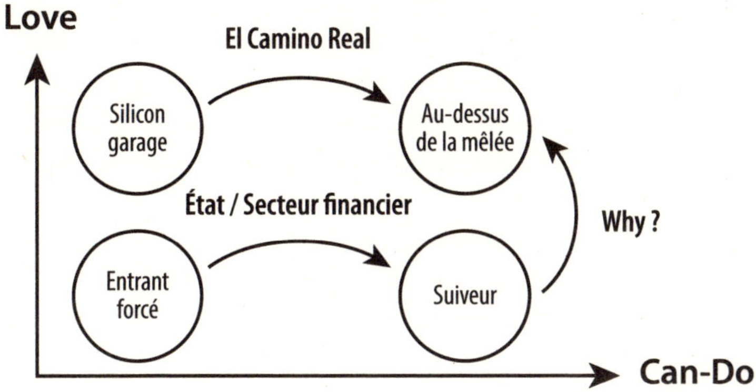

Notre école est donc un grand tango de la souffrance :

– Côté prof : Je me fais chier à donner ce cours, tu vas te faire chier à l'apprendre, tout va bien.

– Côté élève : Je me fais chier à venir, tu vas te faire chier à me donner cours, tout va bien.

Et à ceux qui jugeraient mon lexique vulgaire, je répondrai qu'un tel système est infiniment plus vulgaire, et qu'il mérite bien un peu d'« obscénité éloquente », comme le disait autrefois Patton.

Nous savons que les meilleurs des profs sont ceux qui prennent plaisir à enseigner. Il faut arrêter de croire qu'une conférence est d'autant plus réussie que son conférencier donne l'impression de souffrir le martyre à la délivrer. Donner une conférence, enseigner, c'est comme faire l'amour : si vous ne prenez pas de plaisir, il y a peu de chances que votre partenaire en prenne, et l'échange de plaisir est d'autant plus grand que l'un et l'autre tirent leur gratification de la satisfaction d'autrui. Les meilleurs profs sont les profs passionnés, et ils sont aussi les meilleurs mentors.

Presque tous les élèves ont le souvenir d'un professeur qui les a marqués, parce qu'il a été plus qu'un simple distributeur de savoirs standardisés. Il est dommage que, dans notre éducation actuelle, le mentorat n'arrive que par accident. À l'époque de la Renaissance, la « règle des trois tiers[1] » présidait à l'enseignement humaniste : vous devez passer un tiers de votre temps éveillé avec vous-même,

1. Rappelée par le communicant Tai Lopez.

un tiers avec quelqu'un qui peut vous enseigner des choses, et un tiers avec quelqu'un à qui vous pouvez en enseigner à votre tour. Un tiers avec soi, un tiers avec ses mentors, un tiers avec ses élèves, c'est l'équilibre pratiqué empiriquement par les Vinci, Platon ou Héron d'Alexandrie. Comment avons-nous pu être assez inconscients pour nous en départir ?

On ne consolide jamais mieux un cours que lorsqu'on l'enseigne à autrui. Je me souviens avoir excellé à l'université d'Orsay, bien devant ceux qui bachotaient leurs partiels et en y consacrant bien moins d'heures qu'eux, tout simplement parce que, après les amphis, j'allais donner des cours de soutien portant sur le cours que je venais de recevoir. Très vite, j'ai pris l'habitude de suivre un cours dans la perspective de devoir le donner moi-même quelques jours, voire quelques heures après. Cette posture intellectuelle prédispose bien plus à la maîtrise du savoir que celle de l'écolier diligent. Elle est plus mature et plus efficace, mais aussi plus épanouissante.

Enseigner, expérimenter

En France, on a longtemps appelé nos écoles professorales « écoles normales » (dont il existe encore aujourd'hui une Supérieure dans la normativité). Nous aurions plus vite fait de dire : « écoles anti-épanouissement »... Dans un monde décentralisé, organisé en réseaux, une éducation nationale pyramidale, qui ne laisse aucune autonomie à ses enseignants, appartient tout simplement au passé, et dilue structurellement la responsabilité de son échec de sorte à ne jamais évoluer que superficiellement. Comme l'a parfaitement compris Nassim Nicholas Taleb, la bureaucratie est une invention qui permet de mettre un maximum de distance entre celui qui prend la décision et le risque. C'est la mentalité Maginot. De même que pendant la Seconde Guerre mondiale, le général Gamelin fut surnommé « Baudelaire » par son état-major, parce que sa stratégie se résumait à ce vers du célèbre poème « La Beauté » : « Je hais le mouvement qui déplace les lignes. » Toute notre éducation semble figée dans ces quelques mots.

Pour avancer, il faudrait laisser une autonomie totale aux professeurs dans l'expérimentation pédagogique. Certains croiront que c'est là prendre un risque, or le pire des risques consiste à ne pas en prendre : mentalité Maginot derechef. Les changements surviennent essentiellement quand il y a peu de distance entre le ou les décisionnaires et ceux qui en vivent les conséquences. Dans la structure actuelle de notre éducation nationale, si les évolutions sont si lentes, c'est précisément parce qu'il y a une distance énorme entre le décideur et celui qui exerce le risque. Il faudrait donc créer un réseau décentralisé pour mettre en relation tous les professeurs et affirmer sans complexe que tout enseignant, dès la maternelle, est un enseignant-chercheur qui a pour mission d'améliorer les pratiques pédagogiques. Il est d'autant plus légitime de donner de l'autonomie aux enseignants que la standardisation à outrance, constitutive du mythe de l'infaillible « école de la République », n'a jamais rempli son objectif premier, à savoir : délivrer une éducation de qualité identique aussi bien en banlieue que dans les faubourgs du Panthéon.

Aujourd'hui, les technologies du Web 2.0, comme les réseaux sociaux et les wiki[1] offrent toutes les solutions pour permettre aux meilleures pratiques pédagogiques, testées par essai-erreur, d'émerger et d'être partagées sans dogme. Qu'importe la couleur du chat, du moment qu'il attrape les souris. Si seulement on remplaçait la logique des moyens par la logique du résultat, les enseignants auraient la liberté d'adapter leurs moyens aux meilleurs résultats – et non l'inverse. C'est la leçon des prodiges, qui de Jack Andraka à Esther Okade en passant par Grace Bush, Taylor Wilson et Arthur Ramiandrisoa, ont développé un enseignement hors manuel, mais infiniment plus efficace.

En matière d'ingrédients, l'école dispose d'une diversité de contenus inégalée, loin devant les jeux vidéo actuels. Peut-être, un jour, sera-t-elle plus compétitive qu'eux pour capter l'attention. Mais pour y parvenir, il faut donner aux professeurs les moyens de devenir de vrais chefs cuisiniers des savoirs, leur permettre d'inventer de nouvelles recettes et de les partager dans un grand livre horizontal, en réseau, constamment mis à jour. De même qu'un bon cuisinier porte attention aux propriétés organoleptiques des ingrédients qu'il sélectionne quotidiennement, les professeurs doivent être responsables de leurs recettes et rendre compte des propriétés

1. Les wiki sont tellement efficaces que le renseignement américain lui-même a « wikifié » ses fiches sur la plateforme confidentielle Intellipedia.

« mualoleptiques[1] » de leurs cours, qu'une culture cognitive forte leur permettra de mieux appréhender. J'espère que très bientôt, au « repas gastronomique des Français » inscrit au patrimoine immatériel mondial de l'Unesco, succédera le « repas mualonomique des Français », l'art de bien dresser un repas de savoirs.

1. Du grec μυαλό : « cerveau », « esprit ».

4.

Jouer, travailler, vivre...

Le sens du travail

L'école prépare à la société, et si elle a des vices, ils s'y trouveront amplifiés. L'individualisme, la conformité, l'apprentissage monocanal... Tous ces vices scolaires se retrouvent en société, mais le plus grave d'entre eux, c'est l'idée que le plaisir est anti-professionnel.

Nous changerons notre société si nous plaçons l'épanouissement devant l'utilité économique. Dans les pays latins, on se souvient que le mot « travail » vient de *tripalium*, un instrument dont on se servait, dans l'Antiquité, pour torturer les esclaves rebelles, ou encore pour ferrer les chevaux rétifs. L'idée est donc enfouie dans notre inconscient collectif que le travail est une conformité forcée, du berceau au tombeau, qu'il sera nécessairement douloureux. Or rien n'est plus faux : travailler dur pour quelque chose que l'on aime, cela s'appelle de la passion. Hélas, c'est encore trop rare. Si nos sociétés se considèrent comme civilisées sous prétexte qu'elles ont l'eau courante et le courant électrique, il y a une nouvelle électrification, une nouvelle eau courante à apporter à nos villes et à nos lieux de travail et c'est celle du sens. J'ai vu des bureaux, des écoles, des quartiers où les gens ne savaient pas pourquoi ils travaillaient. Ce furent des lieux sordides, car les déserts de sens sont des lieux psychologiquement sales, insalubres. Là où le sens ne coule pas, les humains pourrissent lentement et affreusement. Mais si un marais peut sentir l'eau stagnante, beaucoup d'humains sont incapables de voir comment des lieux vides de sens peuvent putréfier la psychologie de cités entières.

En latin, *animus* signifie à la fois « sens » et « âme ». Or il existe des lieux de travail sans aucune âme. Sous prétexte de productivité, ces lieux sont propices à la dépression, parfois au suicide. Ils sont la preuve que l'homme est un fruit, que l'on peut presser ou bien planter. La presse est une action linéaire, prévisible, facilement administrable et, en cas d'excès, mortelle. La plantation est imprévisible, non linéaire, difficile à administrer, jamais mortelle, et, à terme, infiniment plus profitable. Les bureaucraties préfèrent toujours presser les humains parce que c'est facile, et ce travers touche même la recherche scientifique. Alors qu'elle devrait montrer la voie en matière de créativité, elle est organisée autour d'un seul objectif : pondre un résultat accepté par semestre, au minimum, dans la conformité maximale.

La leçon du connard sphérique et de la psycatrice

Le physicien Fritz Zwicky, qui était génial, certainement fou, mais surtout très en avance sur son temps, avait une insulte favorite : « *Spherical bastard !* » ou « Connard sphérique ! ». Sachant qu'une sphère apparaît comme un cercle quel que soit l'angle d'où on la regarde, c'était une manière de dire à son interlocuteur : « Tu es un connard sous n'importe quel angle. » Or, s'il y a une chose que j'ai apprise dans mon travail auprès des entreprises, c'est que le connard sphérique n'existe pas. Même la pire ordure est cabossée quelque part dans sa connerie, et il existe un angle où ce qui reste de sa sensibilité, de sa vulnérabilité, apparaîtra.

Mais comme nos sociétés privilégient la fonction sur l'être, elles encouragent les humains à se présenter toujours sous le même angle à leurs pairs et à ne jamais montrer cet aspect de leur personnalité qui les ferait apprécier. Si même le plus sphérique des connards est cabossé quelque part, il faut une grande patience pour trouver l'angle sous lequel il pourrait être votre ami. « *There is no such thing as a spherical bastard* » (« Le connard sphérique n'existe pas ») est un théorème social puissant dont l'implication est la suivante : si vous êtes en conflit avec quelqu'un, il existe toutefois un angle sous lequel cette personne pourrait être votre amie, mais vous devez le trouver seul car elle ne fera pas l'effort de vous le montrer.

Cet effet est amplifié sur Internet et les réseaux sociaux, où le *trolling* est roi parce qu'il est addictif et qu'il attire l'attention, et où des gens qui auraient pu, dans la vie réelle, être des amis, se jettent de la boue comme des enfants – mais avec la volonté et la capacité de nuire d'un adulte. Moi-même, je suis souvent devenu ami avec des gens qui m'avaient attaqué sur Internet. Parfois, il s'agissait de personnes que je respectais avant même qu'elles ne me connaissent, et il m'était facile de trouver un angle d'entente avec elles. Parfois, il s'agissait d'une personne que je ne connaissais pas, mais une courte circumnavigation sur le Web me montrait rapidement sur quoi nous pourrions sincèrement nous entendre. J'ai pu remarquer avec le temps que, souvent, les personnes qui insistent pour maintenir le conflit ouvert malgré tous vos efforts, celles qui font tout pour ne vous montrer que leur aspect sphérique, ce sont les plus haut placées, pour qui admettre un tort n'est pas une option.

La théorie du « connard sphérique » a une sœur, la « psycatrice ». En anglais le p de *psychology* est muet, et si on ne prononce pas celui de « psycactrice », on obtient le terme « cicatrice ». Une cicatrice à l'âme, c'est bien ce dont il est questions. Tous les êtres humains ont des plaies, parfois refermées, parfois purulentes, dans leur psyché. L'un des plus gros pourvoyeurs de ces plaies est ce que le maître soufi Aly N'Daw appelle l'« héritage relationnel parental », auquel il a consacré un essai brillant de simplicité[1]. Mais si le cercle familial ou tribal est de loin le plus gros pourvoyeur de préjugés propices à la guerre, il existe au-delà de lui de nombreuses situations qui nous scarifient psychologiquement.

C'est donc le lot de chaque humain que d'être scarifié et de porter en lui des cicatrices plus ou moins saines. Une plaie parfaitement soignée nous rendra plus forts et plus sages, en ce sens, il est bon de subir des blessures. De là vient aussi le thème de la pierre philosophale, qui transforme le plomb en or, et notre ego, en quelque sorte, en trésor pour l'humanité : transformer une plaie en force, c'est changer le plomb en or. Mais les psycatrices, mal soignées, sont probablement à l'origine de tous les maux de l'humanité. On les décèle, par exemple, quand quelqu'un réagit d'une façon disproportionnée à une frustration. Les Français ont pu en observer un cas en 2008, lorsque Nicolas Sarkozy, au Salon de l'agriculture, prononça son célèbre « casse-toi alors, pôv' con », alors qu'un passant refusait de lui serrer la main.

1. Aly N'Daw, *La Thérapie de libération*, International Sufi School, 2010.

L'âme superficielle condamnera sur cet incident, mais si nous l'analysons plus en profondeur, nous découvrons là une « psycatrice » : l'incident appuie sur un passé douloureux, qui pousse instantanément à surréagir. Dans le cas de Nicolas Sarkozy, c'est une gigantesque peur du rejet, typique de son profil psychologique, construite, entre autres, sur l'abandon du père et différents cas de rejet par le groupe et les diverses figures d'autorité.

Si ce cas est célèbre en France, il ne doit pas nous faire oublier que nous avons tous nos psycatrices. Hélas, elles ont une dynamique beaucoup plus insidieuse que les cicatrices corporelles. Mettons que j'aie une énorme cicatrice mal fermée dans la paume de la main : une simple poignée de main me fera hurler de douleur. Je serai le premier informé du risque et je pourrai prévenir mon interlocuteur qu'il doit me serrer délicatement la main s'il ne veut pas m'infliger de la souffrance. Dans le cas contraire, il y aura incident, mais on aura tendance à considérer qu'il n'est pas vraiment de ma responsabilité.

Dans le cas d'une psycatrice, le porteur de la plaie en est le dernier informé. C'est l'interaction avec les autres qui peut, s'il est suffisamment mûr, lui révéler qu'il traverse la vie avec une flèche plantée dans la tête tout en attribuant sa douleur au mal qu'il se donne à réfléchir[1]. Une cicatrice se voit, mais la seule façon de révéler une psycatrice, c'est de mettre le doigt dessus, ce qui provoque précisément une surréaction. Lorsqu'une personne réagit par la violence, dans la rue par exemple, l'homme conditionné peine à voir en elle la lente accumulation de frustrations ; il ne voit pas en elle ce ressort tendu, et d'autant plus sensible qu'il a été comprimé longtemps ; alors il surréagit à son tour, verbalement ou physiquement. C'est ainsi que se crée un gigantesque échange de violence et de frustration en société, qui se transmet de parent à enfant, de collègue à collègue, etc., depuis toujours. Plus la société est frustrante, plus elle facilite les échanges de violence.

C'est bien beau d'avoir raison, encore faut-il survivre

« Celui qui sait ne juge pas, celui qui juge ne sait pas. » Dans une société de plus en plus riche en interactions humaines, une telle sagesse

1. Selon l'expression d'Idries Shah, dans *Le Moi dominant*, Le Courrier du Livre, 1998.

Imaginez. Vous êtes dans un hôtel cinq étoiles, devant un buffet à volonté.
Plein de plats raffinés, un immense *salad-bar*, des desserts incroyables, toutes les boissons que vous voulez... Il y a des plats que vous n'avez jamais vus non plus, mais ils ont l'air délicieux.
Et pour couronner le tout vous avez faim, très faim. Cela veut dire que votre corps a envie d'absorber une bonne quantité de cette nourriture.
GROUIK
Là, vous êtes au paradis, non ?
Soudain, le maître d'hôtel surgit en vous criant dessus :
« Vous devez avaler absolument tout le buffet ! »
« Si vous ne finissez pas tout, chaque assiette que vous laisserez sera portée sur l'addition et vous serez virée de cet hôtel ! »
« Vous avez exactement une heure pour tout finir. Quelqu'un l'a fait avant vous, donc on sait que c'est possible. »
Et puis le maître d'hôtel reste là à vous regarder, montre en main.
MAINTENANT, VOUS ÊTES EN ENFER N'EST-CE-PAS ?
La nourriture n'a pas changé.
Seulement la raison et la manière de manger.
Maintenant, vous devez vous dire :
« Ça ne m'est encore jamais arrivé. »
?
Vous avez tort, non seulement cette situation vous est déjà arrivée, mais elle est rendue absolument obligatoire dans tous les pays industrialisés du monde, pour au moins dix années consécutives.
CETTE SITUATION S'APPELLE L'ÉDUCATION.
ARTS
LANGUES
ANGLAIS
Sciences
PHILOSOPHIE
MATHEMATIQUES
HISTOIRE
FRANÇAIS

Et c'est là que commence mon histoire. Si on peut transformer un magnifique buffet en l'expérience la plus écœurante de votre vie, ne peut-on pas encore retourner la situation ? Peut-on passer de l'enfer au paradis dans l'éducation ?
Mon histoire est une comédie, cela veut dire qu'elle se finit bien, malgré les drames et le suspense...
Mais elle doit commencer en enfer.
Et quand je parle de l'enfer, je parle d'une vraie douleur, d'une souffrance massive et mondiale.
Parce que, vous voyez, chaque décennie, plus de 275 000 personnes se suicident au Japon. C'est l'équivalent d'une ville comme Strasbourg.
En Chine, c'est 2 800 000 personnes sur la même période, une ville de la taille de Paris.
Je ne dis pas que l'éducation en est la seule responsable. Je dis que si *Suicide Corp.* était cotée en Bourse, l'éducation serait un gros actionnaire, et un membre du conseil d'administration.
Alors analysons l'enfer.
Quand chaque décennie, dans le monde entier, l'équivalent d'une ville comme Séoul décide de mourir, elle envoie le message désespéré que la société n'est pas faite pour elle, ou qu'elle n'est pas faite pour la société.
Et l'éducation nous prépare à la société, alors plus elle sera douloureuse, violente et frustrante, plus le sera la société.
École
Société
Mais la société, l'éducation, ce sont nos créations à nous. Souvent, nous créons des choses pour nous servir et nous finissons par les servir nous-mêmes.
ÉDUCATION
C'est un point important de mon histoire.

J'AI UNE THÉORIE SUR LE SUICIDE, QUE JE RÉSUME DANS L'EXPRESSION « *SELF-EXPLO-DES* ».
« *Self* », c'est pour « *negative self image* », une mauvaise image de soi. Personne ne peut être dépressif sans avoir une mauvaise image de lui-même. Et l'éducation nous donne beaucoup plus souvent une mauvaise qu'une bonne image de nous-mêmes.
2/20
« *Explo* », c'est pour « exploration », une fonction essentielle de l'esprit. Mais comme l'éducation n'est pas capable de l'évaluer, elle finit par la supprimer.
« *Des* », c'est pour « désocialisation ». L'éducation nous apprend activement à être des « analphabètes du groupe » : on nous enseigne que le mérite, la force, l'excellence se mesurent individuellement. Pourtant, l'histoire de l'Homme nous prouve le contraire. De la chasse au mammouth à la construction des pyramides ou à l'envoi de parachutistes en Hollande en 1944, l'échec ou le succès sont des processus collectifs.
Maintenant, si l'éducation nous enseigne les trois « *Self-Explo-Des* » à la fois, cela a quelque chose à voir avec le pourquoi et le comment de l'éducation. Comme dans la parabole du buffet à volonté, le « quoi », ce que l'on enseigne, n'est pas du tout le problème.
SELF ~ EXPLO ~ DES
Alors pourquoi on enseigne ? Est-ce pour le bonheur national brut ou pour le produit intérieur brut ? On sait que l'épanouissement personnel n'est pas le but de l'éducation. Sinon, il n'y aurait simplement pas de notes. Les notes n'existent que pour permettre un jugement extérieur. Personne n'irait noter son épanouissement personnel.
16/20
18/20
17/20
3/20
18/20
En effet, Léonard de Vinci, Platon, Bouddha et Socrate se moquaient bien des notes.
Yolo !
3/20
Mais nous sommes piégés dans une civilisation de la note, des classements, des étiquettes.
On vit à une époque où on peut prendre une bouteille de soda, l'étiqueter « Bordeaux » et il y aura des gens pour l'acheter comme telle.

C'est parce que nous sommes conditionnés à réagir aux étiquettes, pas à la substance même des choses.
Les notes ne sont que les ombres déformées de la réalité.
Une fois que vous retirez leur cadre castrateur, vous voyez le monde comme il est, dans toutes ses nuances et toute sa beauté.
C'est une merveilleuse expérience libératrice...
... et elle a à voir avec la façon dont nous pouvons passer de l'enfer au paradis en éducation, à la façon dont nous pouvons sortir de la caverne.
En fait, on ne devrait jamais essayer de faire entrer la réalité dans nos cases et dans nos systèmes. Il faut sans cesse agrandir nos cases, nous inspirer de la réalité pour construire nos systèmes, jamais l'inverse.
Cette leçon est extrêmement importante.
Alors, pourquoi on enseigne ?
Réponse : pour l'industrie, pour l'économie.
Et donc, comment on enseigne ?
Industriellement, c'est-à-dire comme ça :
Le gavage, c'est exactement notre façon d'enseigner.
L'appétit des élèves ne compte pas. Ce qui compte, c'est de s'envoyer tout le programme, et tout retard sera puni.
Là, nous sommes au fond de l'enfer et c'est ce que nous devons changer.
MATHS
Évidemment, quand vous mangez trop sans mâcher, vous pouvez sentir que vous vous faites du mal.
En fait, notre système digestif est très intelligent et il nous envoie des signaux, d'où l'expression « *gut feeling* » en anglais.
WC
BLURRP
Le système nerveux autonome est appelé le « deuxième cerveau » parce qu'il représente la plus grande concentration de cellules nerveuses dans notre corps après le cerveau et la moelle épinière.
Avouez, on serait scandalisé si l'école gavait le deuxième cerveau – le ventre – de nos enfants ne serait-ce qu'une journée, n'est-ce-pas ?
CONNAISSANCE
Alors pourquoi acceptons-nous de gaver littéralement leur premier cerveau pendant une durée d'au moins mille huit cents journées ?
Est-ce étonnant qu'autant de personnes finissent par être dégoûtées de la connaissance ?
CONNAISSANCE

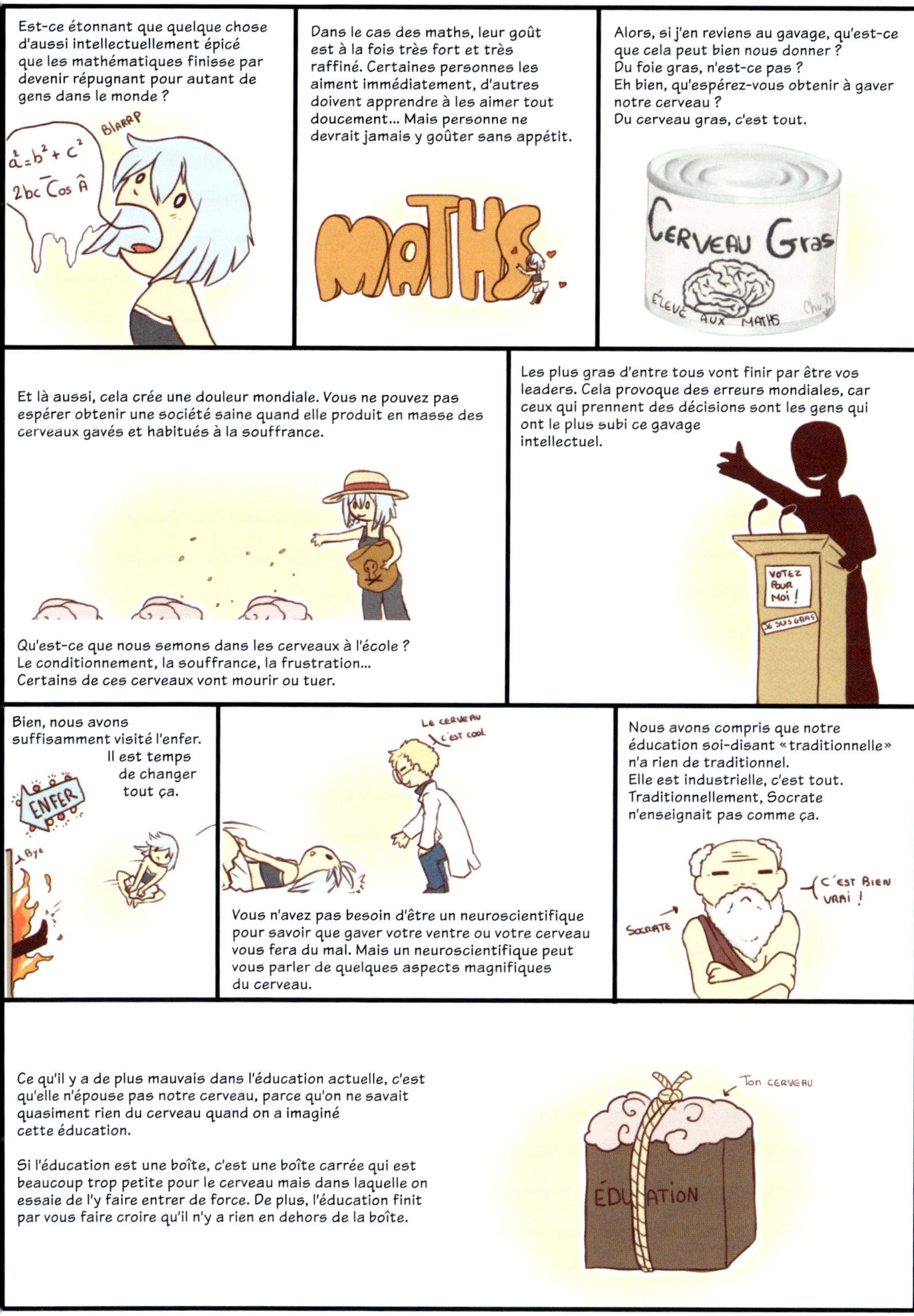
Est-ce étonnant que quelque chose d'aussi intellectuellement épicé que les mathématiques finisse par devenir répugnant pour autant de gens dans le monde ?
BLARRP
$a^2=b^2+c^2-2bc\cos\hat{A}$
Dans le cas des maths, leur goût est à la fois très fort et très raffiné. Certaines personnes les aiment immédiatement, d'autres doivent apprendre à les aimer tout doucement... Mais personne ne devrait jamais y goûter sans appétit.
MATHS
Alors, si j'en reviens au gavage, qu'est-ce que cela peut bien nous donner ?
Du foie gras, n'est-ce pas ?
Eh bien, qu'espérez-vous obtenir à gaver notre cerveau ?
Du cerveau gras, c'est tout.
Cerveau Gras
ÉLEVÉ AUX MATHS
Et là aussi, cela crée une douleur mondiale. Vous ne pouvez pas espérer obtenir une société saine quand elle produit en masse des cerveaux gavés et habitués à la souffrance.
Qu'est-ce que nous semons dans les cerveaux à l'école ?
Le conditionnement, la souffrance, la frustration...
Certains de ces cerveaux vont mourir ou tuer.
Les plus gras d'entre tous vont finir par être vos leaders. Cela provoque des erreurs mondiales, car ceux qui prennent des décisions sont les gens qui ont le plus subi ce gavage intellectuel.
VOTEZ POUR MOI !
JE SUIS GRAS
Bien, nous avons suffisamment visité l'enfer. Il est temps de changer tout ça.
ENFER
Bye
LE CERVEAU C'EST COOL
Vous n'avez pas besoin d'être un neuroscientifique pour savoir que gaver votre ventre ou votre cerveau vous fera du mal. Mais un neuroscientifique peut vous parler de quelques aspects magnifiques du cerveau.
Nous avons compris que notre éducation soi-disant « traditionnelle » n'a rien de traditionnel.
Elle est industrielle, c'est tout.
Traditionnellement, Socrate n'enseignait pas comme ça.
SOCRATE
C'EST BIEN VRAI !
Ce qu'il y a de plus mauvais dans l'éducation actuelle, c'est qu'elle n'épouse pas notre cerveau, parce qu'on ne savait quasiment rien du cerveau quand on a imaginé cette éducation.
Si l'éducation est une boîte, c'est une boîte carrée qui est beaucoup trop petite pour le cerveau mais dans laquelle on essaie de l'y faire entrer de force. De plus, l'éducation finit par vous faire croire qu'il n'y a rien en dehors de la boîte.
Ton CERVEAU
ÉDUCATION

Le bon neuroscientifique, lui, ne veut pas mettre le cerveau dans une boîte. Il veut le comprendre. Pour lui, le cerveau est quelque chose de largement inconnu et, pourtant, de merveilleusement élégant. Il est beaucoup plus nuancé, complexe et délicat que notre système éducatif barbare et carré.

Maintenant, je vous ai dit qu'une très mauvaise habitude de l'homme, c'est qu'il crée des systèmes pour le servir et qu'il finit par servir ces systèmes.
L'homme crée des nations pour le servir et il finit par mourir pour les nations.
L'homme crée l'industrie pour le servir et il finit par mourir pour l'industrie.
L'homme crée l'éducation, l'économie pour le servir et il finit par mourir pour elles.

Et ce phénomène est cyclique à travers l'histoire.
Mais il y a eu une période magnifique de l'histoire européenne où quelques personnes en ont développé une conscience aiguë.

Cette période, c'est la Renaissance.

À la Renaissance, quelques personnes se sont dit : « Le corps humain est une chose magnifique et sacrée. Il ne faut pas essayer de le mesurer avec nos méthodes, il faut mesurer nos méthodes avec lui. »

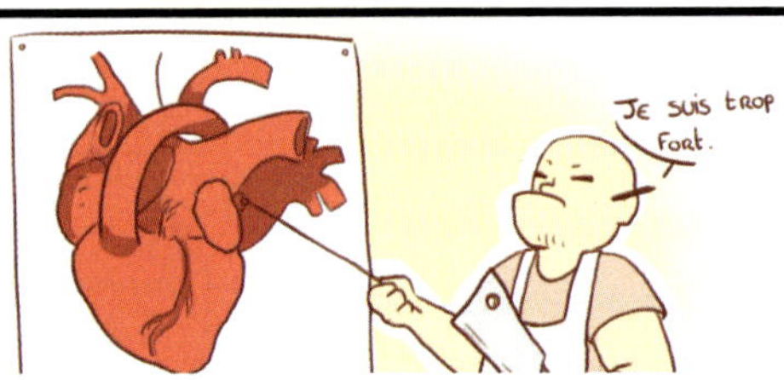

Pendant très longtemps, on observait le foie et on disait : « il a cinq lobes » parce que Galien l'avait dit. Le cœur, « il a trois ventricules », etc.
À la Renaissance, des gens observent objectivement, l'esprit libéré de ces barrières mentales, et disent : « Non, le foie a deux lobes, le cœur a deux ventricules, les bouchers savent cela mieux que nous. »

À la Renaissance, des gens comme Léonard de Vinci se sont dit : « Il ne faut pas forcer la nature à ressembler à nos idées, il faut forcer nos idées à ressembler à la nature. »

Eh bien, voilà une formule magique toute simple pour passer de l'enfer au paradis dans l'éducation. Il nous suffit de la prononcer comme ça :

« Il ne faut pas forcer le cerveau à ressembler à notre école, il faut forcer notre école à ressembler à notre cerveau. »

Quand vous avez prononcé cette formule magique, les ténèbres se dissipent, vous entrez dans un monde merveilleux, plus vaste, plus nuancé et plus riche que tout ce que vous avez pu imaginer avant. Vous sortez de la caverne, vous voyez la lumière du jour.

Si l'humanité était une personne, on pourrait dire que son esprit a été occupé par une manie pendant à peine un ou deux mois de sa vie (deux cents ans de l'histoire, c'est-à-dire rien).
Cette manie, c'était l'industrie.

Peu à peu, nous avons forcé tout ce qui existe autour de nous à ressembler à cette manie. Nous avons forcé la nature à ressembler à l'industrie, nous avons forcé notre école à ressembler à l'industrie.

Aujourd'hui, nous forçons peu à peu nos idées à ressembler à la nature et c'est une ère mondialement nouvelle pour nous tous. Cette nouvelle Renaissance a déjà ses héros : je les appelle les Cinq Fantastiques.

Elle commence avec Ken Robinson. Ken a clairement souligné que notre école n'est pas traditionnelle, mais industrielle.

Puis il y a Matthew Peterson. Matthew arrive à enseigner les maths avec des jeux vidéo, sans aucun langage...
Et ses élèves sont ceux qui obtiennent les meilleures notes dans les tests nationaux.

Or, enseigner avec le jeu, c'est exactement ce que recommande Jane McGonigal. Les jeux sont beaucoup plus ergonomiques que nos cours. D'ailleurs, jouer n'est pas une manière artificielle d'apprendre, c'est la manière la plus naturelle : si manger est un plaisir, apprendre est un plaisir aussi et notre cerveau aime naturellement apprendre.
Les expériences douloureuses doivent être rares pour le cerveau. Et les mammifères jouent tous pour apprendre.

Mon quatrième héros est Simon Sinek, grâce à qui j'affirme que le problème, ce n'est pas ce que nous enseignons, mais pourquoi nous enseignons, ce qui explique directement comment nous enseignons.

Et, enfin, il y a Gunter Pauli. Gunter enseigne clairement que ce n'est pas à la nature de ressembler à notre économie, mais à l'économie de ressembler à la nature.

Illustrations : © Marion Rodri

est d'actualité. Si chaque humain était éduqué à la notion de « psycatrice », il comprendrait pourquoi lui-même ou ses pairs se comportent parfois d'une façon puérile et malveillante. La source la plus abondante de « psycatrices », c'est la peur d'être abandonné, qui se traduit en peur d'être rejeté par le groupe. Lorsque notre cerveau doit choisir entre la première option : « quitter le groupe et embrasser la vérité » et la seconde : « rester dans le groupe et rejeter la vérité », sa décision, hélas, est souvent sans appel, et en faveur de la seconde.

Pourquoi ce choix ? Parce que notre cerveau est issu de l'évolution. Si, en pleine ère glaciaire, vous aviez le choix entre avoir raison et quitter le groupe ou rejeter la raison et rester dans le groupe, le premier choix serait sûrement mortel, et *a fortiori* un choix sans descendance. Nous, vivants, sommes donc les descendants de ceux qui ont choisi, dès l'époque des premiers hominidés, de rester dans le groupe et de rejeter la vérité. Parce que c'est bien beau d'avoir raison, mais encore faut-il survivre.

La pression des pairs est donc un moteur puissant dans la structuration de notre pensée et de nos comportements, et l'humain préférera en général un monde connu malsain à un monde sain mais inconnu. Ce mécanisme explique comment des gens peuvent demeurer dans un groupe ou une situation malsaine, mais confortable, alors qu'elle n'est pas dans leur intérêt.

Cette pression n'est pas toujours mauvaise. Dans la dynamique de la Silicon Valley, la *peer pressure* est généralement constructive : « Si moi j'ai réussi, pourquoi pas toi ? » Ailleurs dans le monde, en France par exemple, elle est plus souvent destructrice : « Si moi j'ai échoué, pourquoi réussirais-tu, petit présomptueux ? » Alain Peyreffite[1], puis Yann Algan et Pierre Cahuc[2] ont bien compris ce phénomène. Ce qu'il faut, pour faire émerger une Silicon Valley, c'est un haut débit de confiance, en soi et en l'autre. Or une société dont les membres ne se font pas confiance est une société où les individus n'ont pas confiance en eux-mêmes.

Le phénomène du bizutage est révélateur de ces enjeux : celui qui a souffert par tradition sera enclin à faire souffrir autrui en

1. Peyrefitte, Alain, *La Société de confiance. Essai sur les origines et la nature du développement*, Éditions Odile Jacob, 1995.

2. Algan, Y. et Cahuc, P., *La Société de défiance : Comment le modèle social français s'autodétruit*, Éditions Rue d'Ulm, 2007.

invoquant la même tradition, pour donner du sens à sa souffrance. Seul le magnanime se sentira capable de porter seul cette souffrance, brisant la chaîne du bizutage… Mais les magnanimes ne courent pas les rues, et comme le disait Gandhi : « Le pardon est l'attribut du fort. » En entreprise, si vous avez travaillé toute votre vie dans la culture de la souffrance, vous serez plus enclin à ridiculiser quiconque défendra le bien-être au travail.

L'organisation des bureaux dans la Silicon Valley, si elle n'est pas parfaite, cultive cette notion de bien-être et refuse l'idée de la souffrance comme marqueur de la productivité. Les bureaux de Linkedin, Facebook ou Google (qui fut pionnier de l'architecture d'intérieur « Silicon Valley ») ont revendiqué l'idée selon laquelle le lieu de travail devait être tellement bien pensé que si l'employé pouvait choisir entre sa couette et son bureau, il préférerait le bureau. L'idée de transporter les employés dans des navettes gratuites[1] équipées en wi-fi procède du même esprit. L'épuisement des personnels dans les bouchons ou les transports en commun ne profite à personne, alors autant leur offrir une motivation et une énergie maximales quand ils arrivent sur leur lieu de travail. Le pari est réussi. En Californie, il n'est pas rare de rencontrer des *googlers* célibataires au bureau le week-end, pour leurs projets personnels, parce que s'ils n'ont pas de plan pour leur dimanche, le bureau est suffisamment riche en attractions pour constituer une sortie à lui tout seul. En France, nous sommes encore très loin de cette mentalité.

Le prix Nobel de la paix Muhammad Yunus, père du microcrédit moderne, a su jouer de la pression des pairs. Il s'est vite rendu compte que pour sortir des hommes et des femmes de la pauvreté, il fallait travailler non pas sur l'individu, mais sur le groupe, et créer une dynamique de pression positive (« si je peux le faire, tu peux le faire »). Il a notamment observé que sortir une personne de la pauvreté, c'était aussi la sortir de son groupe, ce qui rend la tâche beaucoup plus ardue et crée une barrière psychologique. La démarche réussit d'autant mieux que la personne a déjà un

1. Ces navettes sont devenues un symbole parfois exécré de la « gentrification » de la Vallée et de l'inévitable hausse de son immobilier, si bien qu'elles génèrent des protestations.

nouveau groupe d'accueil, d'autres individus prêts à s'en sortir et animés d'une foi certes variable mais à l'échelle du groupe, sensiblement constante. On sait, par exemple, qu'il est très difficile pour un prisonnier de longue durée de retourner à la société, qui, si elle a plus à lui offrir, ne lui procure pas une place déterminée et cognitivement plus confortable que dans sa prison. La pauvreté extrême produit le même effet, et on ne lutte contre elle qu'en s'intéressant au groupe. J'ai pu moi-même faire l'expérience de ce principe en étudiant et en exerçant le microcrédit à taux zéro au Sénégal.

Autre élément identifié par Yunus : les groupes de femmes ont tendance à donner de meilleurs résultats que les groupes d'hommes, où beaucoup d'énergie est dispersée dans l'établissement d'une structure de domination, et dans la remise en cause de cette structure par la suite. À l'inverse, les femmes – toutes choses égales par ailleurs – trouvent plus rapidement leur synergie opérationnelle dans le microcrédit agricole.

Rappelons-nous l'entrepreneur germano-turc Alp Altun : l'ego est le premier destructeur de valeur dans une entreprise, quelle qu'elle soit. On retrouve le même principe de domination à l'échelle de l'individu. Il y a, en effet, deux types d'entrepreneurs. Ceux qui mettent leur ego au service de l'entreprise – Michel-Ange, Coco Chanel, Steve Jobs, Elon Musk… – et ceux qui mettent l'entreprise au service de leur ego (par pudeur, je ne citerai pas de noms dans cet ouvrage, mais les effondrements successifs d'entreprises d'État en France fourniront suffisamment de matière au lecteur averti). Dans tout projet, vous trouverez ces deux types d'acteurs. Et quelles que soient leurs qualifications, leurs diplômes ou leur expérience, vous devez sans aucun état d'âme écarter sur-le-champ ceux qui mettent le projet au service de leur ego.

Le cas de Napoléon le montre d'une façon criante, et devrait inciter la France à revoir la vénération qu'elle porte à l'Empereur : au début de son ascension, Bonaparte a mis son ego au service d'un projet. Dès qu'il a mis ce projet au service de son ego, l'Europe et la France ont été anéanties, et il a fallu attendre qu'un autre homme, Talleyrand, mette son ego au service de la France pour la sauver.

Cinq expériences sur l'humain en entreprise et en société

1. L'expérience de conformité de Solomon Asch

L'humain préfère la conformité à la vérité. L'expérience de Asch[1] (1951) isole un fragment intéressant de cette tendance. On présente à des étudiants trois lignes tracées sur une carte. Puis on leur montre une quatrième ligne, et on leur demande laquelle des trois premières a la même longueur. Le test est très simple, un élève d'école maternelle peut le réussir. Seulement, dans la pièce se trouvent huit individus payés par l'expérimentateur pour donner d'abord le bon résultat, puis douze fois d'affilée, avec douze jeux de cartes différents, la mauvaise réponse. L'objectif d'Asch est de constater que certaines personnes vont rejeter la vérité pour se conformer au groupe. Mais dans quelle proportion ? À l'issue de l'expérience, on observe que plus d'un tiers des sujets testés se conforme à la pression du groupe *les douze fois d'affilée*. Plus des trois quarts des sujets testés vont se conformer à la pression du groupe au moins une fois sur les douze. Quand ils seront interviewés après l'expérience, certains diront qu'ils ne faisaient que s'intégrer, ce qui, après tout, paraît raisonnable : le choix d'une ligne ne mérite pas que l'on entre en conflit avec les autres[2]. Et puis, de par sa nature même, l'expérience pouvait encourager les étudiants à penser qu'ils étaient testés non pas sur leur capacité à comparer des lignes, mais sur leur attitude vis-à-vis du groupe. Peut-être étaient-ils donc tentés de s'y conformer exprès, ne serait-ce qu'une fois sur les douze tentatives ? Cependant, les résultats d'Asch vont se révéler l'arbre qui cache la forêt, car notre tendance à la conformité va bien au-delà d'un simple choix entre trois lignes, et prend une tournure sordide lorsqu'elle est mélangée à notre tendance à la violence.

2. L'expérience de Milgram[3]

Menée en 1961, cette expérience glaçante étudie la façon dont nous préférons nous conformer à l'autorité plutôt qu'à notre conscience et, partants, comment nous pourrions en arriver à perpétrer des crimes

1. Asch, S. E., « Opinions and social pressure », *Readings about the Social Animal* (1955), 193, 17-26.
2. Combien de fois avons-nous dit à un chauffeur de taxi ou à un serveur que nous étions d'accord avec ses opinions politiques juste pour ne pas nous l'aliéner ?
3. Milgram, S., « Behavioral study of obedience », *The Journal of Abnormal and Social Psychology* (1963), 67, 371.

contre l'humanité sous prétexte qu'un professeur en blouse blanche ou un policier en uniforme nous l'a demandé. L'idée de Milgram consiste à tester expérimentalement le phénomène d'obéissance à l'autorité, et il finit par découvrir que l'humain se conforme à l'autorité bien au-delà de ce qu'il aurait supposé.

Dans son expérience, un expérimentateur et un acteur jouent respectivement la figure d'autorité et le cobaye. Ce dernier recevra des décharges électriques de plus en plus hautes s'il répond mal aux questions d'un test. Entre l'expérimentateur et l'acteur se trouve le vrai sujet de l'expérience : une personne « normale » (on testera plusieurs religions, plusieurs milieux sociaux) qui devra, sur ordre de la figure d'autorité en blouse blanche, administrer des électrochocs au cobaye. Cette personne, nous l'appellerons « le professeur ». Bien sûr, les électrochocs sont factices, tout comme les cris et l'agitation du cobaye lorsqu'il reçoit les décharges, mais ça, le professeur l'ignore. La dose maximale d'électrochocs est annoncée comme « 450 volts » (sans précision d'ampérage). Tant que l'acteur répond mal, la figure d'autorité donne l'instruction au professeur d'augmenter les doses, prétendument par tranches de 15 volts. Si le professeur manifeste l'envie d'interrompre l'expérience, la figure d'autorité lui dira successivement :

1. « Continuez s'il vous plaît. »
2. « L'expérience requiert que vous continuiez. »
3. « Il est absolument essentiel que vous continuiez. »
4. « Vous n'avez pas d'autre choix, vous devez continuer. »

Si le professeur administre trois fois un électrochoc de 450 volts, l'expérience se termine.

Dans toutes les expériences, pour s'assurer de l'empathie du professeur, on commence par lui administrer un électrochoc réel, pour lui faire ressentir ce que son cobaye sera censé éprouver. On lui fait également croire qu'il aurait très bien pu se trouver sur la chaise du cobaye, puisque leurs postes sont prétendument tirés au sort (en réalité, le tirage est truqué). Dans le feu de l'expérience, si le professeur demande à la figure d'autorité qui sera tenu pour responsable de la souffrance du cobaye, cette dernière répondra : « J'en assumerai la responsabilité. »

Si les résultats de Milgram nous glacent, c'est qu'en termes de soumission à l'autorité, ils dépassent largement les pronostics des étudiants ou des chercheurs. Son expérience a d'ailleurs été reproduite dans différents contextes et cultures, avec des résultats différents, mais toujours une plus grande soumission à l'autorité que celle qui était attendue[1]. Dans

1. Blass, T., « Understanding behavior in the Milgram obedience experiment : The role of personality, situations, and their interactions », *Journal of Personality and Social Psychology* (1991), 60, 398.

l'expérience initiale, vingt-six professeurs sur quarante vont jusqu'à la décharge électrique maximale de 450 volts. Dans certains cas, le cobaye est tenu de prévenir le professeur qu'il a une maladie cardiaque. Or, même si chacun des professeurs en question lui a serré la main, même si chacun d'entre eux sait qu'il aurait pu se trouver à sa place, aucun n'insiste pour qu'il soit libéré sous ses yeux au cours de l'expérience, toutes affaires cessantes, et même parmi ceux qui abandonnent, aucun n'exige de le voir recevoir une visite médicale immédiate.

3. L'expérience de la prison de Stanford ou « l'effet Lucifer »

Dix ans après Milgram, Philip Zimbardo entreprend de tester les abus de pouvoir des gardes, en particulier dans les prisons militaires. Financée par l'US Office of Naval Research, l'expérience veut déterminer si les abus en question relèvent de traits de caractère des gardiens (et donc s'ils en sont pleinement responsables), ou si c'est le contexte qui les y pousse, créant une sorte d'« effet Lucifer ». De fait, les résultats obtenus par Zimbardo prouvent que certaines structures sont de véritables « usines à Lucifer ». Non seulement ces structures existent de plein droit, mais nous sommes conditionnés à les respecter et à leur donner notre confiance. Les atrocités de la prison d'Abu Ghraib en Irak (pour lesquelles Zimbardo fut appelé à témoigner) ou celles de Guantanamo, qui perdurent, nous démontrent que l'usine à Lucifer tourne encore aujourd'hui, avec l'aval conscient de bons pères de famille.
Pour son protocole, Zimbardo recruta vingt-quatre hommes blancs sans antécédents judiciaires ou médicaux, dont psychiatriques, avec pour principal critère de sélection leur stabilité psychologique. Il les paya pour s'engager dans une étude devant durer de sept à quatorze jours. Douze d'entre eux furent choisis au hasard pour jouer les gardiens d'une fausse prison aménagée dans les sous-sols du département de psychologie de Stanford ; les douze autres furent désignés comme les prisonniers. Tous savaient qu'il s'agissait d'une expérience, ce n'est donc pas un simple aveugle[1]. Les faux prisonniers furent arrêtés avec le concours de la police de Palo Alto, on prit leurs empreintes et leur identité judiciaire, on les fouilla et on leur attribua un numéro. Quant aux gardiens, qui disposaient d'une matraque pour pouvoir affirmer leur autorité, ils reçurent de Zimbardo (dans le rôle du chef de la prison) les instructions suivantes : « Vous pouvez susciter un certain sentiment d'ennui ou de peur chez les prisonniers, vous pouvez établir la notion d'arbitraire selon laquelle leur

1. En simple aveugle, on aurait introduit un faux prisonnier dans une vraie prison sans en prévenir les gardiens.

vie est totalement sous votre contrôle, sous celui du système, sous le mien, le vôtre, et qu'ils n'auront aucune vie privée... Nous allons leur prendre leur individualité de plusieurs façons. En général, tout cela mène à un sentiment d'impuissance. C'est-à-dire, dans cette situation, nous avons tout le pouvoir, et ils n'en ont aucun. »
Au bout des premières vingt-quatre heures, une révolte éclata. Les gardes tentèrent de diviser psychologiquement les prisonniers par favoritisme, ce qui échoua. Après trente-six heures, un prisonnier se mit à agir d'une manière visiblement aliénée et enragée. Voyant la situation se dégrader, les gardes recoururent à des formes de plus en plus terribles de torture psychologique, forçant des prisonniers à dormir à même le béton, à déféquer dans un seau au milieu de leur cellule sans pouvoir le vider, à rester nus et à répéter leur numéro de matricule inlassablement...
C'est parce qu'un bon tiers des gardes développèrent en moins de soixante-douze heures une cruauté sadique, que Christina Maslach, ancienne étudiante de Zimbardo (et sa future épouse), parvint à le convaincre d'arrêter l'expérience, qui se termina au bout de six jours[1]. Tous les gardes en furent déçus.
Si cette expérience est historique, c'est parce que, contrairement à la majorité des tests menés en psychologie contemporaine, elle mit en scène son expérimentateur (Zimbardo jouait le directeur de la prison) et eut des répercussions sur lui. Une telle situation est aujourd'hui considérée, à tort, comme anti-scientifique.

4. « L'effet de surjustification » : la récompense rend-elle plus productif ?

À l'origine, c'est un test de résolution créative de problème utilisé par le gestalt-psychologue Karl Duncker. On fait entrer un cobaye dans une pièce, où est installée une table. Sur cette table, une boîte d'allumettes, une boîte en carton remplie de punaises et une bougie. Au mur, un tableau de liège. Le cobaye doit trouver un moyen de fixer la bougie sur le tableau et de l'allumer, sans que la cire, en tombant, ne touche la table située en dessous. La solution recherchée consiste à vider la boîte, à la fixer au tableau avec une punaise, à placer la bougie verticale dedans et à l'allumer.
Ce test vise à déstabiliser notre pétrification mentale en nous invitant à ne pas voir la boîte de punaises comme un contenant à fonction unique, mais

1. Des cinquante témoins de l'expérience, Maslach fut la seule, selon Zimbardo, à s'émouvoir des conditions de détention des faux prisonniers et de l'attitude de leurs gardiens.

comme un élément de la solution au problème. Il n'y a donc pas vraiment de résultat attendu, si ce n'est que la plupart des gens vont faillir à considérer le contenant des punaises comme une véritable solution au problème. En 1962, le psychologue Sam Glucksberg voulut observer, entre autres, si une récompense monétaire pouvait améliorer les performances des personnes testées. Il distingua deux groupes d'étude : l'un à « haute motivation » et l'autre à « basse motivation ». Aux membres du premier groupe, la solution du problème donnait une chance de gagner entre 5 et 20 dollars (5 pour le quartile le plus rapide du groupe et 20 pour le premier de la classe). Aux membres du second, on ne promettait rien. De façon tout à fait inattendue, c'est le groupe pour qui la solution du problème était « gratuite » qui réussit le mieux. Glucksberg donna de ce test l'interprétation suivante : alors que la promesse de récompense encourage notre cerveau à se placer dans une situation connue (dans l'esprit de l'exercice corrigé, en somme), son absence augmente ses degrés de liberté. Je partage tout à fait son point de vue : l'esprit « premier de la classe » détruit la créativité et encourage la conformité. La note, la récompense améliorent la conformité, avec toutes les conséquences dramatiques que cela implique… Preuve, encore une fois, qu'il faut remettre la vie notée à sa juste place, et la jeter à bas du trône qu'elle a usurpé.

5. Le cerveau ne réagit pas de la même façon aux gains et aux pertes

On place un chamallow devant un singe capucin[1]. On tire une pièce à pile ou face : face on lui offre un deuxième chamallow, pile, il ne se passe rien. Dans cette configuration, le singe est content de voir la deuxième guimauve arriver devant lui. Modifions légèrement l'expérience : les deux chamallows sont présents d'emblée sur la table, et une fois sur deux, on en retire un. En termes de probabilités les situations sont identiques : le singe a une chance sur deux de gagner un ou deux chamallows. Pourtant, la première situation, qui lui présente le tirage comme une opportunité de gain, est agréable à son cerveau, alors que la deuxième, qui le lui présente comme un risque de perte, est désagréable[2].

1. Ils adorent les chamallows, s'en gavent et vont jusqu'à se faire vomir pour pouvoir en absorber d'autres. Heureusement que, dans la nature, les chamallows ne poussent pas sur les arbres…

2. Dans cette version, l'expérience est due à l'économiste de l'Université de Californie à Los Angeles M. Keith Chen et à ses collaborateurs Chen, M. K., Lakshminarayanan, V. et Santos, L. R., « How basic are behavioral biases? Evidence from capuchin monkey trading behavior », *Journal of Political Economy* (2006), 114, 517-537.

Ce phénomène confirme en partie la théorie des prospects, développée par Tversky et Kahneman. Non seulement l'expérience du singe capucin, qui produit des résultats très comparables chez l'humain, prouve que nous avons une attitude irrationnelle vis-à-vis des gains et des pertes, mais elle prouve surtout que la douleur d'une perte n'est pas symétrique au plaisir d'un gain : notre cerveau donne plus de poids à l'insatisfaction qu'à la satisfaction. Cette découverte se manifeste dans les situations de spéculation financière ou d'addiction au jeu, par exemple (identiques sur le plan neuronal).

Imaginons qu'un trader gagne 1 000 euros en bourse pour la première fois. Une certaine quantité de dopamine est libérée dans son cerveau. L'addiction tient naturellement à se gratifier de la même quantité de dopamine à chaque fois. Eh bien, pour simplifier, si le trader veut recevoir la même quantité de dopamine, il devra gagner non plus 1 000 euros, mais 10 000, car la courbe de réponse est logarithmique : il faut dix fois plus de gain pour gagner une seule dose de dopamine en plus.

Concernant les pertes, et toujours en simplifiant, on peut constater que la dopamine retirée par le cerveau quand le trader perd 1 000 euros est la même que celle fournie quand il en gagne 10 000. Il y a donc une asymétrie dans l'intensité psychologique que notre cerveau donne aux pertes et aux gains : il trivialise les gains et amplifie les pertes.

Jouer

Les geeks apprennent aussi

Jouer égale jouir. Pour l'esprit bas de plafond, ce n'est donc pas sérieux. On l'a vu, pourtant, jouer est la façon la plus répandue d'apprendre chez les mammifères. Tous les animaux les plus intelligents, de la pie à la pieuvre en passant par le dauphin, jouent pour apprendre, et si la nature, qui ne fait pas de cadeau, a sélectionné cette méthode, c'est qu'elle est bien plus sérieuse que les plus sérieuses des nôtres. Alors ayons l'humilité de la recevoir comme telle.

Les jeux encouragent une pratique délibérée, prolongée, et une « excellence amusante ». Ils abaissent la barrière d'entrée en leur sein, élèvent la barrière de sortie et proposent ainsi une structure idéale à toute forme d'enseignement : le bon enseignement, c'est celui qui rassemble facilement ses élèves et peine à les disperser.

Dans le jeu, la motivation est intrinsèque ; à l'école, la motivation est extrinsèque. Les élèves en souffrance sont comme des voitures en panne sèche. Certains professeurs les ignorent ou les punissent, d'autres essayent de les pousser, mais le seul moyen de les faire repartir est de remplir leur moteur de motivation et de mettre le contact. Certains penseront que l'élève est responsable de sa propre motivation, et c'est peut-être acceptable après le lycée, à un âge où l'élève moyen a le droit de voter, mais si l'on décrète que les mineurs n'ont pas le discernement nécessaire au choix d'un représentant politique, il faut accepter aussi de prendre sur nous l'art de les motiver.

Les jeux maintiennent l'attention au-delà des limites découvertes par Raja Parasuraman, c'est-à-dire que là où un opérateur mécanique a déjà perdu son attention, un joueur de jeu vidéo, sur un jeu qui lui plaît, sera encore attentif. Les jeux peuvent même développer l'attention « dispersée » (la capacité à suivre du regard plusieurs objets à la fois, par exemple, qui est importante aussi bien en chorégraphie que sur un terrain de football[1]). Malgré cela, on entend encore des parents ou des professeurs déclarer dogmatiquement que « ce n'est pas en jouant qu'on fait une grande école ». Pour entrer dans une grande école, ce modèle d'excellence conforme qui n'a été copié par aucun pays au monde et demeure illisible à l'étranger, jouer aux jeux vidéo n'est peut-être pas indiqué ; mais pour intégrer Stanford, UCLA, ou Caltech, être un geek, c'est un avantage. Le geek joue pour apprendre et transforme son travail en jeu.

L'industrie du jeu vidéo est aujourd'hui un créateur d'emplois qualifiés incontournable dans les pays de l'OCDE, et si l'école doit préparer l'élève à son avenir professionnel, il est contre-productif de ne pas l'y introduire[2]. Concernant l'addiction, il faut bien sûr préparer l'élève à une consommation responsable et modérée – sans oublier toutefois que le jeu vidéo induit moins de dépendance que le sucre, le café ou l'alcool. Boire sans soif, sans recul et sans développer finement sa subjectivité n'est pas la façon idéale de consommer un grand cru. Il en va de même du jeu vidéo, qui a lui aussi ses

1. Achtman, R. L., Green, C. S. et Bavelier, D., « Video games as a tool to train visual skills », *Restorative Neurology and Neuroscience* (2008), 26, 435-446.

2. Les jeux vidéos représentent la seule industrie culturelle qui ne soit pas en récession en France, et la première industrie culturelle dans le monde, devant le cinéma.

grands crus, et que l'on doit apprendre à consommer avec la même responsabilité. Le titre *Chrono Trigger*, par exemple, souvent évoqué comme l'un des chefs-d'œuvre du genre, est au jeu vidéo de rôle ce que le *Cuirassé Potemkine* fut au cinéma politique : comme une véritable œuvre d'art, il suscite des affects et des pensées originales chez son joueur.

Donc si l'alcoolisme n'a jamais justifié d'arracher les vignes du Bordelais, l'addiction au jeu vidéo ne doit pas faire oublier qu'il est devenu un médium propre à susciter des états originaux de la conscience – ce qui est probablement la définition la plus puissante de l'art actuellement disponible. En leur apprenant à jouer d'une façon responsable, la geekustrie, qui est désormais le moteur incontestable de la croissance mondiale, alphabétise les jeunes et les adultes. Cette alphabétisation est vitale pour le recrutement. Si, lors d'un entretien chez Google Inc., on vous pose la question fatidique « Êtes-vous gamer ? », répondez « Non » et vous serez sûr de ne pas décrocher le job.

Les leçons du progaming

Il existe un phénomène appelé « progaming », ou « e-sport »[1], qui permet à des joueurs d'obtenir des prix dépassant le million de dollars en jouant à des jeux vidéo dans des compétitions internationales[2]. L'excellente psychologue Vanessa Lalo a déjà fait beaucoup pour sensibiliser les gens à l'importance professionnelle du jeu dans notre économie – sachant que les titres vidéoludiques les plus financés, comme *The Witcher 3*, sacré jeu de l'année 2015, dépassent déjà, et de loin, les plus gros budgets de l'industrie cinématographique. Une tendance qui n'est pas près de s'inverser.

J'ai beaucoup étudié les progamers, et ce qui m'a frappé chez eux, c'est que si certains étaient en échec scolaire et rejetés par notre système éducatif, ils avaient développé un niveau de compétences en algorithmique, informatique et optimisation digne d'un élève de master. En 2015, j'ai donc publié dans *Le Point* une série de cinq « conseils pour que vos enfants profitent des jeux vidéo », dont voici quelques extraits :

---

1. D'ailleurs reconnu officiellement, entre autres, par la Fédération de Russie aujourd'hui.
2. Plus de 6,6 millions de dollars pour l'équipe Evil Geniuses, composée de seulement six joueurs, sur *Dota 2* en 2015.

« Le jeu vidéo, c'est la fibre optique des transferts de connaissance. Aucune technologie ne permet aujourd'hui de transférer un savoir ou un savoir-faire plus rapidement. Mais la "ludification", la transformation en jeu, est encore très coûteuse et difficile. Elle est donc l'exception plutôt que la règle. "Ludifier" un métier ou une connaissance se fait encore au cas par cas, nous n'en avons pas la recette industrielle.

[...] Les médecins, les pilotes, les dirigeants, les astronautes ou les juristes jouent de plus en plus pour se former. Moins on peut robotiser un métier, plus on doit le ludifier. Dans un apprentissage obligé, si votre cerveau est une voiture et son carburant la motivation, la voiture consommera son carburant au démarrage et sur tout le trajet. Dans le jeu, la voiture ne consommera de carburant que pour s'arrêter : commencer et continuer à jouer, cela ne consomme pas de motivation.

Conseil n° 1

Impliquez-vous dans le choix des jeux vidéo de vos enfants, d'une façon constructive et non invasive. De même qu'il y a de la *junk food*, il y a des jeux plus ou moins nutritifs pour l'esprit. *Civilization V* est excellent, de même que *Wargame*, des studios Eugen Systems, si vos enfants aiment la stratégie. [...] Discutez avec vos enfants de leurs choix, laissez-les vous expliquer pourquoi ils ont de l'intérêt pour un titre, instaurez un maximum de dialogue.

Conseil n° 2

Jouez avec vos enfants. Cela facilite grandement l'arrêt du jeu : quand le "chef de tribu" se lève et déclare : "On arrête", il est beaucoup plus facile pour les enfants d'arrêter avec lui. Un bon moyen de les faire décrocher dans la tranquillité, c'est de jouer avec eux sur la dernière heure ou demi-heure, de façon à ritualiser et apaiser la fin du jeu. Vous devez prendre cinq minutes pour "débriefer", rester assis devant la console, télé éteinte, pour commenter le jeu et ce que vous avez ressenti.

Conseil n° 3

Devenez un sommelier du jeu vidéo. Vous n'empêcherez pas vos enfants d'écouter, de lire ou de regarder des navets, mais vous les avez déjà initiés à des chefs-d'œuvre du cinéma. La différence c'est qu'*a priori*, vos enfants en ont plus à vous apprendre sur les jeux que vous[1]. Qu'importe, élevez leur goût, faites-en non pas des consommateurs mais des critiques vidéoludiques, exactement comme il existe des critiques littéraires et gastronomiques. Il est important pour le joueur de développer sa subjectivité, de consommer activement le jeu et d'être conscient de ce qu'il ressent, jusqu'à pouvoir décrire verbalement ses émotions et ses addictions. Jouer avec vos enfants permet de développer leur sens critique, leur expression orale et leur subjectivité, en particulier émotionnelle, mais aussi leur capacité à argumenter : c'est une excellente chose s'ils vous contredisent, cela développe leur aptitude à plaider.

Conseil n° 4

Instaurez des crédits jeux vidéo. L'experte Jane McGonigal l'a parfaitement compris : le problème actuel, c'est que l'école est ennuyeuse alors que les jeux vidéo sont stimulants. Si l'on pouvait transformer l'école en jeu, l'équilibre serait rétabli. S'arrêter de jouer requiert du self-control. Vous devez l'expliquer à vos enfants au moment de l'arrêt, leur dire que ce qu'ils ressentent est normal, et que le self-control est une chose noble et difficile. Vous devez récompenser le self-control à sa juste valeur. Pourquoi ne pas instaurer un taux de change entre le travail et le jeu vidéo ? Un ratio entre 1 et 1,5 en faveur du temps de travail, cela fait deux heures de jeu gagnées pour trois heures de travail. Le travail, ça peut désigner une foule de tâche, comme laver la voiture, tondre la pelouse, faire les courses ou faire ses révisions. Et aux tâches spéciales, comme gagner trois points de moyenne en maths, on accorde des récompenses spéciales : un nouveau jeu ou une nouvelle console, par exemple.

Conseil n° 5

Diversifiez le régime alimentaire en jeux vidéo. Le cerveau est comme le système digestif, il s'épanouit dans une stimulation diversifiée et souffre d'une stimulation unique (d'où la pénibilité de l'école...). Imposez donc un certain temps de jeux vidéo pratiqué debout ou sur plateau – les jeux de fitness, par exemple. Placer ces jeux en fin de séance est un excellent moyen de terminer en douceur, sans faire souffrir le cerveau de la rupture entre jeu et devoirs. Si vous pouvez diversifier encore plus le mix alimentaire avec des jeux de

1. C'est d'ailleurs la dernière génération où ce sera le cas.

construction, de simulation, d'énigmes, c'est encore mieux. Mais gardez toujours le jeu qui nécessite une dépense physique pour la fin. »

Dans le cas du jeu vidéo, il faut à la fois « réparer la réalité » – c'est-à-dire rendre le monde réel (et en particulier le monde du travail) plus excitant qu'il ne l'est aujourd'hui –, et donner aux jeux vidéo une raison d'être qui ne soit plus le seul divertissement, mais l'art, tout simplement.

Les jeux vidéo, ne l'oublions pas, sont aussi une excellente manière d'apprendre la programmation et ils devraient être utilisés comme tels. Il y a une forte corrélation entre leur utilisation et la capacité à mener un hackathon (période exigeante de code collectif).

Mais on ne devrait pas, cependant, confiner la ludification au monde vidéoludique. Les athlètes de haut niveau transforment toujours leur entraînement en jeu, car qui dit jeu dit enjeu, et l'on pourrait faire en sorte que l'inverse soit vrai.

La cité neuroergonomique

Nous pourrions concevoir des environnements, des villes ergonomiques. La circulation du sens y sera essentielle. À verser dans l'excès en matière d'architecture « fonctionnelle », nous avons créé des environnements vides de sens, comme les grands ensembles des cités-dortoirs, qui font encore souffrir leurs habitants aujourd'hui. Les architectes anciens, depuis Imhotep et Vitruve, avaient conscience de ce que les bâtiments, plus qu'une fonction, doivent avoir un sens qui les transcende. Il est urgent pour nous de réapprendre cette leçon. Si le corps est l'écrin de l'âme, la ville est l'écrin du corps, et dans l'état actuel des villes, en particulier Paris et sa banlieue, cet écrin ne respecte plus la chose sacrée qu'il est censé mettre en valeur.

Paris devrait illustrer la fraternité, élément sacré de la triade républicaine, au lieu de cela, la ville s'enferme dans des frontières obsolètes, qui datent de 1860. Au-delà de Paris même, l'homme en ville est un obstacle et l'on n'a pas envie d'aller vers lui. Il est celui qui prend de notre espace, qui nous limite et sans qui, finalement, on s'imagine que l'on vivrait mieux. Les villes modernes donnent priorité à l'automobile, pas à l'homme, et la surface attribuée à l'auto sur une voie de communication est toujours au moins trois fois plus grande que celle attribuée au piéton. Ce dernier finit par en déduire que la ville n'est pas faite pour lui.

En 1961, dans *Déclin et survie des grandes villes américaines*, l'urbaniste Jane Jacobs avait publié quatre règles simples pour rendre un quartier vivant[1]. Ces conseils ne sont en rien respectés par la plupart des campus périphériques français (Orsay, Polytechnique, Parc d'innovation d'Illkirch...) ou par nos banlieues :

> « Premièrement, encouragez l'émergence de rues vivantes et intéressantes. Deuxièmement, faites du tissu de ces rues un réseau aussi continu que possible à travers un district potentiellement de la taille et de la puissance d'une "ville inférieure[2]". Troisièmement, utilisez les parcs, les squares et les bâtiments publics comme un élément essentiel de ce tissu de rues ; utilisez-les pour intensifier et tricoter ensemble la complexité et les usages multiples du tissu urbain. Quatrièmement, soulignez l'identité fonctionnelle des espaces suffisamment larges pour fonctionner comme des districts... Rien n'est plus impuissant qu'une rue seule, dont les problèmes excèdent la puissance. »

Je retrouve dans les banlieues où j'ai grandi l'opposé exact des conseils de Jacobs : des rues sans vie, des axes « impuissants », sans signification ni culture, des ensembles homogènes de dortoirs sans lieux de sortie, etc.

Avec l'agriculture urbaine, les murs végétaux, la biorémédiation (l'art de dépolluer des lieux en utilisant des organismes), et les fermes verticales, la terre revient peu à peu dans les villes. Dans son projet intitulé Oyster-tecture, l'architecte Kate Orff a notamment pour objectif de dépolluer le Gowanus Canal de New York avec des huîtres. L'enjeu est également de construire une cité neuroergonomique, qui serait certainement une « cité fertile » (pour reprendre l'expression du génial architecte Vincent Callebaut), parce que s'il

1. Ces règles ont été récemment confirmées par la plus vaste étude sur le sujet à Séoul : http://grist.org/cities/what-makes-a-city-great-new-data-backs-up-long-held-beliefs/.

2. *Sub-city* ou « sous-ville ». Ce principe du village comme sous-unité de la ville, qui évite au citadin d'être écrasé par des flux humains qui le dépassent, est vérifié aujourd'hui dans les quartiers les plus courus de Paris comme la Butte-aux-Cailles, Saint-Germain, Montorgueil ou la rue de la Montagne-Sainte-Geneviève.

y a un environnement neuroergonomique, c'est bien la nature, que tous les citadins désirent pour leurs week-ends.

Notre cerveau est fatigable, et il en va de même de notre motivation. La vie en ville, hélas, tire dangereusement sur nos batteries. Le stress, l'inquiétude et la frustration se jettent sur nous au saut du lit, voire dans notre sommeil (de moins en moins réparateur en milieu urbain). La cité idéale devrait, au contraire, recharger nos batteries. Car dans l'environnement construit par les hommes, il se crée aujourd'hui une véritable « facture cortisolergique ».

De quoi s'agit-il ? Le cortisol est produit par nos glandes surrénales, sur ordre de la pituite, une glande cérébrale, en réponse au stress. La majorité de la population mondiale vivant en ville, nous assistons à une quasi-pandémie d'hypercortisolémie, associée à l'insomnie, à la dépression et au suicide. La ville, pourtant, ne devrait pas faire monter notre cortisolémie, elle devrait la faire baisser en permanence. Or non seulement elle fait augmenter notre stress, mais une équipe de recherche espagnole[1] a montré que sa pollution atmosphérique causait aussi un retard cognitif chez les enfants des écoles construites en bordure des autoroutes[2].

Si les architectes appliquaient peu à peu le concept de facture cortisolergique aux quartiers et aux villes qu'ils construisent, la cité neuroergonomique pourrait voir le jour. Elle rechargerait les batteries de ses usagers, en tout lieu et à tout moment, et pas seulement dans les scénarios d'utilisation prévus pour les sorties culturelles. Dans la nature où les monocultures n'existent pas, tout dépend de tout, *omnia ad omnia*. De même que l'apprentissage parfait est multicanal, le quartier parfait est multifonction. Il en va de même du campus neuroergonomique…

Le campus Frankenstein

Aucune architecture, en effet, n'est censée se connecter davantage au futur qu'un campus. Il est le lieu où l'homme prépare son avenir, et pour cela, il doit être exemplaire. D'Alexandrie à la ville ronde de Bagdad, au IXe siècle, en passant par le Machu Picchu et Santorin,

1. http://journals.plos.org/plosmedicine/article?id=10.1371/journal.pmed.1001792
2. De Nadai, M., Staiano, J., Larcher, R., Sebe, N., Quercia, D. et Lepri, B., « The death and life of great Italian cities : A mobile phone data perspective », Arxiv.org, 2016.
Existant à Cambridge ou Oxford mais inexistant à Illkirch ou Paris-Saclay.

en Grèce, les hauts lieux de l'innovation architecturale furent des lieux de « rêve pragmatique[1] », connectant la terre et l'espace.

Certains campus internationaux fonctionnent merveilleusement : Cambridge, Princeton, Oxford, Harvard ou Stanford... D'autres fonctionnent mal, et parmi eux citons en France celui d'Orsay/Saclay, dont les étrangers en visite critiquent le manque d'ergonomie. Très mal desservi par un RER vieillissant, souvent en panne, en grève et toujours inopérant la nuit, ce campus est coupé de l'attraction de la capitale. Il n'a jamais été pensé comme un enchevêtrement de petits villages, l'inverse absolu de Cambridge ou d'Oxford qui, avec moins d'étudiants, ont une vie nocturne bien plus épanouie.

J'ai eu la chance de travailler avec le pôle R&D d'Eiffage sur le campus de demain, et j'en ai déduit qu'il fallait à tout prix éviter le « campus Frankenstein », conçu pour le seul tiers « boulot » de la triade infernale « métro-boulot-dodo ».

Pourquoi ne pourrait-on pas vivre et sortir dans un même périmètre ? La banlieue parisienne souffre de cette erreur fondamentale, et les campus à la française sont pensés, hélas, sur ce même modèle : quand les Américains visitent l'École polytechnique, ils peinent à y voir le « Caltech à la Française[2] » qu'elle est censée représenter – sa seule attraction, en dehors de celles que les élèves mettent vaillamment en place à la nuit tombée, étant un camion de pizza présent une nuit sur deux. Alors certes, elle est fondamentalement une enceinte militaire, ce qui suppose un certain retrait, mais la situation est pourtant la même à Gif-sur-Yvette (campus du CNRS à l'université Paris-Saclay), que les mauvaises langues prétendent rebaptiser « Jpeg-sur-Yvette » à cause de son manque d'animation[3] !

En 1953, c'est tard le soir, dans le pub Eagle de Cambridge, que Watson et Crick arrêtèrent l'idée que l'ADN avait la forme d'une double hélice. Cela n'aurait pas pu avoir lieu sur un campus français, glauque à souhait, et guère accueillant à la nuit tombée.

---

1. Selon l'expression de l'architecte Jacques Rougerie.
2. Caltech pour « California Institute of Technology ».
3. Le JPEG est un format d'image statique, contrairement au GIF, qui est animé.

La métaphore de la tortue

Jaime Lerner, architecte et ancien maire de Curitiba (Brésil), a résumé l'idée de quartiers multifonctions dans la « métaphore de la tortue ». Le tissu urbain, avec ses mini-villages, peut se lire comme les empiècements d'une carapace de tortue. De même qu'une tortue ne serait pas heureuse si l'on détachait ses pièces les unes des autres, la ville ne sera guère heureuse si l'on distingue ses unités fonctionnelles en métro-boulot-dodo.

Les distinctions fonctionnelles proviennent de la révolution industrielle, d'époques révolues où l'on pouvait légitimement ne pas vouloir vivre à l'ombre des cheminées d'usine, mais aujourd'hui, l'heure est à la cité systémique et bienveillante. Ce n'est donc pas à la ville de prendre sur mes nerfs, ce sont à mes nerfs de prendre sur la ville. Une cité frustrante est une cité violente. Les banlieue où pourrissent nos jeunes, sans sens et sans avenir, sont aussi des lieux où ont pourri leurs parents avant eux, qui parfois les auront battus en soulagement de leurs propres frustrations, amplifiant encore, par mimétisme, la transmission de la violence.

La ville de demain ne sera pas en compétition avec la nature mais en coopération avec elle. C'est cet axe immatériel qui devra la structurer, ne laissant de côté aucun de ses quartiers, faute de quoi ceux-là se nécroseront et menaceront la physiologie de la ville entière, comme un seul organe infecté provoque la fièvre dans tout le corps humain. Cette idée est développée notamment par la théorie de « l'acupuncture urbaine », selon laquelle des opérations d'architecture ciblées peuvent assainir toute une cité…

S'il est encore besoin d'illustrer, autrement, ce qu'est une ville qui « tire sur nos nerfs », souvenons-nous du décès tragique du professeur David MacKay, qui fondit en larmes à l'hôpital, peu avant sa mort, faute d'avoir pu ne serait-ce que dormir une fois tranquille durant la dernière semaine de sa vie, parce que sa chambre était noyée de bruit jour et nuit[1]. Chaque goutte de misère compte, et l'enjeu n'est pas de les comparer les unes aux autres ici, mais d'affirmer que l'on peut, dans nos cités, réduire ce que nos structures prennent à nos nerfs.

1. Knapton, S., « Cambridge Professor reduced to tears by noisy hospital before death », *Daily Telegraph*, 2016.

Neuroergonomie de la sexualité

Séduction et addiction

Si l'ego est le premier destructeur dans une entreprise, il l'est aussi dans le couple. L'ego, c'est celui qui nous dit : « Donne-moi ce que je veux » quand le moi véritable nous demande timidement : « Donne-moi ce dont j'ai besoin. »

Il existe deux types de couples. Le premier, basé sur l'ego, obéissant à une formule contractuelle (« c'est donnant-donnant ») qui risque d'être déséquilibrée chaque fois que l'offre et la demande mutuelle ne sont plus remplies ; le deuxième, rarissime, est basé sur l'amour inconditionnel.

En général, les êtres qui partagent un tel amour n'ont besoin ni de diagnostic ni d'assistance scientifique. Les ressorts neuroergonomiques de l'attraction, de l'addiction et de la formation mécanique des couples demeurent, en revanche, très intéressants pour qui veut améliorer son expérience romantique d'autrui.

Les techniques de séduction sont nombreuses et connues, en particulier dans le cas homme-femme où elles sont le plus documentées. Bien avant l'apparition des *pick-up artists* (cette communauté d'experts en drague), les services de renseignement élaboraient, délivraient et peaufinaient des techniques pour se rapprocher romantiquement d'une cible, homme ou femme, dans le but de la rendre émotionnellement dépendante et de tirer d'elle un maximum d'informations. Car l'humain, on le sait maintenant, a une forte addiction aux émotions et l'immense majorité des mécanismes de séduction joue dessus. Pour susciter l'attachement d'une cible, on partagera des émotions fortes avec elle, si possible sur une longue période. De fait, nous faisons d'autant plus confiance à quelqu'un que nous avons vécu avec lui des événements marquants, et nous pouvons, dans certaines conditions, confondre ces émotions fortes avec un sentiment romantique.

La base de la séduction (ou *pick-up art*), c'est donc le « dealer émotionnel » : on suscite une dépendance forte de la cible, en lui offrant, en quantités contrôlées, les émotions, mots et comportements qu'elle désire, souvent sans le savoir. Cette méthode ne peut fonctionner que si la cible ne se connaît pas elle-même – ce qui est la règle plutôt que l'exception.

Hommes *vs* Femmes

Dans les relations hétérosexuelles, on remarque en général une grande disparité chez les hommes et les femmes dans le nombre de partenaires « idéal » – celui rapporté par les hommes étant très supérieur. En 1997, Rand Fishkin et Richard Miller sondent ainsi des étudiants avec la question : « Combien de partenaires sexuels désirez-vous dans votre vie ? » Il se dégage une moyenne supérieure à 60 chez les garçons, contre 2,7 chez les filles[1].

Le facteur physiologique évoqué la plupart du temps pour justifier cet écart, c'est celui de la fertilité : selon une interprétation simpliste, la femme n'étant fertile que quatre jours par mois en moyenne alors que l'homme l'est en permanence, il y aurait une disponibilité plus grande au sexe chez lui que chez elle[2]. Cette observation, cependant, peut également s'expliquer par des facteurs sociaux. Il est, en effet, considéré comme gratifiant pour un homme de confesser un grand nombre de conquêtes féminines, alors que l'on considérerait la même confession avilissante chez une femme.

La leçon des neurosciences quant au comportement hétérosexuel humain, c'est qu'il est fondamentalement asymétrique. Les attentes des hommes dans une relation hétérosexuelle ne sont pas partout les mêmes que celles d'une femme, ce que l'évolution explique largement. Le rôle des deux sexes dans la conception diffère, par exemple, en termes de dépense énergétique, et si un homme peut féconder une femme puis une autre avant de les quitter, la physiologie de la gestation ne donne pas une telle latitude à la femme.

On note aussi que, parmi les marqueurs rapportés comme les plus fréquents d'attirance sexuelle pour l'homme chez la femme, la plupart sont acquis, comme la carrure en V (qui peut se travailler)

---

1. Pedersen, W. C., Miller, L. C., Putcha-Bhagavatula, A. D. et Yang, Y., « Evolved sex differences in the number of partners desired? The long and the short of it », *Psychological Science* (2002), 13, 157-161.

2. On observe cependant que les femmes au taux de testostérone plus élevé que la moyenne on tendance à avoir plus de partenaires sexuels, à en changer plus souvent, et à avoir plus de rapports sexuels. Elles peuvent également se montrer de meilleures négociatrices, et prendre des risques plus facilement.

et la sagacité. Ces deux caractéristiques témoignant d'une capacité à chasser et à défendre sa progéniture, on peut comprendre leur prévalence dans de nombreuses cultures.

L'attirance de l'homme pour la femme, en revanche, relève plus souvent de la génétique. Le rapport taille-hanche (autour de 0.75 donc ¾) est un facteur d'attractivité sexuelle très partagé dans le monde. Une femme callipyge « signale » d'une certaine manière à un homme que l'enfant qu'elle portera ne manquera pas d'acides gras essentiels, nécessaires au bon développement cérébral. Notons cependant que, si un marqueur d'attractivité partagé signifie une forte probabilité de plaire dans tous les pays, de nombreux facteurs culturels peuvent rendre un homme ou une femme attirants chez le sexe opposé. En aucun cas l'attractivité d'un homme ou d'une femme n'est enfermée dans la génétique ; je pense d'ailleurs, au-delà de la génétique, que l'épanouissement est le plus puissant des aphrodisiaques humains.

L'observation générale qui demeure, c'est que les hommes désirent maximiser leurs opportunités de relations sexuelles, tandis que les femmes désirent les sélectionner davantage. L'application de rencontres hétérosexuelles en ligne « Tinder » témoigne de cette asymétrie : des photographies défilent et l'utilisateur/trice doit les faire glisser à gauche de l'écran de son téléphone si elles ne lui plaisent pas ; à droite si elles lui plaisent. Sans surprise, les hommes font défiler beaucoup plus de profils par jour que les femmes, ce qui constitue l'un des problèmes principaux de l'application aujourd'hui.

Les lois de l'attraction

Dans une expérience devenue célèbre, le biologiste suisse Claus Wedekind a voulu savoir si la diversité génétique du complexe majeur d'histocompatibilité (CMH, un rouage critique de notre système immunitaire), pouvait expliquer en partie pourquoi une odeur corporelle masculine plaisait davantage à certaines femmes hétérosexuelles. Il fit porter un T-shirt deux nuits durant à des étudiants, demanda à des étudiantes de dire si l'odeur des T-shirts leur plaisait, et conclut de l'expérience que les étudiantes préféraient l'odeur des porteurs dont le CMH était le plus différent du leur[1] – ce choix ne s'observant pas si elles se trouvaient sous contraceptifs[2].

Si les marqueurs d'attractivité hétérosexuelle de l'homme ne varient pas au cours du mois, les marqueurs de préférence hétérosexuelle changent cycliquement chez la femme, ainsi que certains marqueurs de leur propre attractivité : les femmes sont plus attirantes lorsqu'elles sont fertiles. Des chercheurs ont pu observer, par exemple, que des strip-teaseuses avaient tendance à recevoir des pourboires significativement plus élevés durant la période précédant leur ovulation[3] [4]. Dans une autre expérience, on constata qu'un groupe d'hommes et de femmes occidentales déclarait plus facilement qu'un homme semble pouvoir être un bon père s'il était barbu sur sa photographie. Une femme fertile a tendance à trouver, également, le port d'une barbe sensiblement plus masculin.[5]

Autre expérience célèbre, celle menée en 1982 par Russell Clark et Elaine Hatfield, de l'université d'État de Floride. Dans ce test, des étudiantes au physique jugé « dans la moyenne » sont payées pour aller à la rencontre de quelques beaux garçons du campus et leur proposer une relation sexuelle dans les douze heures. 75 % des garçons acceptent. La même expérience est menée ensuite en inversant les sexes : aucune fille n'accepte[6]. On observe donc encore une asymétrie dans le comportement hétérosexuel humain : les garçons saisissent un maximum d'opportunités, les filles sélectionnent bien davantage.

---

1. Wedekind, C. et Füri, S., « Body odour preferences in men and women : Do they aim for specific MHC combinations or simply heterozygosity? », *Proceedings of the Royal Society of London B : Biological Sciences* (1997), 264, 1471-1479.

2. Wedekind, C., Seebeck, T., Bettens, F. et Paepke, A. J., « MHC-dependent mate preferences in humans », *Proceedings of the Royal Society of London B : Biological Sciences* (1995), 260, 245-249. Voir aussi Santos, P. S. C., Schinemann, J. A., Gabardo, J. et da Graça Bicalho, M., « New evidence that the MHC influences odor perception in humans : A study with 58 Southern Brazilian students », *Hormones and Behavior* (2005), 47, 384-388 ; Thornhill, R., Gangestad, S. W., Miller, R., Scheyd, G., McCollough, J. K. et Franklin, M., « Major histocompatibility complex genes, symmetry, and body scent attractiveness in men and women », *Behavioral Ecology* (2003), 14, 668-678.

3. Miller, G., Tybur, J. M. et Jordan, B. D., « Ovulatory cycle effects on tip earnings by lap dancers : economic evidence for human estrus ? », *Evolution and Human Behavior* (2007), 28, 375-381.

4. Mais l'étude, qui concernait 18 femmes, suivies sur deux cycles menstruels seulement, peut être discutée.

5. Dixson, B. J. et Brooks, R. C., « The role of facial hair in women's perceptions of men's attractiveness, health, masculinity and parenting abilities », *Evolution and Human Behavior* (2013), 34, 236-241.

6. Clark, R. D. et Hatfield, E., « Gender differences in receptivity to sexual offers », *Journal of Psychology & Human Sexuality* (1989), 2, 39-55.

Puisque la libido est asymétrique dans l'espèce humaine, on comprend le succès de l'application « Antidate », dans laquelle les hommes sont géolocalisés, mais pas les femmes. En d'autres termes : les femmes peuvent trouver et aborder un homme, pas l'inverse. Du fait de sa fertilité en continu, le mâle est-il plus enclin à insister lorsqu'une femelle le rejette, ou aussi, à désirer se faire approcher sans avoir à faire d'effort ? Dans certaines conditions d'ailleurs, l'insistance est également attirante pour une femme. En fait, c'est bien le fantasme inavoué de beaucoup d'hommes hétérosexuels que d'être interpellé par les femmes, sans avoir à réaliser l'effort d'une parade nuptiale (d'où le succès de sites comme « Adopte un mec »).

Autre phénomène neuroergonomique fascinant : la « confusion de l'excitation sexuelle » (*misattribution of arousal*). De même que certains marqueurs physiologiques (rythme cardiaque élevé, sensation de chaleur, respiration plus profonde...) peuvent signifier aussi bien l'excitation qu'une autre émotion, nous pouvons confondre une autre émotion avec de l'excitation sexuelle. Parmi les expériences qui tendent à démontrer cette confusion, celle de Donald Dutton et Arthur Aron est la plus documentée[1]. Le protocole est le suivant : les expérimentateurs choisissent une étudiante jugée sexuellement attirante que leurs sujets, mâles hétérosexuels, rencontreront après avoir traversé un pont bringuebalant et venteux de cent quarante mètres. La jeune femme leur fait passer un test, puis leur laisse son numéro de téléphone en leur indiquant qu'elle se tient disponible pour leur donner davantage d'information sur l'expérience. Les hommes se montrent plus enclins à l'appeler si elle leur donne son numéro juste après le passage du pont qu'après une période de récupération. Selon l'interprétation de Dutton et Aron, l'émotion forte (la traversée du pont) est ici confondue avec de l'excitation sexuelle. La « confusion de l'excitation » est d'ailleurs un phénomène connu des séducteurs professionnels, qui savent qu'une forte colère peut être confondue par leur cible avec de la passion sexuelle[2].

1. Dutton, D. G. et Aron, A. P., « Some evidence for heightened sexual attraction under conditions of high anxiety », *Journal of Personality and Social Psychology* (1974), 30, 510.

2. Voir aussi : White, G. L., Fishbein, S. et Rutsein, J., « Passionate love and the misattribution of arousal », *Journal of Personality and Social Psychology* (1981), 41, 56.

5.

Marketing, politique et journalisme

Neuroergonomie du marketing

Le produit et son aura

Le but du marketing, c'est de rendre le désir supérieur à la nécessité. Ce n'est donc pas un hasard si son développement est corrélé au dépassement de la demande par l'offre sur la plupart des biens de consommation. Or tous les ressorts du marketing sont nerveux (le communicant manipule les nerfs du consommateur), et il est donc un cas impeccable d'adéquation nerf-travail, dont l'étude présente un haut intérêt neuroergonomique. Comme Idries Shah le déclarait lui-même : « Vous pouvez en apprendre bien plus sur la nature humaine à Madison Avenue que des experts de la nature humaine[1]. »

Le caractère empirique du marketing et son fonctionnement par essai-erreur en font une matière très comparable, dans sa logique, au processus de sélection naturelle : son but ultime étant le succès de la vente, seules les techniques qui fonctionnent sont reproduites et renforcées ; les autres sont supprimées. Par ailleurs, l'intensité de la sélection, son ampleur et sa durée font que l'expert en marketing est bien plus qualifié que le neuroscientifique pour manipuler sa cible (même si le dialogue des deux demeure très productif). Mais le neuroscientifique, lui, peut en revanche isoler les ressorts nerveux des phénomènes de manipulation mis en œuvre. Cette

1. Madison Avenue, à Manhattan, est l'un des ganglions nerveux historiques du marketing contemporain.

piste de travail est très intéressante, mais elle ne subit pas la même pression évolutive qu'une vente en contact avec un marché, et c'est pour cela qu'on laisse encore, à raison, le marketing à ses experts.

La base de la communication publicitaire, c'est la mémoire associative. Si vous voulez vendre un produit, vous devez l'associer à quelque chose que les gens désirent mais qu'ils ne peuvent pas avoir. Il est essentiel que les gens n'obtiennent jamais ce à quoi vous associez votre vente, de sorte que la frustration soit permanente : en d'autres termes, vous devez susciter la soif chez quelqu'un, et lui vendre de l'huile à laquelle vous avez associé l'image de l'eau fraîche. L'huile n'étanchera jamais la soif de votre client, puisqu'elle n'est pas de l'eau, mais c'est le désir d'eau qui va la faire vendre. Il va de soi que si le consommateur peut se procurer de l'eau directement au prix de votre huile, votre business est menacé. C'est pour cette raison qu'il ne doit jamais obtenir ce à quoi vous associez votre produit (la liberté, la révolution, l'épanouissement...).

Lorsqu'il achète le produit, le client doit avoir inconsciemment la sensation d'en avoir acheté l'aura associée. Un consommateur n'achète donc pas un produit comme on achète une matière première, il achète son aura : le volume mental du produit est supérieur à sa seule utilité, de sorte qu'il occupe un espace émotionnel bien supérieur dans l'esprit de l'acheteur, comme s'il était gonflé. On pourrait d'ailleurs le prouver par l'imagerie cérébrale. L'art de « gonfler » les produits par le jeu de la mémoire associative, c'est l'un des arts du marketing. Et c'est à la mesure de cet espace que l'acheteur établira sa *willingness to pay* (ou prix psychologique), qui est le meilleur fixateur de prix ; bien meilleur, même, que l'offre et la demande.

En effet, si l'offre est supérieure à la demande sur les biens de consommation, on doit s'attendre à ce que leur prix baisse, puisqu'ils sont produits en surplus. Or tout l'enjeu du marketing consiste à les doter d'une aura supplémentaire pour doper la volonté de les acheter au-delà de l'équilibre offre/demande. C'est l'une des raisons pour lesquelles, de nos jours, on en vient à disqualifier la notion d'*Homo economicus*, selon laquelle l'homme serait uniquement un « agent maximisateur » en termes d'argent, qui prendrait ses décisions d'achat et de vente d'une façon mécanique, au meilleur de ses intérêts. Ce que les neurosciences nous apportent aujourd'hui, c'est une vision beaucoup plus nuancée de ce que les humains essaient de maximiser quand ils achètent un produit.

L'art de frustrer

Le marketing contemporain repose sur la frustration permanente, qui est dangereuse parce qu'elle porte en elle une possibilité de violence. Je suis personnellement frappé d'observer à quel point les jeunes hommes qui n'ont jamais eu de petites amies, dans certains pays en particulier, peuvent s'avérer violents ou enclins à la violence. Je n'en tire pas un lien de cause à effet. Mais j'ai tendance à penser que la violence en société ou dans l'organisme (comme le cancer, la dépression…) est une « tirelire probabiliste » dans laquelle on verse continuellement un peu de monnaie, jusqu'à ce qu'un événement survienne : l'automobiliste dont on a rayé la voiture, qui sort une arme à feu et abat l'auteur du méfait, exprime une frustration accumulée largement supérieure à celle engendrée sur le moment. Ce principe selon lequel la frustration peut être « stockée » et traitée comme une forme d'énergie individuelle ou collective, qu'elle peut même être manipulée, amplifiée et canalisée pour créer des émeutes ou des révolutions, est bien connu des services de renseignement, qui savent que l'on peut utiliser la frustration collective à des fins géopolitiques. Quand il se manifeste, cet usage, d'ailleurs, relève de slogans, de moyens, que ne renierait pas Madison Avenue. La frustration est un excellent moyen de recruter la violence.

Le problème, lorsque l'on fait reposer la consommation sur la frustration et la soif permanente, c'est que la société doit payer une taxe de violence, qui se chiffre en vies, en incidents, en crimes, en délits, du fait que son économie fonctionne sous la tension de cette frustration. Comme les vieux moteurs électriques produisaient des étincelles, le moteur de notre société de consommation, qui tourne à la frustration, crée des étincelles de violence, qui peuvent engendrer des incendies. De cela, la neuropsychologie pourrait même établir un indicateur. Car le problème, de nos jours, c'est qu'il n'existe pas de produit intérieur brut sans une frustration intérieure brute, que l'on pourrait sans doute quantifier en partie, et qui pourrait peut-être expliquer pourquoi le taux de dépression, de suicide ou le pessimisme ambiant est si élevé dans les pays dont le PIB par habitant est haut. Si notre économie tourne à la consommation et que la consommation tourne au marketing, alors notre économie tourne à la pulsion, à la frustration, à l'insatisfaction. Un client satisfait ne consomme plus. Un client insatisfait consomme. C'est aussi simple que ça. L'insatisfaction programmée est aussi essentielle à l'économie actuelle que l'obsolescence programmée.

Bien sûr, il découle de cette observation que la consommation n'est plus au service de l'homme, mais que l'homme est au service de la consommation, puisqu'il est prêt à hypothéquer son bonheur pour consommer davantage. Peut-être que les générations futures, qui auront acquis de nos erreurs davantage de sagesse, verront la frustration comme une pollution mentale équivalente à la pollution atmosphérique ou environnementale. Elles diront : « Rendez-vous compte, ces rustres du néo-Moyen Âge étaient tellement sales qu'ils trouvaient normal de polluer l'air qu'ils respirent, l'eau qu'ils boivent, le lait qu'ils donnent à leurs enfants, et jusqu'à leur sang, os et cheveux, dont nos analyses ont montré qu'ils étaient souillés de plomb, de cadmium, de mercure, d'arsenic et de dioxine. Mais le pire, c'est qu'ils trouvaient tout à fait normal de polluer leur esprit de frustration et d'insécurité permanente à la seule fin de doper leur économie. »

« Si la violence est le résultat de sentiments de frustration, alors nous devons détecter ces sentiments avant qu'ils n'atteignent la chair[1]. » Cette phrase d'Idries Shah exprime d'une façon limpide le rapport entre frustration et violence, et la vision qui doit présider à son désamorçage. Les politiciens feraient bien de s'en inspirer, par exemple dans le cas des banlieues en France ou des gangs aux États-Unis. Dans les temps anciens, certaines sociétés avaient institutionnalisé une période annuelle pour libérer les frustrations accumulées dans la cité. Il s'agissait des bacchanales, du carnaval, ou d'autres événements de ce genre. Aujourd'hui, il existe une bacchanale virtuelle, matérialisée par les sites pornographiques en ligne, qui recycle chaque jour un peu de la frustration et de la tension accumulées dans nos sociétés. Sans compter la prostitution, dont le rôle social semble une évidence, alors que cette évidence ne vient,

1. « If violence is the result of pent-up feelings, then we have to identify those feelings before they reach flesh point », Idries Shah, *One Pair of Eyes*, documentaire, BBC, 1964.

au fond, que de ce que notre économie tourne à la frustration, à l'insécurité plutôt qu'à la sérénité, au bruit plutôt qu'au calme, au manque plutôt qu'à la plénitude.

Éros et Thanatos, les rouages du marketing

Le marketing vend les produits par association et il utilise pour cela les deux ressorts les plus fondamentaux : le sexe et la peur. Éros et Thanatos sont les deux plus puissants leviers de la communication. On utilise Éros pour créer le désir positif (« je veux ça ») et Thanatos pour le négatif (« je ne veux pas ça », « je ne veux pas que cela arrive »). Vous voulez vendre une bonne guerre à un peuple ? Utilisez Thanatos. Vous voulez vendre une bonne bière ? Utilisez Éros. Que l'on vende de la guerre ou de la bière, c'est toujours la même manipulation. Et si vous voulez vendre un ensemble de mesures liberticides à un peuple en recueillant son accord tacite ou manifeste, il vous faut bien sûr du Thanatos.

Thanatos, d'une façon générale, attire plus notre attention qu'Éros. On pourrait me rétorquer que c'est faux, que la pulsion de reproduction chez les mammifères, par exemple, est connue pour leur faire prendre des risques inconsidérés, et qu'en ce sens, Éros surpasse Thanatos. Pour autant, deux mammifères en train de s'accoupler ne demeureront pas indifférents à la survenue d'un prédateur, alors qu'un mammifère en fuite devant un prédateur sera sans doute indifférent à la survenue d'un partenaire sexuel. Et de fait, un animal qui a perdu la vie ne pourra plus se reproduire, alors qu'un animal qui a perdu une opportunité de se reproduire pourra en obtenir d'autres[1].

En revanche, si la peur consomme beaucoup d'attention et peut stimuler un achat (les vendeurs d'armes le savent bien, qu'ils s'adressent à des particuliers ou à des gouvernements), elle a aussi tendance à rendre les gens plus conservateurs, les poussant à consommer moins. Le sexe, à l'inverse, rend les gens libéraux ; le sexe favorise la prise de risque et les encourage à dépenser plus. C'est pour cette raison qu'il est le ressort de loin le plus utilisé dans

1. Il y a en quelque sorte un *life-reproduction principle*, sur le modèle du *life-dinner principle*. *Cf.* p. 77.

le marketing actuel, car un groupe de consommateurs dopé au Thanatos, *in fine*, consommerait moins qu'un groupe dopé à l'Éros.

Toutes ces considérations, les publicitaires les ont depuis longtemps résumées dans la formule : « *Sex sells* ». Pour prendre un exemple basique : on associe une jolie blonde féconde à la bière, de sorte qu'en achetant la bière, le consommateur ait inconsciemment l'impression d'acquérir la jolie blonde. Mais les associations peuvent aller plus loin. J'ai été récemment assommé par une publicité au goût douteux sur YouTube : « Pilotez une machine à la pointe de la technologie. » On y voyait une femme sûre d'elle, attirante, en combinaison de pilote de chasse, et la machine en question, c'était un fer à repasser... Il est certain que n'importe quelle ménagère préférerait piloter un avion qu'une centrale vapeur, la publicité jouait sur cette insatisfaction.

Pour les rasoirs Gillette, un homme qui pose son visage glabre sur une poitrine plantureuse. Pour l'Orangina, des animaux anthropomorphes dont on souligne l'attractivité sexuelle (tigresse pulpeuse, lapine à forte poitrine, etc.). Dans ce cas, l'association est d'autant plus puissante qu'elle est fondamentalement inaccessible. Autant on peut imaginer – même si c'est statistiquement rare – que l'acheteur d'une bière ait des relations sexuelles avec la jolie blonde de la publicité, autant il est impossible à quiconque de rencontrer les créatures de la publicité Orangina.

L'association peut aller encore plus loin. Qu'est-ce que la jeunesse africaine désire le plus mais qu'elle ne peut avoir ? Un visa ? Philip Morris teste donc, au Niger, une marque de cigarettes Visa. La couleur du paquet évoque celle d'un passeport et il y figure un globe terrestre centré sur l'Atlantique : l'Afrique d'un côté, l'Amérique de l'autre. « *International filter kings* », dit le slogan. Il faut dire que le terme de roi fait bien vendre, lui aussi : nous voudrions tous être des rois.

La synapse hebbienne et le rôle de la mémoire associative

L'un des mécanismes neuronaux à l'œuvre dans l'association publicitaire, c'est la synapse hebbienne, du nom de son découvreur, Donald Hebb, qui la théorisa en 1949 dans un livre, *L'Organisation du comportement*. Le principe hebbien[1] est résumé dans une

1. Bien qu'essentiel, il ne s'applique pas à tous les neurones.

phrase célèbre : « *Fire together, wire together.* » Autrement dit : lorsque les neurones sont actifs ensemble (« *fire together* »), ils se connectent ensemble (« *wire together* »). Ce mécanisme offre une base physiologique à l'association, en particulier dans la mémoire. Voir le sourire de la Joconde nous suffit à nous rappeler la Joconde tout entière. Une odeur peut invoquer en nous une myriade de mémoires associées.

Le marketing tire parti de ce mécanisme en créant une aura virtuelle de mémoires associées autour de son produit. Cette aura est le plus souvent délivrée par des messages, mais plus rarement, elle peut l'être par des expériences vécues. Coup de génie de McDonald's : le goût de la sauce d'un Big Mac associé à un anniversaire fêté chez McDo. C'est ce que l'on appelle le marketing épisodique ou biographique, c'est-à-dire l'association de la marque à des « marqueurs » de la biographie du client. Le terme « marque » prend ici un sens plus large, puisque ce n'est plus le produit qui est marqué, c'est le consommateur lui-même. Une marque, en effet, ne se contente plus de proposer un produit, elle vend une expérience, et l'expérience, c'est de la neuro.

Le mécanisme associatif hebbien est impliqué dans d'autres fonctions cognitives comme les synesthésies, la réalité virtuelle, la conduite, l'apprentissage symbolique, le conditionnement opérant, etc. Il est un des moyens dont dispose le communicant au travail pour provoquer l'expansion cognitive de son produit, c'est-à-dire lui créer une valeur virtuelle qui se traduira par de l'argent sonnant et trébuchant. Cependant, nous n'avons fait qu'effleurer le potentiel immense de cette « neurovaleur » payable en argent réel. L'industrie du jeu vidéo et du jeu en ligne, en particulier celle des jeux d'argent, l'explore beaucoup aujourd'hui parce que sa survie en dépend : elle crée des monnaies virtuelles, elle nous fait payer le droit de télécharger un nouveau vêtement pour un personnage, ou un nouveau paysage pour une ville, etc.

Pour le moment, la neuroéconomie s'intéresse aux comportements, aux prises de décision des clients et aux ressorts qui font d'eux des agents maximisateurs. Elle devrait également se préoccuper de ce que les gens veulent vraiment maximiser (émotions, idées, etc.) et des méthodes permettant d'amplifier neuronalement la valeur d'un bien ou d'un service, augmentant par là même son prix.

L'homme le plus intéressant du monde boit de la bière Dos Equis

Il existe une campagne marketing si célèbre aux États-Unis qu'on l'enseigne aujourd'hui dans la plupart des cours de communication. La publicité pour la marque de bière Dos Equis utilise en effet une subtile composition de leviers associatifs, ainsi qu'un autre levier clé du marketing : la nouveauté dans l'exécution. Dans un court film, elle met en scène un personnage sur mesure présenté comme l'« homme le plus intéressant du monde ». On commence par présenter une liste de ses exploits (« Ses chemises ne se froissent pas. », « Les moustiques le respectent trop pour le piquer. », « Il parle toutes les langues du monde, plus trois qu'il est le seul à parler. », etc.). On le voit ensuite dans un bar chic, homme de plus de soixante ans, mâle alpha entouré de femmes attirantes et au moins deux fois plus jeunes que lui, qui déclare d'une voix grave et sûre : « Je ne bois pas toujours de la bière, mais quand j'en bois, je préfère Dos Equis. » Et de poursuivre : « *Stay thirsty, my friend*[1]. »

Que trouve-t-on dans cette campagne ? De la stratégie et de la psychologie. Stratégiquement, on positionne cette bière sur tous les segments d'âge à la fois (qu'ils soient légaux ou non). Tout le monde a envie d'être « l'homme le plus intéressant du monde », aussi bien l'adolescent prépubère que le retraité ou le jeune père de famille. Or l'homme le plus intéressant du monde, pour rester cohérent, ne peut pas boire une bière standard, une bière que tout le monde connaît. Les publicitaires tirent donc parti du relatif anonymat de leur marque pour la distinguer, ce qui pourrait justifier au passage le fait de la vendre plus cher. Ils font une force de la faiblesse de leur produit. L'autre subtilité de cette campagne tient à son maniement du second degré. La publicité n'ordonne pas directement au spectateur de boire de la Dos Equis (l'homme le plus intéressant du monde ne peut pas boire *que* de la bière), alors elle met dans la bouche de son personnage la phrase suivante : « Quand j'en bois, je préfère… », suivie de l'injonction hypnotique : « *Stay thirsty, my friend* », rendue plus efficace par une longue préparation.

1. « Reste assoiffé, mon ami. »

L'influence de la campagne Dos Equis a été suffisamment grande pour inspirer à d'autres communicants l'art de vendre des couches pour homme ! Une marque connue pour ses solutions à l'incontinence masculine met en scène un homme d'âge mûr, élégant et charmant qui, entre deux scènes démontrant au passage à quel point sa vie est passionnante, déclare fièrement qu'il aime contrôler son environnement et qu'il n'est pas homme à laisser de petites fuites urinaires décider du tempo de sa vie. « L'homme le plus intéressant du monde », dûment déposé par Dos Equis, a fait des émules.

Autre levier neuronal du marketing : l'adaptation. Lorsqu'ils sont stimulés longtemps, les neurones sensoriels cessent d'émettre un signal. Si vous restez, par exemple, assis pendant une longue durée et que vous finissez par vous lever, vous gardez comme l'empreinte de la chaise sur votre corps. Cela s'explique par le fait que les nocicepteurs, restés comprimés tout le temps où vous étiez sur votre chaise, ont simplement cessé d'émettre, vous laissant la sensation permanente d'être assis, alors même que vous ne l'êtes plus. De même, si vous regardez une source lumineuse, vous en gardez quelque temps l'empreinte sur votre rétine, les cellules nerveuses s'y étant adaptées.

L'adaptation nous rend indifférents aux choses fréquentes, de sorte qu'elles ne sont plus saillantes à nos sens et à notre conscience. Or si c'est la raison d'être de la publicité que d'être saillante, c'est aussi sa nature que d'être fréquente (l'offre étant supérieure à la demande sur les biens qu'elle vend). Cette tension entre fréquence et saillance mène le marketing à une course mondiale aux armements pour se différencier et capter davantage d'attention. L'art de différencier un message publicitaire est cependant très mal maîtrisé par le tout-venant, et ce sont les campagnes d'exception qui osent avec succès un impact à contrepied.

La publicité selon Apple

L'importance de la démarcation a été codifiée et expérimentée par les professionnels du marketing, Seth Godin notamment, qui l'a exprimée d'une façon limpide[1]. Tout aussi limpide est la légendaire

1. Godin, S., *Poke the Box : When was the last time you did something for the first time?*, Penguin Books Limited, 2015, dont l'appel commercial procède de la psychologie inversée : « Si vous êtes satisfait de n'être qu'un rêveur, vous n'avez peut-être pas besoin de ce livre. »

publicité d'Apple pour la sortie de son premier Macintosh, en 1984, enseignée également dans toutes les écoles de marketing à ce jour. Son intérêt tient justement à sa grande différenciation, qui fait d'elle une publicité cognitive plus que comportementale : elle ne recherche pas le conditionnement opérant, la suggestion de comportements simples, voire compulsifs, mais la réflexion, l'humour et la profondeur.

Dans ce film publicitaire réalisé par Ridley Scott, en référence avouée à *Blade Runner*, plusieurs règles établies de Madison Avenue sont ouvertement brisées, de sorte qu'il fut accueilli avec scepticisme par les communicants de l'époque. Son impact culturel fut pourtant à la hauteur de son originalité, et il contribua à légitimer celle qui est aujourd'hui la marque la plus valorisée au monde. Le spot met en scène une société dystopique dont tous les membres se ressemblent, marchant au pas comme dans le *Metropolis* de Fritz Lang, au rythme de harangues mécaniquement administrées par un semblable de Big Brother sur écran géant. Une lanceuse de marteau, Anya Major, athlétique, décidée, tranchant profondément sur son environnement de gris et de poussière, vient fracasser l'écran juste avant d'être maîtrisée par les forces de l'ordre. Un message défile alors sur l'écran, écrit blanc sur noir : « Le 24 janvier, Apple présentera le Macintosh et vous saurez pourquoi 1984 ne sera pas comme *1984.* »

Cette campagne brise les codes, elle ne présente même pas son produit. Elle n'est pas lancinante, elle n'a ni rengaine ni slogan, mais elle est pleine d'esprit. L'association qu'elle veut suggérer n'est pas comportementale. Au contraire, elle incite à la réflexion, est c'est d'autant plus inattendu que la fraction des Américains qui connaissent le roman *1984* et très faible parmi l'audience du Super Bowl de 1984. Un des paradoxes de son succès tient cependant à cette différenciation. C'est une publicité inattendue, réflexive de surcroît, puisqu'elle met le téléspectateur en scène dans son propre abrutissement devant un écran. Cela fonctionne ; elle crève l'écran elle-même, prétend libérer plutôt qu'asservir le spectateur, et fait résonner fond et forme dans son exécution même, puisqu'elle ne propose pas le message lourdement hypnotique des publicités traditionnelles. Elle est inattendue, et pour notre cerveau, l'inattendu est saillant. En communication, c'est une règle d'or, il faut se méfier du déjà-vu.

Notre cerveau, en effet, est conditionné par l'évolution et la culture, à ignorer le déjà-vu. Dans le renseignement, par exemple, on considère comme bon agent une personne dont la couverture relève du déjà-vu pour le milieu où il va évoluer.

Le singe et le joueur d'orgue : mais à qui s'adresse la pub ?

Mais en communication, une certaine dose de familiarité a son intérêt, car elle contribue à affaiblir notre esprit critique. Les campagnes de lancement des nouvelles trilogies *Star Wars* sont de bonnes illustrations de cet effet. On sait que représenter une arme à l'affiche permet d'en augmenter l'audience parce que la violence et la peur sidèrent naturellement le cerveau[1]. Le lancement des suites de la première trilogie *Star Wars* a utilisé une technique à la fois simple et prévisible pour briser le déjà-vu tout en composant avec la familiarité de la franchise. Au cœur de la valeur émotionnelle de *Star Wars*, il y a le sabre laser, qui est déjà-vu. Alors pour lancer la première suite, la franchise a scénarisé un sabre à deux sens, avec le méchant Darth Maul. Pour lancer la seconde suite, plus de seize ans après, les annonces promotionnelles du film ont mis en avant un sabre laser cruciforme. Un seul argument est donc porté à l'attention du spectateur : « Vous allez voir un sabre laser en forme d'Excalibur. » C'est une façon de briser le déjà-vu en en faisant le moins possible, afin de prendre peu de risques, budget oblige, et le succès de ce lancement en a démontré l'intérêt.

La neuroergonomie du marketing, au fond, a peu progressé depuis Platon. L'âme humaine est un chariot tiré par deux chevaux, l'un représentant nos passions (notre « moi-qui-commande ») et l'autre notre modération (notre « moi véritable »). En général, le marketing s'adresse à notre moi-qui-commande. Ce moi a de nombreuses illustrations dans la nature. Le comportement du singe capucin en est une. En laboratoire, son appétit pour le sucre est si grand qu'il peut se gaver de guimauves, se faire vomir, et revenir en demander davantage à l'expérimentateur. Il est une illustration du « Donne-moi ce que je veux ! », que l'environnement naturel

1. Le Youtubeur Nostalgia Critic se présente avec un pistolet automatique à la main pour illustrer sa chaîne… qui ne propose pourtant que des critiques de cinéma.

modère en « Donne-moi ce dont j'ai besoin ». Dans la nature, en effet, le singe capucin ne peut pas se gaver, puisque les guimauves dont il raffole ne poussent pas sur les arbres.

C'est l'un des buts, peu nobles, du marketing que de faire croire l'inverse à notre cerveau : la publicité est un monde où les guimauves semblent bel et bien pousser sur les arbres.

On attribue souvent à Churchill cette citation, apocryphe à ma connaissance : « Ne discutez pas avec le singe quand le joueur d'orgue se trouve dans la pièce. » Le singe, c'est notre moi-qui-commande, l'organiste, notre raison, notre moi véritable. Le marketing, en général, fait tout pour susciter le « Donne-moi ce que je veux. », et il s'efforce d'écarter celui qui chuchote, humblement : « Donne-moi ce dont j'ai besoin. »

« Ne discutez pas avec le moi-qui-commande quand le moi véritable se trouve dans la pièce », tel est le mot d'ordre du marketing moderne.

D'où le tollé provoqué par Patrick Le Lay, alors patron de TF1, lorsqu'il déclara que son entreprise vendait à des marques du temps de cerveau humain disponible. Aussi cynique qu'elle soit, cette formule est parfaitement juste du point de vue de l'analyse neuroergonomique. Par ailleurs, elle n'est pas le *business model* de TF1 seulement, mais aussi de Google, et en particulier de sa filiale YouTube.

Je me souviendrai toujours de cette réplique du film *Pépé le Moko,* de Julien Duvivier, avec Jean Gabin. Un groupe de bandits négocie des bijoux volés avec son receleur. À l'un d'eux, impatient, Pépé lance : « Laisse-le réfléchir ! » Et l'autre de répondre : « Plus il réfléchit, plus on perd ! » Cette phrase, c'est la base même du marketing : le comportement d'achat doit être rapide, émotionnel, et ne surtout pas relever du « Donne-moi ce dont j'ai besoin. » mais du « Donne-moi ce que je veux. » Et il n'y a rien de pire pour un vendeur, n'est-ce pas, que de s'entendre dire : « Je vais réfléchir… » Le marketing contemporain nourrit notre ego… avec toutes les conséquences désagréables que cela implique pour nos sociétés.

Ergonomie de l'arnaque

Les pyramides de Ponzi

« Donne-moi ce que je veux. » *vs* « Donne-moi ce dont j'ai besoin. », c'est aussi le principe de l'arnaque. Pour arnaquer quelqu'un, nous devons lui donner ce qu'il veut entendre mais jamais ce qu'il *doit* entendre. Parmi les arnaques à succès, prenons l'exemple des ventes pyramidales : je vous propose de devenir vendeur pour mon entreprise. Vous entrez dans mon système pour 100 euros, et je vous promets 1 000 euros de retour sur investissement ; mais seulement si vous recrutez vingt autres vendeurs comme vous, qui vont servir à vous payer.

Bien sûr, aveuglé que vous êtes par votre rêve de devenir riche, vous ne prêterez pas attention à cette condition.

Les pyramides de Ponzi, comme on les appelle, prolifèrent notamment en Asie (la population, gigantesque, leur fournit un contingent précieux) et plusieurs entreprises de compléments alimentaires (pilules vitaminées, etc.) ont déjà bâti des fortunes sur son principe, en recrutant des vendeurs parmi des gens tout à fait normaux, et en utilisant leur produit comme excuse pour la vente pyramidale. Ce concept est également connu des manipulateurs, qui savent bien qu'avant de demander quelque chose de payant, il faut demander quelque chose de gratuit. Vous allez prendre le métro et vous n'avez pas de ticket ? Vous voulez qu'un inconnu vous en cède un ? Demandez-lui d'abord l'heure et vous aurez plus de chances de réussir[1].

Toute arnaque commence par donner à sa victime ce qu'elle veut. Mais comme le disent les soufis, « l'appât est apparent, c'est le piège qui est caché ». Dans la fable du chasseur de singe, le piège est une cerise dans une bouteille. Le singe passe sa main dans la bouteille, mais s'il la referme sur la cerise, il ne peut plus l'en ressortir. L'appât n'est que le mirage d'une cerise, que le singe n'aura jamais. Le chasseur attrape le singe, lui fait lâcher prise, et s'en va piéger un autre singe avec la même cerise…

1. Joule, R. V. et Beauvois, J. L., *Petit traité de manipulation à l'usage des honnêtes gens*, Presses universitaires de Grenoble, 2014.

La cerise, ce sont les mirages que désire notre ego. Toute arnaque fonctionnant sur l'ego, elle est une opportunité de se connaître soi-même, de découvrir nos frustrations, nos désirs puérils et nos mirages. Faux prophète, faux dieu, faux gourou, les vendeurs d'« ésotourisme » construisent pour vous un monde à la mesure de vos attentes, dont ils vous rendent dépendant. Et comme le bon arnaqueur sait mieux que personne ce que vous voulez, il vous donnera l'impression d'être le seul à vous comprendre, ce qui augmentera encore l'attention narcissique que vous lui porterez. Plus vous vous enfoncerez dans le piège, plus il sera difficile d'en sortir, parce que plus le coût de la vérité sera grand, plus son acceptation sera difficile, et c'est là toute la dynamique de l'arnaque : si vous avez déjà investi des milliers de dollars dans les prophéties d'un imposteur ou dans une pyramide de Ponzi, votre inconscient préférera ne jamais vous faire affronter la réalité, si bien que vous deviendrez le garde-chiourme fidèle de votre propre incarcération mentale.

Arnaque et démocratie

Et au fond, les pyramides de Ponzi ne sont rien à côté de la structure de nos « démocraties », dont la novlangue repose précisément sur l'art de donner aux gens ce qu'ils veulent plutôt que ce dont ils ont besoin. Je n'ai encore jamais rencontré un politicien qui ait le courage de déclarer en meeting ce que les électeurs *doivent* entendre. Les foules votantes ont tendance à se comporter comme de grands enfants qui attendent de leurs champions une attitude paternelle et providentielle. Elles veulent de la classe politique qu'elle résolve des problèmes qu'elles auraient pu régler elles-mêmes, et n'ont sur ce point pas plus de maturité collective qu'un préadolescent n'a de maturité individuelle. De mon observation du fait politique, j'ai acquis l'intime conviction que les foules votantes prennent un plaisir sordide à leur propre infantilisation… D'où l'enchaînement cynique, mais logique, de la neuroergonomie de la politique avec celle de l'arnaque.

De la politique et du journalisme

Les quatre biais de l'information

Notre conscience au travail a des limites, des points aveugles, assez peu de degrés de liberté et de nombreux biais dans sa perception de l'information et dans sa capacité à juger, particulièrement en matière de gouvernance collective. Chaque fois que vous considérez une situation politique, qu'il s'agisse de l'immigration, du chômage, de la politique étrangère ou économique, gardez à l'esprit que vous convoquez un espace de travail mental qui est au moins quatre fois biaisé.

Premier biais : ce que nous appelons « fait », dans une conversation courante, est intrinsèquement un souvenir. Or nous avons tendance à nous souvenir d'abord de ce qui renforce nos croyances. Notre cerveau va donc naturellement peupler sa vie mentale de choses qui nous confortent plutôt qu'elles ne nous déstabilisent. Le « fait », dans notre esprit, c'est déjà de la réalité déformée.

Le cerveau aime voir se confirmer ses croyances. Lorsqu'il projette une idée sur le monde et qu'elle est adoubée, il se crée en lui une puissante vague de récompense dopaminergique[1]. On comprend alors comment la confirmation de nos croyances peut devenir un vice addictif. Notre cerveau est partial et par des stigmergies[2] dont la profondeur et la régularité sont à la mesure de l'intensité du plaisir que nous recevons, il nous encourage à former des mémoires partiales en faveur de ce qui nous conforte, et à oublier ou rejeter ce qui nous déstabilise.

Deuxième biais : nos souvenirs, en plus d'être partiaux, sont peu fiables en soi.

Troisième biais : ce dont nous alimentons notre vie mentale a déjà été sélectionné partialement et partiellement par les médias.

Quatrième biais, enfin : application directe du *life-dinner principle*, une mauvaise nouvelle est plus marquante pour notre cerveau qu'une bonne. Et à l'ère glaciaire, en effet, une bonne nouvelle,

1. La dopamine est le neurotransmetteur dont la libération est associée à la prise de cocaïne ou à la prise alimentaire. Elle participe également au cocktail complexe de l'orgasme.

2. *Cf.* p. 102.

c'était de la nourriture ou une opportunité de reproduction, au mieux. Une mauvaise nouvelle, c'était la mort. La pression sélective étant asymétrique entre bonne et mauvaise nouvelle pour notre cerveau, il a appris à donner beaucoup plus de poids à l'information relative au danger qu'à celle relative au plaisir : Thanatos est supérieur à Éros, qui est supérieur à toute émotion (on ne parle pas des trains qui arrivent à l'heure).

En matière d'information, le biais d'échantillonnage peut se résumer à cette phrase : il est plus facile de faire la couverture en mal qu'en bien et un arbre qui tombe fait plus de bruit qu'une forêt qui pousse. Prenons le cas de l'immigration. Il est bien plus difficile pour un immigré de faire parler de lui en bien qu'en mal. Personne ne voudrait rapporter le cas d'un immigré honnête, intégré, normal. Pour qu'on parle de lui, il faudrait que l'immigré ait accompli quelque chose d'« exceptionnellement bien » (ce qui sera toujours moins frappant que le « simplement mal »). Du coup, les faits qui percent le seuil de l'anonymat dans les médias sont plus probablement des faits négatifs, auxquels notre cerveau donne naturellement plus de poids.

À travers la partialité du rapport médiatique d'une part, et la partialité de notre réaction aux nouvelles d'autre part, la structure de la réalité est déformée, et même disproportionnée. Notre vie mentale ne respecte pas les proportions du monde, elle les distend d'une façon dont nous n'avons absolument pas conscience.

Celui qui construit un débat sur ses souvenirs – et c'est ce que font le politicien en campagne, le polémiste, l'électeur… – construit sa maison sur quatre couches instables superposées :

Biais 1 : Nous donnons plus d'attention à ce qui confirme nos croyances qu'à ce qui les infirme. C'est le biais de confirmation.

Biais 2 : Notre mémoire n'est pas fiable. C'est le biais de mémorisation.

Biais 3 : Les médias parlent davantage du mal que du bien parce que le mal fascine et sidère davantage que le bien. Il est infiniment plus facile de faire la couverture en mal qu'en bien. C'est le biais d'échantillonnage (*sampling*).

Biais 4 : Les mauvaises nouvelles sont mieux mémorisées que les bonnes. C'est le biais de sidération.
On peut mémoriser ces quatre biais grâce à la phrase : « Si con méchant » (Sidération Confirmation Mémorisation Échantillonnage).

Et le pire, c'est que même si notre argumentaire est bancal par rapport au réel, dans l'immense majorité des cas, nous n'en avons aucune perception, de sorte que cette disproportion mentale n'est pas ajustée. Notre corps reçoit un feed-back constant du réel, et un cycliste qui pédale subit immédiatement la réponse de la gravité. Ce n'est pas le cas de notre vie mentale, qui est libre de vivre dans ses illusions, et de les renforcer socialement. Ainsi, on s'entoure des gens qui renforcent nos opinions, leur conversation étant une puissante source de dopamine quotidienne.

Mais alors, puisque nos argumentaires sont construits sur de la glaise instable, faudrait-il ne rien construire du tout ? Bien sûr que non. Nous n'avons que notre vie mentale pour développer nos argumentaires, alors il faut faire avec et apprendre à maîtriser des techniques de construction fiables.

Il est difficile de lutter contre la disproportion des sources. Elle est d'ailleurs tellement répandue qu'elle touche profondément le monde scientifique. Puisque l'on ne peut en général que publier ce qui renforce la pensée dominante, les publications étant soumises à la revue des pairs, la littérature académique est stigmergique et elle ne respecte pas non plus les proportions du réel, qu'elle prétend pourtant légitimement représenter. Les études non concluantes n'étant également pas publiées, elles ne sont pas décomptées dans les méta-analyses, qui ajoutent donc une déformation supplémentaire au réel[1].

Si l'on ne peut défricher soi-même toute l'information, on peut cependant changer notre manière de l'appréhender. Dans cet art, la première vertu, c'est la subjectivité limpide. Plus nous la développons, plus nous sommes à même de corriger la propension de notre esprit à la disproportion.

1. Le phénomène selon lequel les études non concluantes ne sont pas décomptées dans les méta-analyses est appelé « effet tiroir ».

Les nouveaux dealers de l'information

Le philosophe Alain de Botton a récemment comparé les dépêches aux rites religieux, et il est vrai que les journaux de vingt heures ou annonces matinales ont une profonde dimension rituelle. Je pense que la majorité de leurs auditeurs se pressent aux nouvelles bien davantage pour des raisons émotionnelles qu'informationnelles. Nous écoutons les nouvelles pour recevoir notre dose d'émotions, et pour la voir confortée par nos pairs le lendemain. Les médias, ainsi, sont une source profonde de conformité. Il y existe d'ailleurs une « contagion émotionnelle », qui a été délibérément testée sur Facebook et d'autres réseaux, pour un total de plus de six cent quatre-vingt-neuf mille utilisateurs : si l'on présente davantage de nouvelles négatives à un membre du réseau social, ses publications sur le réseau seront significativement plus négatives, et inversement pour des nouvelles positives[1].

Cette expérience de manipulation émotionnelle à grande échelle, bien qu'elle fût légale, a provoqué un tollé médiatique[2] légitime puisqu'elle a fait prendre conscience aux médias-consommateurs de leur vulnérabilité vis-à-vis de leurs « dealers de nouvelles », et leur absence de libre arbitre.

Nous croyons, en effet, sélectionner les informations et construire à partir d'elles un discours cohérent, mais il n'en est rien. Par exemple, le mot « choix » n'a que très peu de sens quand nous choisissons ce que nous avons étés conditionnés à choisir : c'est valable aussi bien pour un choix physique que pour un choix mental[3]. L'expression « libre-pensée » n'a que peu de sens quand nous pensons ce que nous avons été conditionnés à penser. Le « fait objectif » n'a guère plus de sens, car il n'y a pas de faits, il n'y a que des perspectives, même dans une expérimentation scientifique (car toute expérimentation est un angle d'attaque limité du réel). C'est pour cette raison que Richard Francis Burton a écrit qu'un

1. Kramer, A. D., Guillory, J. E. et Hancock, J. T., « Experimental evidence of massive-scale emotional contagion through social networks », *Proceedings of the National Academy of Sciences* (2014), 111, 8788-8790.

2. Chambers, C., « Facebook fiasco : Was Cornell's study of "emotional contagion" an ethics breach? », *The Guardian*, 2014.

3. Cette observation est due à Idries Shah.

« fait » est finalement « la plus paresseuse des superstitions ». Si l'on veut parler de « faits » il faut toujours rappeler leur contexte, expérimental, historique, etc.

Pour combattre le racisme, devenez noir !

Avec l'expérience des yeux bleus[1], on a pu voir une illustration de l'adage indien : « Ô grand Esprit, préserve-moi de juger quiconque avant d'avoir parcouru une lieue dans ses mocassins. » Dans quelle mesure l'illusion de vivre dans le corps d'une personne noire peut-elle modifier nos préjugés, même inconscients ? C'est la question que se sont posée la chercheuse Lara Maister et ses collaborateurs de l'équipe de Manos Tsakiris, à Londres.

Pour comprendre leur expérience, il faut avoir à l'esprit que notre cerveau regorge d'associations inconscientes, sur le modèle de la synapse hebbienne et de la stigmergie. Ces associations furent utilisées autrefois en psychologie expérimentale, notamment par Jung. On retrouve également, dans une fable soufie attribuée au calife Sadiq (mort en 765), une trace d'étude psychophysiologique : un maître interroge une jeune femme malade tout en prenant son pouls et découvre ainsi l'amour secret dont elle se languit, et qui élève son rythme cardiaque à chaque évocation[2].

Dans le cas du racisme, certains corrélats neuronaux du préjugé sont assez bien connus : chez certaines personnes, par exemple, l'observation du visage d'un individu noir sur un écran se corrélera davantage que la moyenne à une activation de l'amygdale, qui est un centre essentiel à la formation de la peur dans le cerveau[3]. Un autre corrélat psychologique du racisme peut se mesurer à l'aune des associations verbales et sémantiques : chez certains, la lecture préalable du mot « homme noir », sur un écran, consciemment ou non (c'est-à-dire en image subliminale ou pas), réduit le temps de lecture du mot « violent », présenté aussitôt après. Dans ce cas, on parle d'amorçage sémantique : si, en effet, le groupe nominal « homme noir » amorce l'épithète « violent » au point d'en faciliter la perception, on peut en déduire que les deux sont associés dans l'esprit du sujet.

1. *Cf.* p. 134.
2. La fable se retrouve chez Rūmī et dans la Gesta Romanorum Shah, I, Caravan of Dreams (Octagon), 1988, p. 166.
3. Chekroud, A. M., Everett, J. A., Bridge, H. et Hewstone, M., « A review of neuroimaging studies of race-related prejudice : Does amygdala response reflect threat? », *Frontiers in Human Neuroscience* (2014), 8.

Dans leur protocole expérimental, Maister *et al*[1] ont utilisé diverses illusions de réalité virtuelle pour entraîner des sujets à se « sentir » dans la peau d'une personne noire. Ils ont pu observer que cette expérience prolongée de *bodyswapping* (« changement de corps ») réduisait le phénomène d'association sémantique et l'activation de l'amygdale. Quelqu'un qui a vécu dans le corps d'une personne noire, même virtuellement, verra ses associations racistes inconscientes diminuer. C'est cette idée qu'avait testée le journaliste John Howard Griffin dans les années 1960, en se « mettant dans la peau d'un noir », six semaines durant, dans le sud ségrégationniste des États-Unis[2].

1. Maister, L., Slater, M., Sanchez-Vives, M. V. et Tsakiris, M., « Changing bodies changes minds : Owning another body affects social cognition », *Trends in Cognitive Sciences* (2015), 19, 6-12.
2. Griffin, J. E., *Black Like Me*, 1961.

6.

L'Homme augmenté… homme aliéné ?

Augmentation, déformation et proportions…

L'esprit de Vitruve

La beauté est dans les proportions. Ce constat, au cœur de la notion picturale de perspective, est l'une des grandes redécouvertes de notre période humaniste. Si le corps humain peut être idéalisé, comme c'est le cas dans l'étude de Léonard de Vinci pour *L'Homme de Vitruve*, pourquoi ne pas rêver d'un « esprit de Vitruve », une vie mentale aux proportions idéales ? Tous les humains ne devraient pas forcément rentrer dans cet idéal de vie mentale, car la proportion sacrée de l'Humanité tout entière, c'est justement son polymorphisme[1].

L'Homme de Vitruve est nu, c'est même sa caractéristique principale. Il n'est pas habillé, il ne monte pas à cheval, il ne tient pas d'outil. Ce constat est essentiel : le corps idéal de la Renaissance, tel que le présente Léonard, n'est pas « augmenté ». Or toute augmentation répondant à un usage, une fonction, un but, fait de l'humain un outil et brise donc ses proportions. C'est pour cela que nous ne dormons pas avec nos outils, et que même les soldats, qui doivent apprendre à dormir avec leur fusil et faire de leur arme une partie de leur corps, doivent se défaire de cette habitude quand ils reviennent à leur famille.

Puisque nulle extension de notre corps (sauf médicale) n'est censée nous suivre partout, il en sera de même des extensions de

1. Par exemple, une jeune fille de sept ans, née sans mains, peut gagner un concours d'écriture. Boult, A., « Seven-year-old girl born without hands wins handwriting competition », *The Telegraph*, 2016.

notre esprit : elles ne doivent pas nous suivre en tout lieu, et comme le dit le proverbe soufi : « L'âne qui t'a mené jusqu'au seuil de la maison, ce n'est pas lui qui t'y fera entrer. » Mais si le soldat sait qu'il doit se défaire de son fusil quand il retourne aux siens, notre esprit est-il capable d'abandonner les schémas mentaux qui le structurent ? Sommes-nous capables de reconnaître les moments où cet abandon est nécessaire ?

La question de l'augmentation du cerveau humain doit procéder de la même sagesse. On sait que chez certains peuples mélanésiens se sont développés des « cultes du cargo », ces rites appelant ou commémorant l'arrivée de marchandises sur une île isolée, notamment pendant la Seconde Guerre mondiale. Imaginez que vous soyez indigène d'une petite île du Pacifique et qu'un avion-cargo atterrisse sur votre terre pour la toute première fois. Votre tribu sera émerveillée par cet objet volant, bruyant et plein de richesses. Imaginez maintenant que l'avion soit laissé sur l'île après le départ de ses usagers, et ce sur plusieurs générations. Peut-être que certains membres de la tribu auraient l'idée de le modifier, de tailler ses hélices et d'alourdir ses ailes, introduisant dans la structure de l'avion une modification qui en compromettrait le fonctionnement.

Augmenter notre cerveau ?

Notre cerveau est cet avion. Nous ne le maîtrisons pas, notre niveau de connaissance à son égard n'est pas supérieur à celui des indigènes face à l'avion-cargo. Nous ne saurions pas le refaire, le « recréer », mais nous voudrions déjà le bricoler, le customiser physiquement ? Alors, certes, il y a beaucoup d'hommes sur Terre, certes, le sacrifice humain a souvent permis de faire progresser la médecine, et oui, la Première Guerre mondiale a permis d'accélérer le développement de la chirurgie reconstructive… Mais il doit tout de même y avoir des méthodes moins coûteuses en souffrance humaine pour comprendre le cerveau.

Le garagiste sait qu'il ne faut pas customiser un mécanisme qu'on ne sait pas refaire. Ceux qui prétendent augmenter le cerveau à l'aide d'implants non médicaux semblent ignorer ce principe. Il en va de même de l'augmentation chimique.

Selon moi, administrer de la ritaline à nos enfants, sous prétexte qu'ils ne sont pas suffisamment attentifs à l'école, est une gigantesque erreur, par laquelle on soigne des bien-portants, alors qu'on devrait soigner l'école. De plus en plus, il me semble, nous donnons priorité à l'intérêt de l'école sur l'intérêt de l'élève. La ritaline est l'un des nootropes[1] dont on abuse le plus aujourd'hui, notamment dans le cadre d'un véritable « dopage académique ». Mais même si tous les élèves du futur devaient se doper, je continuerais à parier sur les élèves sains et vierges de nootropes externes, car les molécules internes à notre cerveau, comme les endocannabinoïdes entre autres, peuvent s'avérer plus efficaces encore.

Si l'homme s'augmente pour une note, s'il se modifie lui-même pour se conformer à une chose créée par les humains, il est perdu, il devient un esclave. La conformité envahit déjà notre pensée, nos diplômes, nos actions, nos votes, nos intentions, alors si elle se met à modifier physiquement et chimiquement notre cerveau, on peut craindre pour l'humanité tout entière. L'homme augmenté risque fort d'être un homme disproportionné.

En réalité, il faudrait inverser le processus d'augmentation tel que nous le concevons : l'augmentation ne doit pas nous venir du dehors, mais aller de l'intérieur vers l'extérieur. C'est au plus petit de s'enrichir du plus grand et non au plus grand de se confiner au plus petit. Si nous augmentons notre cerveau pour des notes, nous forçons le grand à entrer dans le petit, et nous transformons l'homme en marchandise. En revanche, si nous utilisons notre cerveau pour augmenter le réel, si nous externalisons des fonctions de notre vie mentale, nous enrichirons considérablement notre monde.

N'oublions pas que, si l'homme et ses créations se trouvaient à un dîner protocolaire, l'homme aurait la préséance sur toutes réunies. Son rang dépasse le rang de ses outils.

Je crains un homme mis à la forme d'un outil, d'une fonction ; c'est pourtant ce qu'une certaine lecture de la neuroergonomie, du transhumanisme[2] ou de l'homme augmenté semble nous recommander aujourd'hui. Si l'homme augmenté l'est toujours dans une

1. L'appellation « nootrope » désigne les substances utilisées dans le but d'améliorer les performances cognitives (notamment l'attention).

2. Le transhumanisme est le nom de la version actuelle de l'engouement pour l'augmentation de l'humain, en particulier de sa durée de vie. Souvent, il n'est qu'un eugénisme qui ne dit pas son nom, en particulier quand il met la science au-dessus de la sagesse.

direction, il sera un homme déséquilibré, brisé dans sa proportion. L'augmentation s'accompagnera alors d'une déformation, au sens mathématique du terme : en tirant sur la forme humaine, on en fera quelque chose d'autre. Il faut craindre l'augmentation qui n'est pas une homothétie, c'est la leçon que nous devons tirer des brillants inhumains du siècle passé. L'augmentation idéale, et raisonnable, c'est celle qui élargira toute la sphère de l'expression humaine, en lui conservant sa proportion sacrée.

Les neurosciences du « plan B »

La nature a ceci de particulier qu'elle ne regrette pas le passé et ne craint pas le futur. Elle fait le maximum avec ce qu'elle a et persévère indéfiniment, sans jamais s'apitoyer sur son sort. Un chien qui a perdu une patte ne regrette pas sa patte manquante, il se place instantanément dans la posture lui permettant de marcher à trois pattes. Dans une certaine mesure, il en va de même de nos nerfs, dont la plasticité est sûrement la plus grande du corps humain. Lorsqu'à la naissance d'un enfant, ou des suites d'un accident, la voie normale de production d'un comportement ou d'une intelligence est amputée, notre cerveau a la capacité à se construire un plan B pour produire le même résultat avec des fonctions différentes, exactement comme dans le cas d'une déviation autoroutière. Une équipe chinoise a rapporté en 2014 le cas d'une jeune femme née sans cervelet, et pourtant capable de marcher et de parler (avec des défauts minimes), qui consulta initialement pour des vertiges et des nausées[1]. Un enfant atteint d'hydranencéphalie, Trevor Judge Waltrip, naquit à la Noël 2001 le crâne rempli de liquide cérébrospinal, sans aucun cortex cérébral ni cervelet, et doté seulement d'un tronc cérébral sain. Il vécut presque miraculeusement pendant douze années, alors qu'aucun médecin n'aurait parié sur sa survie à la naissance, respirant, absorbant sa nourriture et répondant aux chatouilles de sa mère et de ses soigneurs[2].
Un jeune patient connu des neuroscientifiques comme « EB » fut amputé, après ses deux ans, de tout l'hémisphère gauche de son cerveau. Il s'agissait d'en extraire une énorme tumeur non proliférante. Comme pour 95 % des droitiers, les corrélats neuronaux de ses capacités de langage avaient commencé à se latéraliser à gauche et il sembla d'abord perdre

1. Yu, F., Jiang, Q., Sun, X. et Zhang, R., « A new case of complete primary cerebellar agenesis : clinical and imaging findings in a living patient », *Brain/awu* (2014), 239.
2. Madden, N., « Keithville boy born without brain dies at 12 », *KSLA News*, 2014.

l'usage de la parole, pour le développer ensuite par d'autres moyens. Il fut testé à dix-sept ans par Laura Danelli et ses collaborateurs[1], et son niveau de langage parut très difficilement discernable de celui d'un sujet à deux hémisphères. On a, par ailleurs, découvert des langages sifflés qui peuvent reposer sur les deux hémisphères à la fois[2].

On a démontré récemment qu'il demeurait chez certains aveugles corticaux (dont la rétine est fonctionnelle mais qu'une lésion du cortex visuel primaire rend incapable de voir consciemment) un circuit moteur de la vision, et que ces personnes pouvaient « voir » un objet suffisamment pour l'attraper, du moment qu'elles parvenaient à inhiber leur sensation d'en être incapables. C'est que la rétine, et le corps genouillé latéral n'envoient pas de l'information qu'au cortex visuel primaire, mais également dans d'autres aires, en particulier celles qui sont associées à la motricité. Ce phénomène est appelé *blindsight*, ou « vision aveugle », parce que ces sujets parviennent à repérer visuellement des objets sans avoir conscience de les voir. Selon certains chercheurs, dans cette configuration, le plan B cérébral passerait par le colliculus supérieur[3], mais la théorie est encore discutée. Un des premiers cas de *blindsight* chez l'humain fut observé chez le patient « DB » dont le champ visuel gauche était consciemment aveugle mais qui parvenait à y localiser des sources de lumière malgré tout, avec une précision presque identique à celle de son champ visuel droit, sain[4].

Le grand champion des neurosciences du plan B demeure le neuroscientifique Paul Bach-y-Rita, au point que le domaine mériterait d'être baptisé selon ses initiales. Ses expériences de « substitution sensorielle » sont marquantes. Il permit, par exemple, à des aveugles rétiniens de « voir » en les entraînant à reconnaître le signal envoyé par une caméra sur leur langue. Dans l'une de ses expériences, il soumit des aveugles fraîchement équipés à un tableau de vue de Snellen (les lettres qu'on lit chez l'ophtalmologiste) où leur acuité visuelle fut tout de même de 20/860, puis passa au double après seulement neuf heures d'entraînement. Après plusieurs mois sur l'interface, ses sujets pouvaient même

1. Danelli, L., Cossu, G., Berlingeri, M., Bottini, G., Sberna, M. et Paulesu, E., « Is a lone right hemisphere enough? Neurolinguistic architecture in a case with a very early left hemispherectomy », *Neurocase* (2013), 19, 209-231.

2. Carreiras, M., Lopez, J., Rivero, F. et Corina, D., « Linguistic perception : Neural processing of a whistled language », *Nature* (2005), 433, 31-32 ; Güntürkün, O., Güntürkün, M. et Hahn, C., « Whistled Turkish alters language asymmetries », *Current Biology* (2015), 25, R706-R708.

3. Stoerig, P. et Cowey, A., « Blindsight in man and monkey », *Brain* (1997), 120, 535-559 ; Weiskrantz, L., « Blindsight : A case study and implications », 1986.

4. Weiskrantz, L., « Blindsight : A case study and implications », 1986 ; Cowey, A. et Stoerig, P., « The neurobiology of blindsight », *Trends in Neurosciences* (1991), 14, 140-145.

reconnaître certains tableaux[1]. Dans le même esprit, El-Kaliouby *et al.* ont créé une « prothèse émotionnelle » pour les autistes, sous la forme d'une caméra capable de reconnaître les émotions des gens et d'en informer le porteur[2].

« *As we may think* », vers les outils de l'esprit

L'hypertexte

Tout médium n'est que l'externalisation d'une fonction de notre vie mentale. L'écriture, par exemple, permet d'externaliser notre mémoire de travail ; un mathématicien à l'œuvre augmente sa vie mentale en prenant des notes, car il peut ainsi maintenir le fil de sa pensée sur plusieurs jours, et stocker davantage de variables intermédiaires à ses calculs que sa seule mémoire ne le lui aurait permis. Mais pour révolutionnaire qu'elle fut, l'écriture n'est qu'un modeste début. On pourrait, en effet, systématiser davantage l'externalisation de notre vie mentale, et ce mouvement produirait de fascinants médias.

Le technologue Vannevar Bush, administrateur scientifique dans le projet Manhattan, produit durant la Seconde Guerre mondiale une réflexion proprement humaniste, sur le principe d'augmentation de notre vie mentale. « As we may think[3] » est considéré aujourd'hui comme un manifeste de l'hypertexte, parce qu'il décrit la possibilité d'accéder directement, derrière chaque mot que l'on ignore, à sa définition, et d'accélérer ainsi notre vie mentale. Cette vision s'est d'ailleurs réalisée dans le World Wide Web, qui est construit autour de l'hypertexte.

1. Sampaio, E., Maris, S. et Bach-y-Rita, P., « Brain plasticity : "visual" acuity of blind persons via the tongue », *Brain Research* (2001), 908, 204-207 ; voir aussi Bach-y-Rita, P., Kaczmarek, K. A., Tyler, M. E. et Garcia-Lara, J., « Form perception with a 49-point electrotactile stimulus array on the tongue : A technical note », *Journal of Rehabilitation Research and Development* (1998), 35, 427 ; Bach-y-Rita, P., Tyler, M. E. et Kaczmarek, K. A., « Seeing with the brain », *International Journal of Human-Computer Interaction* (2003), 15, 285-295.

2. El Kaliouby, R., Teeters, A. et Picard, R. W., « An exploratory social-emotional prosthetic for autism spectrum disorders », in *Wearable and Implantable Body Sensor Networks*, 2006, BSN 2006, International Workshop on, (IEEE), p. 2 et 4 ; El Kaliouby, R., Picard, R. et Baron-Cohen, S., « Affective computing and autism », *Annals of the New York Academy of Sciences* (2006), 1093, 228-248.

3. Bush, V., « As we may think », *The Atlantic Monthly* (1945), 176, 101-108.

Dans la méthode des lieux, les athlètes de la mémoire n'associent pas seulement une lettre à un mot, mais un lieu à une idée[1]. Systématisée, cette technique d'« hyperécriture[2] » pourrait permettre de créer un nouveau médium et, par lui, d'externaliser au moins la mémoire spatiale, comme l'écriture externalise au moins la mémoire de travail.

L'écriture consiste en une association largement arbitraire et entraînée de graphèmes (par exemple des lettres), de phonèmes (des sons) et de noèmes (des idées). Je dis « largement » car elle repose tout de même sur une certaine géométrie du sens, comme le démontre l'effet « Bouba-Kiki » : si, en effet, on montre, à des sujets deux figures géométriques, l'une pointue et l'autre incurvée, quelle que soit la culture, les gens associeront plus souvent la figure arrondie au nom « Bouba » et la figure pointue à celui de « Kiki ».

Dans l'écriture, par exemple, la lettre A proviendrait de la forme d'une tête de taureau, inversée au cours du temps, et son origine serait probablement comptable. Cette lettre aurait représenté une association graphème-noème (lettre associée à une idée) avant de représenter un des phonèmes (sons) les plus simples : « ah ». Les corrélats neuronaux des graphèmes et des phonèmes sont bien compris aujourd'hui, et l'existence d'une physiologie de l'écriture est acquise. Mais puisque les corrélats neuronaux des locèmes (c'est-à-dire de la pensée du lieu), sont connus eux aussi, il pourrait y avoir également une physiologie de l'hyperécriture, avec notamment les « cellules de lieu » et les « cellules de grille » qui ont été l'objet du prix Nobel de physiologie ou médecine en 2014.

Vers une hyperécriture

L'hyperécriture serait une association arbitraire entre graphème, locème et noème, pour spatialiser et écrire notre pensée. Dans mes travaux, j'en ai proposé un prototype, qu'en hommage à l'écriture minoenne non déchiffrée « linéaire A » j'ai appelé « incurvé A ». J'ai choisi pour cette écriture, manuelle, mais nécessitant une forme de zoom (par exemple sur une tablette tactile) des courbes qui

1. *Cf.* p. 43.
2. Aberkane, I., « Hyperwriting, a multiscale writing with the method of loci », *Sens Public*, 2016.

minimisent la secousse, car elles sont plus naturelles au mouvement calligraphique. J'ai ensuite choisi une rivière comme prototype de lieu, comme la tête de taureau aura été le graphème prototype de l'écriture, parce qu'elle est simple à figurer et que l'écriture est née en Mésopotamie, donc « entre deux rivières ».

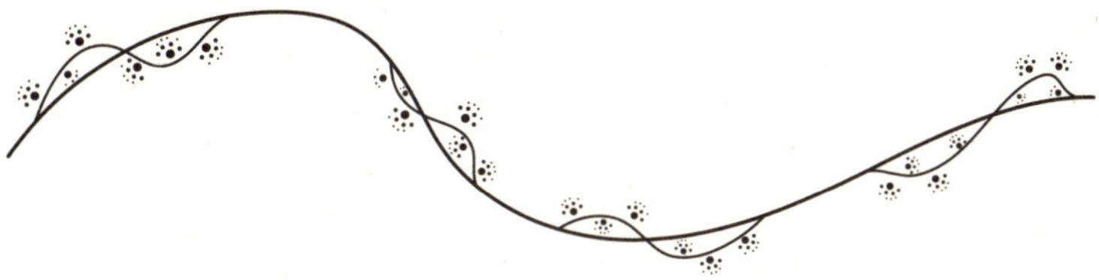

Au départ, le graphème de la rivière stylisé était une courbe de Bézier, enrichie de bras plus petits, peuplés de noèmes (les points noirs), comme des villages peuplent les rives d'un fleuve.

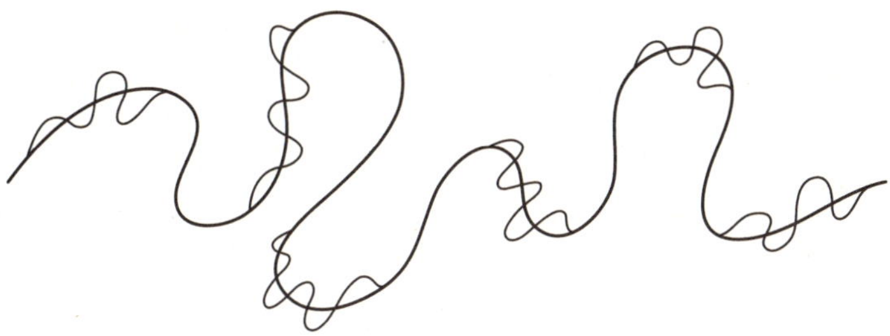

Puis j'ai adopté une courbe plus méandreuse...

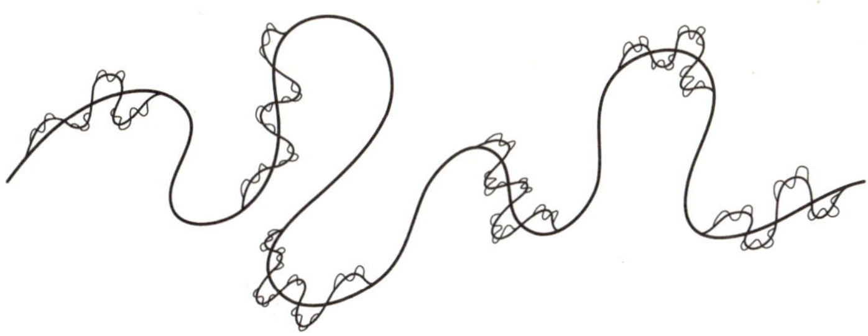

...et enrichie de plus de bras.

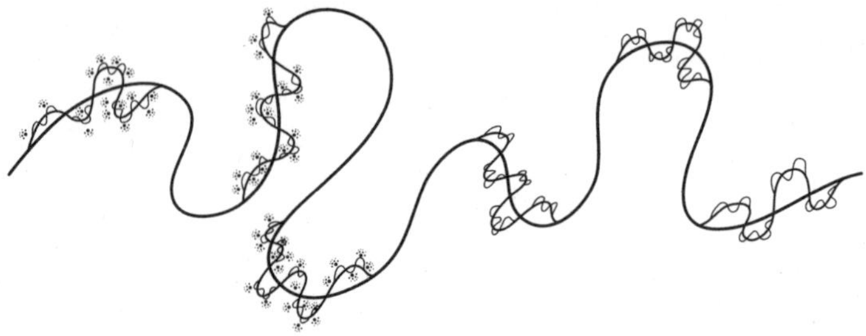

En voici une version figurant plus de cinq cents noèmes sur sa partie gauche.

L'hyperécriture n'est qu'un début, et qui sait si l'on ne pourrait pas externaliser un jour toutes les fonctions de la vie mentale... De même que l'invention de l'écriture forme l'histoire humaine, on pourrait envisager une « hyperhistoire », suite logique de l'émergence des nouveaux médias que notre cerveau renferme encore. Cela me semble être une recherche humaniste, car elle procède d'une volonté de mettre le « connais-toi toi-même » devant nous, comme un paysage. Notre première Renaissance aussi a connu des « Arts de mémoire », des dessins conçus pour mieux noter des idées. Le dessin suivant provient du *De umbris idearum*, de l'humaniste Giordano Bruno, qui utilisait beaucoup les formes géométriques pour organiser ses idées par écrit, bien avant les Mind Maps que nous essayons aujourd'hui de mettre au point :

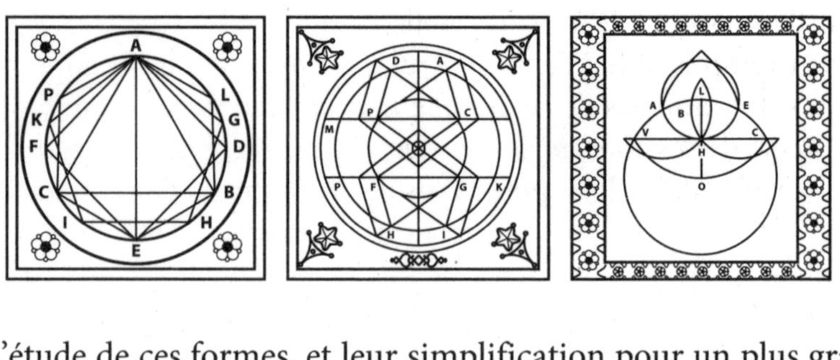

L'étude de ces formes, et leur simplification pour un plus grand public, m'a inspiré une matrice nouvelle, que j'ai pu présenter à la société Prezi à San Francisco, et qui a pour but de spatialiser les idées. Dans cet art de mémoire qui représente trois jours de cours, chaque bulle contient des images et des idées dont la spatialisation facilite la mémorisation.

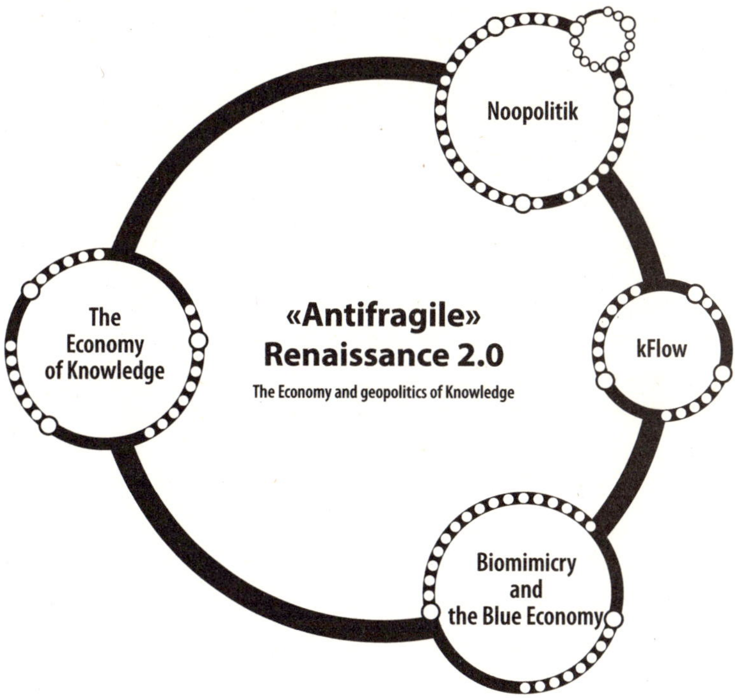

Comme Michel Serres l'a bien compris, les nouveaux médias ont vocation à nous rendre « céphalophores », c'est-à-dire aptes à porter notre tête devant nous, et sans doute à enrichir profondément l'humanité sur le plan intellectuel.

Par exemple, si le Web aujourd'hui n'est encore qu'un « oligorama[1] », les moteurs de recherche ne nous montrant qu'une partie minuscule de ses contenus, on pourrait imaginer de nouveaux logiciels capables de réaliser pour nous des panoramas de connaissance, nous permettant de maximiser notre interaction avec le savoir et sa diffusion.

« *As we may think* », ce n'est donc qu'un début...

1. L'opposé de « panorama » : on ne l'explore pas en voyant « tout » (*pan*) mais « peu » (*oligos*).

III.

QUELLE NEUROSAGESSE ?

Isaac Asimov a rappelé qu'une civilisation qui produit beaucoup de connaissance et peu de sagesse est menacée d'autodestruction. De la même manière, Arnold Toynbee avait observé, citant Ibn Khaldoun, que les civilisations ne mouraient pas assassinées, mais par suicide. Ce serait bien beau d'utiliser au mieux notre cerveau, mais encore faudrait-il être sage. Comme le XXe siècle l'a abondamment démontré, on peut être fin technicien et inhumain. On peut rechercher le savoir sans la sagesse, et même la mépriser.

Mon axiome de départ demeure que l'humain est plus grand que toutes ses créations, qu'elles soient hôpitaux, grandes écoles, armées ou États, et qu'il n'a jamais à se soumettre à elles, car il est plus noble qu'elles. Jamais une université ou un État n'a créé un humain. Mais un humain, lui, peut créer un État ou une université.

Je ne prétends pas délivrer ici une sagesse toute faite, seulement encourager les lecteurs à se poser des questions originales, à identifier l'empire que certains automatismes ont sur eux et leurs semblables. Les plus fondamentales de ces questions sont :

Qui sert qui ?

Qui contraint qui ?

Qui meurt pour qui ?

Toutes ces interrogations sont des invitations à la neurosagesse.

1.

Mon histoire

L'Humanité tisse la toile où elle se prend
Hakim Sanā'ī

Les neurosciences sont partout

J'ai commencé mes études supérieures à l'université Paris-Saclay, en 2003, quand elle s'appelait encore « Paris-Sud ». C'est là-bas que le professeur Hervé Daniel m'a transmis la passion des neurones et des cellules gliales. À l'époque, c'étaient les travaux de Francisco Varela qui m'intéressaient le plus. Avec son mentor, Humberto Maturana, cet homme était quasiment parvenu à faire de la biologie une branche des mathématiques, où l'on aurait pu poser : « Soit un Vivant d'ordre *n*… » Je trouvais cela fascinant.

D'Orsay, j'ai remonté plus tard la ligne B du RER pour étudier à l'École Normale Supérieure, près du Panthéon. J'y ai redécouvert que tous les enseignements n'étaient pas forcément ergonomiques : comme beaucoup, je n'y ai pas été heureux, et j'y ai fait l'expérience de ce que l'épanouissement n'est pas la priorité de notre enseignement, et que des gens brillants confondent encore, pire que des enfants, la souffrance et le mérite.

En 2006, j'ai quitté l'École Normale Supérieure pour étudier les neurosciences à l'université de Cambridge : un campus merveilleux, très ergonomique. Je passais de l'enfer au paradis.

J'ai été interne au département de psychologie expérimentale, d'abord sous la direction de Brian Moore et de Brian Glasberg, qui m'ont enseigné la psychoacoustique, ou la façon dont notre cerveau perçoit les sons ; parmi mes travaux, je me suis intéressé au « contournement modal », ou à la possibilité d'entendre des triangles plutôt que de les voir. Puis j'ai retrouvé ce département en 2009, sous la direction de Lorraine Tyler, pour qui j'ai étudié des résultats très intéressants de magnétoencéphalographie, m'amenant à méditer sur la neuroergonomie en littérature, et en particulier en poésie.

Pour me guérir autant que possible du système des grandes écoles cloisonnées à la française, j'ai poursuivi ma formation à l'université de Stanford, mais je suis retourné ensuite rue d'Ulm, où les travaux de Stanislas Dehaene au Collège de France, sur l'« espace de travail global » de notre conscience, ont été une oasis dans le désert.

C'est de la dépression nerveuse qu'est né mon intérêt pour la neuroergonomie, ou comment transformer le plomb de la vie en or. À Orsay, je m'étais intéressé aux jeux vidéo et à leur impact dans l'apprentissage ; sorti de Normale, j'en ai fait ma spécialité. Je voulais choisir mon sujet de thèse, l'écrire de A à Z, et ne pas me le voir imposer par une équipe dont je serais, comme de trop nombreux thésards, une main-d'œuvre bon marché, corvéable à merci. Conséquence de cette indiscipline, je n'ai pas trouvé de financement. J'ai donc goûté à la précarité qui est pour certains un bourreau et pour d'autres, dont j'ai appris à faire partie, un maître intéressant.

Je me suis alors inscrit en Préparation militaire supérieure dans la Marine nationale. Officier d'état-major : un uniforme, une famille, une place, l'opposé de la précarité, physique comme intellectuelle. J'y ai fait la rencontre d'un capitaine de corvette de la famille d'Honoré d'Estienne d'Orves, qui, un jour, au mont Valérien, m'a décrit Paris comme « la Grande Broyeuse ». Je crois que c'est de cette expression exacte que m'est venue la passion de l'humanisme neuronal. Aucune formule ne m'avait paru jusque-là condenser aussi clairement la condition humaine moderne : de la chair à ville, de la chair à économie, une commodité dépossédée de sa raison d'être, à qui l'on fait se sentir coupable de vouloir reprendre son cerveau et son destin en main, et que l'on punit de ne pas être à la forme de sa prison. J'ai appris plus tard que l'expression était de D. H. Lawrence, un auteur inspiré par le soufisme[1].

J'étais fasciné par la stratégie, la géopolitique, et cette formation m'a beaucoup plu ; j'ai même hésité à faire de la chose militaire ma carrière. Mais le monde de la recherche m'inspirait encore, car, comme me l'avait si bien dit Cédric Saule, un frère-en-précarité, dans la recherche, on marche sur la Lune tous les jours ! On veut poser l'esprit là où personne ne l'a posé avant, et tout le reste n'est que littérature.

Mon premier doctorat portait sur la géopolitique de la connaissance, la « Noopolitik », son impact sur l'aire géographique de la Route de la Soie et l'irénologie (la science de la paix). Les travaux de Varela l'ont beaucoup inspiré, en particulier dans l'idée que les conflits sont des virus de l'humanité, et qu'il y a, selon les termes du psychologue William James, un « équivalent moral de la guerre ». Mon deuxième doctorat, à l'université de Strasbourg, traitait de la présence soufie dans la littérature occidentale, en particulier entre T. S. Eliot et l'explorateur soufi Richard Francis Burton.

Dans cette *Ballade de la conscience entre Orient et Occident*, j'ai utilisé un concept essentiel des neurosciences, celui de « connectome » – ou l'ensemble de nos connexions nerveuses. J'ai proposé l'idée d'un « connectome des littératures », en postulant que les littératures d'Orient seraient, métaphoriquement, notre hémisphère droit, et celles d'Occident notre hémisphère gauche. J'ai voulu, du coup, m'intéresser à leur corps calleux, ce faisceau de fibres qui connecte principalement les deux hémisphères. Quand le mélange fortuit de connaissances différentes produit une découverte – forcément inattendue –, nous appelons cela de la sérendipité. Elle est une conséquence de l'interdisciplinarité. Comme l'a dit un chercheur, « les collections sont pour la collision[2] » : à quoi bon, en effet, assembler des collections de savoirs si ce n'est pour les secouer ? Alain Peyreffite a d'ailleurs écrit que l'un des « maux français », c'était le manque de sérendipité.

J'ai trouvé que secouer les neurosciences et la littérature était fascinant, mais c'est parce que les neurosciences, en fait, sont partout.

---

1. Frykman, E. et Zangenehpour, F., « Sufism and the Quest for Spiritual Fulfillment in D. H. Lawrence's The Rainbow », *Acta Universitatis Gothoburgensis*, 2000.

2. Bell, S. J., « Collections are for collisions : Let us design it into the experience », 2013.

Guérir les troubles de la posture cognitive

Tout le monde a besoin de connaître ses neurones. Derrière chaque décision dans l'histoire de l'humanité, derrière chaque claque, derrière chaque baiser, chaque cantate ou percussion militaire, derrière chaque meurtre et chaque enfantement, derrière les cartes, les ambitions d'Alexandre, les hésitations de Napoléon, les finesses de Sun Tzu, les pigments du Tintoret, derrière les illuminations prophétiques ou la plus humble des poignées de céréales, il y avait des neurones. Mais pour faire circuler la connaissance du cerveau, il faut la rendre délicieuse. Les ingrédients sont là, ce qu'il faut, c'est les préparer, de sorte que leur fumet attire et qu'ils régalent l'esprit. Or, les livres ont un fumet, que l'on nomme en partie « bouche-à-oreille »...

L'art de bien accommoder ses connaissances me paraît si essentiel que j'y ai consacré l'un de mes doctorats[1] : ou comment peut-on mieux transmettre les savoirs en les préparant correctement, en particulier sur le Web. C'est loin de faire de moi un chef dans la gastronomie des savoirs – comme le génial Mickaël Launay, qui prépare donc, sur sa chaîne YouTube Micmaths, une bonne assiette de connaissance préalablement testée et approuvée par ses bénéficiaires directs : les élèves.

Mais ce travail de recherche m'a tout de même permis d'entrevoir la possibilité, vertigineuse, que nous n'utilisions pas correctement notre cerveau, et que toutes nos méthodes pour produire, transférer, consommer et assimiler de la connaissance méritent d'être revues... Est-ce que par hasard nous aurions le cerveau tordu ? Est-ce que nous aurions des *troubles de la posture cognitive* ? La réponse, terrifiante au premier abord, est une libération : oui, nous en avons, de ces troubles, et des tonnes ! Les troubles de la posture cognitive ne sont pas l'exception, ils sont la règle !

Physiquement, la posture est ce qui nous prépare à l'action. Il y a des postures de combat, des postures de travail, des postures d'attente, etc. Elles définissent nos mouvements possibles ; ce

1. *Neuroergonomie et biomimétique pour l'économie de la connaissance : Pourquoi ? Comment ? Quoi ?*, École polytechnique.

que nous pouvons atteindre et ce qu'il faut aller chercher, par exemple. De même, la façon dont nous explorons notre univers mental dépend de notre posture cognitive. Il y a des pensées, des solutions que nous pouvons nous interdire, comme les Grecs anciens s'interdisaient les nombres irrationnels. Notre cerveau au travail, selon la manière dont il se « tient », pourra prendre des directions radicalement différentes. Et l'on peut changer le monde en changeant les postures mentales.

En écrivant ce livre, dispersé que je suis dans d'autres pensées, d'autres stimuli, influencé par mes expériences passées et par mes plans futurs, je sens que le présent m'échappe, je souffre, moi aussi, de troubles de la posture cognitive. Le nombre de pensées que je peux organiser en rédigeant ces lignes est très limité, et il existera certainement, un jour, des technologies mentales qui me permettront d'en manipuler davantage. Quand on parle de mnémotechnique, l'erreur est de croire qu'il s'agit d'une méthode ancienne, surannée, alors qu'elle n'a rien de plus actuel : les technologies mentales sont d'une brûlante actualité.

À lire ce texte, vous souffrez des mêmes troubles que moi. En faisant œuvre d'une subjectivité limpide[1], vous décelez les intentions que votre cerveau m'a automatiquement attribuées, qu'elles relèvent de la vanité, de la politique, ou que sais-je ? L'attribution automatique d'intentions n'est pas une mauvaise chose en soi : c'est quand elle nous contrôle qu'elle devient une maladie de l'âme. Autrement, elle ne fait que refléter le cerveau au travail, *in situ*, hors des conditions contrôlées du laboratoire. Le problème dans l'état actuel de nos sciences, encore très maladroites, fragiles et limitées[2], c'est que plus une situation est naturelle, moins elle est contrôlée expérimentalement, et moins elle est contrôlée, plus il est difficile d'en tirer des conclusions. La neuroergonomie nous ramène à la notion la plus primordiale d'*expérience*, c'est-à-dire une situation

1. Je dois cette expression au Cheikh Aly N'Daw. La subjectivité limpide, qui est équivalente à la magnanimité, c'est-à-dire à la grandeur d'âme, est la source de toute vertu humaine possible.

2. Je crois que ce qui frappera le plus nos descendants dans ce domaine, c'est l'étroitesse de notre empan scientifique. Qu'il relève de la méthode, c'est une chose, mais il a fini par se traduire par une étroitesse intellectuelle, une étroitesse cognitive qui est érigée en signe d'excellence professionnelle.

qui n'est pas forcément contrôlée et nous invite à l'observation de notre propre vie mentale, de notre propre subjectivité.

La science est profondément incomplète et les neurosciences modernes ne font pas exception, qui n'en sont qu'à leurs balbutiements. Elles ne comprennent pas encore pourquoi ni comment fonctionne quelque chose d'aussi simple que le sommeil, par exemple. Comment comprendraient-elles le cerveau en état de veille ? Quoiqu'elles découvrent, quelles que soient leurs avancées, ce ne sera jamais suffisant pour ignorer la sagesse la plus élémentaire : « Je sais que je ne sais rien. »

Le doctorant aliéné

J'ai mené en tout trois thèses dans trois universités différentes et nulle part je n'ai assisté à de telles castrations mentales que dans la condition de doctorant. Que ce soit en Chine, aux États-Unis, en France, en Italie, au Royaume-Uni ou dans divers pays d'Afrique, je n'ai jamais rencontré de doctorants épanouis, et j'ai acquis la conviction que le doctorat, aujourd'hui, n'est pas l'aboutissement d'une passion et d'une vocation, mais d'un vaste bizutage par lequel les académiques établis et conformes maintiennent les émergents sous leur contrôle. Aujourd'hui, tous pays confondus, le mal-être des doctorants est tel qu'un neuroergonome de Stanford, Jorge Cham, l'a exorcisé en une bande dessinée, *Ph. D. Comics*.

Or, il n'y a pas d'indicateur plus clair d'une situation inergonomique que le mal-être. Bien sûr, il y a des postures mentales qui, sans nous rendre malheureux, limitent nos performances, notre créativité, notre mémoire, notre flexibilité ou notre originalité, mais celles qui nous plongent dans la tristesse sont directement inergonomiques. Si autant de doctorants sont malheureux, c'est que leur cerveau en est tordu : mais pourquoi ?

C'est que le jeune chercheur arrive dans la grande broyeuse académique avec beaucoup plus que de la science : des aspirations, des rêves, des espoirs, des ambitions, des modèles humains, de la créativité et, au fond, une pensée bien plus libre que celle qui sortira de ses travaux. Bien trop souvent, on lui demande de se débarrasser de tout cela pour se transformer en un data zombie (un « zombie à données »). Ce reniement de son humanité sacrée et de son appétit, on ne peut le vivre que comme une aliénation, un enfermement, une déshumanisation. Tous les thésards que j'ai connus ont vécu cette souffrance ; elle est celle de l'ouvrier, de l'homme-outil, qu'il soit en col blanc ou en col bleu, du prolétariat ou de ce que Franco Berardi a appelé le « cognitariat » : ces gens qui, n'ayant aucun accès direct aux moyens de production tertiaire (et notamment les financements académiques), sont contraints de vendre leur cerveau comme on vend ses bras, et parfois de le prostituer.

La collision crue entre ses rêves de science révolutionnaire, de changement de paradigme, de croquis à la Léonard et de percées époustouflantes à la Einstein, et le train-train hypocrite des comités de lecture, de nomination ou de financement, la conformité à outrance, l'excision systématique (mais vendue comme vertueuse) de l'intuition, du rêve, du plaisir, du simple concept, du dessin ou de l'idée est, selon moi, la cause la plus évidente du mal-être des doctorants. Quand comprendra-t-on qu'un humain est toujours plus précieux que des exabytes de données ?

En fait, aujourd'hui, nous ne manquons pas de données, d'ailleurs les FAT GAS BAM (mnémotechnique crue pour Facebook Apple Twitter Google Amazon Samsung Baidu Alibaba Microsoft) en manipulent plus en une heure que le monde académique en dix ans. Ce dont nous manquons, c'est de conscience, de recul, de concepts, d'idées, de rêves, de raison d'être, toutes choses encore inaccessibles aux machines auxquelles on a voulu réduire l'humain. Extraire et manipuler de la donnée, ça, un ordinateur le fait très bien tout seul. J'ai parfois l'impression que l'on ne demande plus au thésard de venir avec sa conscience ; quant à ses rêves, la question est déjà tranchée.

« Tiens l'Humanité pour un seul Homme, dont l'universelle agonie se bat et lutte encore tendue vers ce but, où l'agonie cessera d'être. »[1]

1. Richard Francis Burton, *The Kasidah of Haji Abdu el-Yezdi*.

2.

Neurosagesse

Notre civilisation produit une très grande quantité de connaissance et l'on peut estimer, en quantité, son temps de doublement autour de sept ans[1]. Or, si nous produisons de la connaissance exponentiellement mais que nous la livrons linéairement, nous avons un gros problème : la connaissance mondiale croît bien plus qu'un individu ne peut l'acquérir. Il existe deux solutions immédiates à ce problème : apprendre en groupe d'une part, de sorte que l'expertise soit collective, et apprendre ergonomiquement d'autre part.

Mais un autre problème demeure : si nous produisons énormément de connaissance[2], nous produisons très peu de sagesse. Pire : nous idéalisons l'avancée technologique et ridiculisons la spiritualité et la sagesse, et nos avancées technologiques n'ont pas été rattrapées par celles de notre conscience. Nous sommes philosophiquement immatures, ce qui fait de notre civilisation un danger pour elle-même.

Un jour que j'assistais à un congrès techno-scientifique international, parmi des milliers de personnes, l'un des intervenants déclara, non sans une certaine sagesse : « Nous ne pouvons pas nous couronner de succès dans un monde qui échoue. » Un autre, plus tard, se leva dans la salle et, sans l'auréole de l'estrade pour

---

1. Dans *The Technopolis Phenomenon*, Regis McKenna parle de dix ans, en 1991. Le temps de doublement des publications scientifiques à comité de lecture chinoises est de cinq ans aujourd'hui, même si, classements universitaires aidant, tout est à l'avenant dans le trucage des publications en général.

2. Dans l'absolu, ces quantités sont faibles, si elles sont rapportées à celles de l'Univers, mais c'est relativement à l'empan de notre conscience, individuelle comme collective, qu'elles sont énormes.

susciter la reconnaissance conditionnée du public, se mit à citer Rabelais en s'excusant de son anglais trop fragile : « Science sans conscience n'est que ruine de l'âme. »

Je fus le seul à l'applaudir. C'est-à-dire que sur des milliers d'étudiants et de professeurs généralement considérés comme « brillants », personne n'a salué cet humble principe. Être le seul à applaudir, c'est incontestablement un moment pénible, car la peur d'être inadapté au groupe, on le sait, est l'une des plus violentes pour le cerveau humain. Mais si des millions de personnes votent pour déclarer que deux et trois égalent sept, cela ne fait pas de ce résultat une vérité. Et si à l'inverse, personne ne vote pour déclarer que deux et trois égalent cinq, cela n'en fait pas une erreur. La sagesse, hélas, est rarement démocratique. Quand, sur des milliers d'individus, quasiment aucun ne veut applaudir à l'observation, pourtant sage, de ce que la science sans la conscience est une dévastation, il y a bien à cela une raison.

Nous ne sommes quasiment plus responsables de notre pensée, et nous passons notre temps à vivre dans la pensée des autres, si bien que nos décisions sont rarement les nôtres. Notre désir de nous conformer au système est bien plus puissant que notre libre arbitre ; et même lorsque nous réussissons à faire taire notre chien de garde intérieur, c'est une masse bien plus hargneuse de conformistes qui se lève contre nous, fière d'appartenir au camp des bons élèves, et blâmant les mauvais, en espérant son morceau de sucre. L'humanité, au fond, n'a que peu changé depuis l'époque du pilori.

Mais ce qui est sûr, c'est que la sagesse n'est pas dans ses centres d'intérêt. Elle est inexistante, par exemple, dans notre système éducatif : la plupart des pays riches attendent en effet la dernière année de scolarité – qui n'est pas obligatoire, d'ailleurs – pour mentionner un peu de philosophie fossilisée, sur laquelle les élèves dissertent sans la pratiquer. On donne des cours d'histoire de la philosophie, mais en aucun cas on n'enseigne l'amour de la sagesse, sa quête inconditionnelle, indépendante du jugement d'autrui. Or, si notre civilisation n'enseigne pas la connaissance de soi, c'est justement parce que cette connaissance est subversive : le sage, en effet, c'est celui qui n'a besoin d'aucun système, qui marche hors de la caverne du conditionnement. Le sage, c'est celui qui, tel Diogène, lance à Alexandre : « Écarte-toi de mon soleil ! », qui démontre que le système est inutile. Il n'est donc pas étonnant que le système nous enseigne à être démunis sans lui. Car le système, ce n'est que la somme des ego humains, et la philosophie, c'est la mort de l'ego, donc, à terme, la mort du système.

Le problème de la connaissance, c'est qu'elle a tendance à renforcer notre ego quand on l'acquiert[1]. Sauf, bien sûr, si elle est connaissance de soi et sagesse. Or la sagesse nous enseigne naturellement qu'aucune production de l'humanité n'est plus grande que l'humanité elle-même, et qu'aucune ne mérite qu'on lui aliène l'humanité. Qu'il est étrange, alors, de voir comme notre civilisation rechigne à produire l'instrument de son propre dépassement – la sagesse – alors qu'elle produit avidement l'instrument de sa propre ruine – la science sans conscience –, glorifiant cette production comme la plus grande des vertus.

Comme dit la sagesse populaire : « le savant sait résoudre des problèmes que le sage n'aurait jamais eus[2]. » Il y a des monceaux d'ouvrages qui traitent de neurosciences, les appliquant à la politique, l'économie, le management, le marketing, la guerre, les arts ou la justice. Mais qui parle de la neurosagesse ? Personne.

Nous nous sommes déclarés « *Homo sapiens sapiens* », littéralement « homme sage, sage », ou encore sage parmi les sages. Tout *Homo* qui n'est pas *sapiens* est une aliénation. Alors ceux qui ont sacrifié leur humanité à autre chose que *sapiens* ont deux choix face à cette observation : la rejeter avec violence et défendre leur zone de confort, ou rejeter leur zone de confort et embrasser la vérité. Or on sait que l'humain préfère mille fois son abri à la vérité.

Sur le propos de ce livre donc, j'aime la simplicité, la clarté – et la grande sagesse – de Charlie Chaplin dans *Le Dictateur*, sagesse dont nous n'avons toujours rien appris, cancres d'ego en diable :

> « Notre connaissance nous a rendu cyniques ; notre intelligence, durs et méchants. Nous pensons trop et ressentons trop peu. Plus que de machinerie, nous avons besoin d'humanité. Plus que d'intelligence, nous avons besoin de bonté et de douceur. »

---

1. Comme le disait Charles de Gaulle dans une conversation avec Alain Peyrefitte : « Les possédants sont possédés par ce qu'ils possèdent. »
2. Je dois son rappel à Jean-Paul Delevoye.

3.

Neuromimétisme

Lisons nos nerfs au lieu de les brûler

Une tendance est en train d'inspirer tout le XXIe siècle : le biomimétisme. Ce mouvement, qui englobe philosophie, sciences, ingénierie, politique, économie et arts appliqués, n'a qu'un seul message : la nature est une bibliothèque, lisez-la au lieu de la brûler. Il est issu d'une tradition pérenne, qui fut vivace à la Renaissance[1] mais remonte à Socrate et ses héritiers : Aristote, en effet, plaçait la sagesse dans l'observation de la nature.

La biologiste Janine Benyus est la mère du biomimétisme moderne, en tant que mouvement supérieur aux seules techniques de la biomimétique, de la bionique ou de la bio-inspiration[2], mais le biomimétisme « économique » a aussi inspiré les mouvements de la Blue Economy (Gunter Pauli), de l'économie circulaire (Ellen MacArthur) et du Cradle to Cradle (Walter Stahel, Michael Braungart, William McDonough, etc.). Dans tous les cas, le mot d'ordre est le même : « Ce n'est pas à la nature de produire comme nos usines, c'est à nos usines de produire comme la nature. » Non seulement parce que c'est, moralement, la meilleure chose à faire, mais parce que c'est rentable, pour l'individu comme pour la société.

---

1. « Va chercher tes leçons dans la nature, disait Léonard de Vinci, c'est là qu'est notre futur. »
2. Qui sont de quasi-synonymes.

Ce livre, au fond, n'est pas un manifeste de neuroergonomie, mais de neuromimétisme. Car la neuroergonomie, comme toute science, est moralement neutre, et l'on peut en faire le meilleur comme le pire. Pour comprendre où va n'importe quelle technologie, qu'il s'agisse de la physique nucléaire, de l'intelligence artificielle, des nanotechnologies, des biotechnologies, ou des neurotechnologies, il suffit de poser la question : qui sert qui ? Si c'est la technologie qui sert l'humanité, tout va bien. Si c'est l'humanité qui sert la technologie, rien ne va plus.

Quelques bons ouvrages ont été écrits sur la neuroergonomie, comme le traité de Parasuraman *Neuroergonomie : mettre le cerveau au travail*[1] ou le *Neuroergonomie : une approche aux facteurs humains et à l'ergonomie par les neurosciences cognitives*, sous la direction d'Addie Johnson et Robert Proctor[2]. Mais aucun d'entre eux ne traite la question du « pourquoi ». Une technologie n'a aucune valeur sans pourquoi. Si la neuroergonomie est l'art de tirer de meilleures performances du cerveau, dans quel but le fait-elle ?

Nos nerfs ne sont pas faits pour être pressés, brûlés, exploités. La neuroergonomie n'est pas faite pour que des individus ou des organisations puissent un jour tirer un maximum de jus de nos cerveaux. En est-on si loin ? Aujourd'hui, on parle déjà du métier de consultant comme d'un commerce de « jus de cerveau ». La neuroergonomie sert à nous rendre conscients que nous avons un cerveau, qu'il a une certaine forme, comme nos mains, notre dos en ont une, et que de même que certains travaux lourds et répétitifs peuvent nous causer une hernie discale, un syndrome du canal carpien ou une scoliose, certaines pratiques mentales, certains environnements, certaines pressions peuvent l'endommager. N'importe qui sur terre doit pouvoir refuser qu'on lui torde le cerveau, car c'est un droit humain, sacré et fondamental.

Défense des neurodroits

Je n'ai donc écrit ce livre que pour une raison : que n'importe qui, n'importe quand, puisse le citer, comme on cite une Constitution

1. Parasuraman, R., *Neuroergonomics : The Brain at Work*, Oxford University Press, États-Unis, 2006.
2. Johnson, A. et Proctor, R. *Neuroergonomics : A Cognitive Neuroscience Approach to Human Factors and Ergonomics*, Palgrave Macmillan, 2013.

pour rappeler ses droits fondamentaux, pour affirmer solennellement : « Mon cerveau est sacré, mes nerfs sont sacrés, ce n'est pas à mes nerfs de servir ton système, c'est à ton système de servir mes nerfs. » Eh bien, de même que la Renaissance a incubé peu à peu, timidement, l'idée que l'Humain était quelque chose de sacré, il faut aujourd'hui rappeler la sacralité des nerfs humains. Je n'ai pas de message plus clair : aucune personne, aucune organisation, n'a le droit de brûler vos nerfs. Mais pour défendre ses neurodroits, encore faut-il les connaître, et connaître son cerveau.

Qui sauve un nerf sauve l'Humanité

Il existe un verset coranique, partagé par toutes les traditions abrahamiques et d'autres encore : « Qui sauve un homme, c'est comme s'il sauvait l'humanité toute entière[1]. » Eh bien je dis que celui qui sauve un nerf, il sauve tous les nerfs de l'humanité également. Déclarer que plus un seul nerf ne sera brûlé sur terre, c'est une chose excellente pour l'individu et pour le groupe. Car on ne mesure pas l'influence délétère d'une seule personne dont les nerfs ont été brûlés. Une neurophysiologie en flammes, une exposition prolongée à de trop fortes doses de cortisol, d'adrénaline ou de noradrénaline, peut enflammer une société entière.

La sombre ballade d'Arturo Diaz

Je me souviens de feu Arturo Diaz, détenu américain à Livingstone, Texas, qui fut exécuté en 2013 pour avoir assassiné un innocent dans une brutalité inénarrable, comparable à l'acharnement de ces guerriers médiévaux en plein spasme de guerre. Ma grand-mère et mon cousin, qui correspondaient avec lui dans le cadre d'un programme d'échange avec les condamnés, m'avaient demandé d'écrire pour lui une lettre de grâce à l'intention du gouverneur du Texas de l'époque, Rick Perry, afin que sa peine fût commuée en réclusion à perpétuité. De part et d'autre de l'Atlantique, l'attitude des communautés chrétiennes peut différer profondément quant à la peine de mort : la majorité des *conservative*

1. Coran V, 32.

christians de l'époque, qui formaient la base électorale de Perry, défendaient la peine de mort, tandis que ma grand-mère, comme beaucoup de ferventes chrétiennes françaises, amatrice de Victor Hugo et donc lectrice du *Dernier Jour d'un condamné*, espérait son abolition universelle.

À l'écriture de la lettre, donc, j'ai tâché de me plonger dans ce que l'on pourrait appeler la neurochronologie d'Arturo Diaz. Et ce que j'y ai trouvé m'a laissé une impression glaçante.

Imaginez, en effet, qu'à l'image des troncs d'arbres, dont les cernes délimitent les rythmes de croissance et enferment des informations sur la rigueur ou la douceur de chaque saison, nos nerfs aient des cernes eux aussi, qui retracent chaque coup, chaque peur, chaque mépris, chaque pardon, chaque patience, chaque haine mais aussi chaque miséricorde. Aucun homme ne naît avec les nerfs assez volatiles pour massacrer son prochain. La volatilité nerveuse se construit. Elle est la superposition et le pourrissement de contacts avec d'autres volatilités. De sorte qu'il existe, vraiment, des humains ignifuges (comme le furent Gandhi, Mandela ou Martin Luther King, Jr, pour n'en citer que les plus glorieux exemples) et d'autres inflammables.

La neurochronologie de Diaz ne m'a montré qu'une interminable succession d'entailles et de psycatrices profondes : cet homme n'était plus maître de sa douleur, mais sa douleur l'était devenue de lui. Il arrive un moment où, à force de souffrances et de frustrations, ce sont nos nerfs qui nous dirigent. Chaque instant devient alors un instant de survie. L'homme dont les nerfs sont dévorés par la peur, le mépris, l'usage répété de la violence sur eux, est un homme extrêmement dangereux. Il pourra ne tuer qu'une seule personne (peut-être lui-même), ou brûler d'une passion si sombre qu'elle sidérera les masses, qui le porteront elles-mêmes au pouvoir et lui donneront les leviers nécessaires pour tuer des millions de gens en toute légalité.

Que la vie est atroce, vaine et sombre, comme ces scènes qui passent en l'ivrogne

Comme « être » signifie « n'être pas », voir et sentir, entendre et ressentir

Une goutte dans les marées sans bord de l'océan, gâchis d'agonie insondable

Où les uns vivent leur vie atroce, en en tuant des millions d'autres[1].

Les individus aux nerfs détruits peuplent aussi bien les hôpitaux que les prisons, mais ils peuvent également occuper des postes à responsabilité et présider à notre destinée. On a démontré, par exemple, qu'à force de ridiculiser l'empathie et la gentillesse, de glorifier l'égoïsme, la cruauté et la vanité, certains métiers promouvaient la psychopathie. Imaginez tout ce qui serait physiquement interdit, ou pénible, à quelqu'un qui aurait le dos tordu. Eh bien, imaginez de même toutes les pensées, les sagesses, interdites à un cerveau tordu…

En tordant le cerveau des gens, nos systèmes produisent des neuro-infirmes. Leur infirmité est insidieuse, parfois déguisée en vertu, et il arrive qu'elle surgisse brutalement, entraînant d'autres êtres dans le malheur. Cette cacophonie de nerf à nerf dure depuis la nuit des temps, et en chacun de nos actes, nous avons le choix – plus ou moins aisé, plus ou moins légendaire – de jouer une note qui influencera l'humanité entière.

Dans la sombre ballade d'Arturo Diaz, il y a les échos de violence et de compassion, dont les notes résonnent depuis le Moyen Âge, et même depuis les premiers humains, entre des pères, des frères, qui se sont battus, humiliés, rabaissés, qui se sont torturés nerveusement de toutes les manières possibles… Ce feu se prolonge encore à l'heure où vous lisez ces lignes, chaque jour qui passe, les nerfs à vif des uns et des autres continuent de produire des notes stridentes, et ils sont nombreux, très nombreux, les neuro-infirmes qui s'ignorent.

Car si elle est bien réelle, la neuro-infirmité a cette particularité qu'elle est difficilement observable par nos imageries rudimentaires. Notre dos, notre main, nous les voyons, nous les touchons, nous savons leurs modes de fonctionnement (sains et efficaces pour certains, inefficaces et malsains pour d'autres), nous sommes plus ou moins conscients de la taille de leur empan et de leur point de rupture. Pourtant, même si nos mains sont devant nous depuis que l'humanité existe, il nous a fallu plusieurs trentaines de millénaires

1. Richard Francis Burton, *The Kasidah of Haji Abdu el-Yezdi.*

pour prendre réellement conscience de notre ergonomie corporelle. Sachant que nous avons observé les neurones pour la première fois il y a environ un siècle et demi, je vous laisse imaginer les progrès qu'il nous reste à faire dans la prise de conscience de notre propre ergonomie neuronale.

Le nerf est sacré

Si l'humanité d'aujourd'hui était un être de cent ans, une année ne représenterait que quatre heures de sa vie. La bataille de Stalingrad ne serait vieille que de dix jours, et on pourrait donc dire tout naturellement qu'*il y a dix jours*, l'humanité n'avait pas de scrupule à broyer des milliers de tonnes de sa propre chair avec une détermination et une efficacité industrielles. Tout se passe comme si nous n'avions pas encore pris conscience de notre propre sacralité. Or, la chair humaine a de plus nobles raisons d'être que les tranchées et les munitions à haut pouvoir explosif. J'espère seulement qu'il nous faudra moins d'une journée pour en prendre conscience.

L'homme n'a jamais été capable de créer une nature ; il ne sait même pas, en réalité, comment créer une seule cellule vivante. En brûlant la nature, il brûle ce qu'il ne comprend pas, ce qui est malsain et immature : à brûler aujourd'hui ce qu'on pourrait comprendre demain, on marche sur son futur. C'est pourtant ce que l'on fait aujourd'hui de la nature extérieure et de notre nature intérieure : notre chair, notre cerveau, que l'on sacrifie au nouveau Baal-Industrie. En ce sens, il y a un rapport direct entre le biomimétisme, qui observe et préserve la nature en s'en inspirant, et le neuromimétisme, qui fait de même avec les nerfs.

L'art de ne pas marcher sur son futur, c'est l'art du développement durable, qui est à l'intersection du développement économique, social et écologique. Mais la neuroergonomie, on l'a vu, a elle aussi des choses à dire du développement économique et social, elle est une composante incontournable de *notre* développement durable. Au même titre que le biomimétisme, le neuromimétisme peut nous aider à ne pas piétiner notre futur et à nous libérer de nous-mêmes, car on ne saurait respecter la nature extérieure qu'une fois sacrée notre nature intérieure. Au fond, nos nerfs ne sont jamais que des filandres de mer diluée : ils sont la nature écrite en nous, son empreinte.

Il n'y a aucune création humaine à laquelle le cerveau doive se plier, mais s'il y a bien une chose à laquelle il a dû se conformer, c'est la nature. Notre corps est adapté à la nature, notre cerveau est adapté à la nature ; il n'est pas adapté aux usines, aux villes, aux supermarchés, aux bureaux ou à l'école. Ce sont des environnements auxquels il peut se conformer un temps (qu'il peut visiter, en quelque sorte), mais jamais se soumettre à vie. En fait, il n'existe pas de meilleur neuroergonome que la nature. Il n'y a donc rien d'étonnant à ce que Bouddha, Aristote, Léonard de Vinci ou François d'Assise l'aient choisie pour maître.

Il est impératif pour nous, aujourd'hui, de reprendre le contrôle de nos nerfs, tel est l'humanisme de la neurosagesse : la liberté par le neurone ! Nos neurones, en effet, sont plus sacrés, plus précieux qu'un Stradivarius, et capables de mélodies infiniment plus vastes. Personne n'a le droit d'y toucher sans notre accord, les cordes de notre corps nous appartiennent, et plus on gagne d'empire sur elles, plus on acquiert de liberté.

Neuro-inspiration

Neuromimétisme

Notre tort, c'est de croire qu'il faut choisir entre production et préservation de la nature. À travers la révolution industrielle, l'économie semble avoir trahi la nature. Mais la nature, elle, n'a jamais trahi l'économie, et si elle le faisait, il n'y aurait plus grand monde pour lire ces lignes. L'économie a été une mauvaise amante de la nature dans les trois derniers siècles, mais si elle en divorce tout à fait, elle ne pourra pas retourner habiter chez ses parents… L'économie va devoir apprendre à respecter la nature, et elle va y gagner. Au XXIe siècle, la nature et l'économie vont travailler en synergie, et cette synergie les pathétiques rustines administratives que l'on a accumulées ces dernières décennies pour rafistoler leur couple.

L'économiste et entrepreneur Gunter Pauli nous dit : « Tout ce qui est bon pour vous et bon pour la nature est cher, tout ce qui est mauvais pour vous et mauvais pour la nature est bon marché : qui a conçu ce système ? »

Il en va de même de l'éducation : tout ce qui est bon pour notre cerveau est cher. L'éducation brutale, élitiste et castratrice est bon marché, l'éducation sur mesure, basée sur le mentorat plutôt que la pédagogie industrielle, est chère. Aujourd'hui, à tarif égal, à quelle université un étudiant de Singapour désirerait-il s'inscrire : Paris-Saclay ou Stanford ? Stanford, bien sûr, parce que, au prix où on en paye l'enseignement, elle est infiniment plus ergonomique que Paris-Saclay. J'espère qu'à mesure que vieillira ce livre, la réponse à cette question ne sera plus si évidente, Paris-Saclay ayant l'insigne avantage de ne pas endetter ses étudiants sur trente ans pour leur dispenser ses savoirs[1].

L'idée que ce qui est bon pour l'environnement et notre santé doit être intrinsèquement moins cher est une pensée dissonante. Nos conditionnements d'antan nous ont persuadés que l'abondance était un péché, une utopie, et qu'on ne pouvait l'obtenir sans sacrifier la nature. Il en va de même pour la neuro-inspiration : ce qui est bon pour nos nerfs et bon pour nous devrait être moins coûteux, mais ce message entre en contradiction directe avec nos modes de gestion des ressources humaines, trop souvent basés sur la souffrance. Le message économique essentiel du neuromimétisme, c'est qu'un humain épanoui est plus productif. Mais si l'avènement de ce principe est tout aussi inévitable que celui du biomimétisme, comme toutes les révolutions, il devra passer par trois étapes dans la conscience formatée des gens : il paraîtra d'abord ridicule, puis dangereux, puis évident.

Le neuromimétisme, au fond, n'est pas une idée neuve, et si je propose les termes de neuromimétisme (*neuromimicry*), neuromimétique (*neuromimetics*) et neurosagesse (*neurowisdom*), c'est pour nommer respectivement un mouvement, une science et une sagesse que l'on trouvait déjà chez Aristote. Mais la participation avérée, ces dernières générations, de certains membres de communautés savantes à des actes inhumains, nous montre qu'il y a urgence : nous devons sortir de notre brillante inhumanité. Il est dangereux

1. Mais après tout, une licence de Stanford demeure moins chère qu'une licence de chauffeur de Taxi en 2010.

d'enrichir nos moyens d'action par la science, si nos raisons d'agir demeurent primitives. Je ne crains pas un fou désarmé, je crains un fou armé.

Un siècle noosphérique

La présence des neurotechnologies explose dans notre quotidien, et la marque la plus évidente de ce phénomène, c'est leur passage de l'expertise militaire à l'expertise civile. À l'heure où j'écris ces lignes, ce phénomène est méconnu du grand public, mais il sera bientôt une évidence ; une fois mûres, les neurotechnologies grand public vont créer plus d'emplois que n'en ont créé les biotechnologies à travers leurs vagues industrielles et financières successives.

Le levier, la poulie, la roue restent encore à inventer. Il existe des moyens d'amplifier les transactions de notre esprit. Nous les ignorons encore, mais ils deviendront certainement, à l'avenir, une partie intégrante de notre façon de penser.

Prenons l'exemple de l'électroencéphalogramme. Désormais, il devient personnel. Dans nos sociétés où les troubles du sommeil, encouragés par l'hypercortisolémie et les pollutions sonore et lumineuse, sont de plus en plus banalisés, une somnographie est encore difficile à réaliser. Mais peut-être plus pour longtemps. Car la vague du « Post-Post-PC[1] » rapproche de plus en plus l'informatique de notre corps, de notre peau : un individu peut tester la teneur de sa nourriture en polluants organiques persistants, ou mesurer les forces et faiblesses de son sommeil sans avoir à patienter six mois pour obtenir un rendez-vous à l'Hôtel-Dieu. Hélas, la collecte de données médicales devenant de plus en plus accessible, le viol de notre intimité risque de se banaliser et si par hasard on ne tient pas à ce que nos données demeurent notre propriété, encore faut-il avoir le choix de les vendre et être intéressé par leur valeur marchande.

On assiste également au développement de la neurocybernétique, avec la mise au point de télécommandes à signal cérébral. Associées au développement des exosquelettes et des nanotechnologies, elles pourraient permettre aux paralysés, voire aux personnes souffrant

1. Les *wearables*, ces accessoires ou vêtements électroniques qui viennent après le « Post-PC » des tablettes et smartphones.

du locked-in syndrome, de communiquer et de se déplacer d'elles-mêmes. Les générations nées après 2020 s'alphabétiseront naturellement dans l'usage des télécommandes à ondes cérébrales. Les jeunes enfants de 2017 ont déjà le réflexe de zoomer, en vain, la couverture d'un magazine papier avec leurs doigts. De la même manière, peut-être que les enfants nés après 2027 essaieront d'exprimer mentalement une commande neuroinformatique (éteindre une lumière, ouvrir une porte…) même quand ils ne porteront pas sur eux l'appareil adapté, tant le fait de le porter aura influencé entre-temps leur façon d'être.

Le XXIe siècle est noosphérique. Toutes les conditions sont réunies pour que l'homme développe la sphère de ses pensées connectées et les fasse évoluer en « simplexité[1] ». L'humanité a déployé des technologies qui ont changé sa relation à sa propre kinésphère, et elle continuera de le faire, car au fond, cette sphère est encore limitée, voire primitive (nous sommes toujours incapables de voyager d'une planète à une autre, d'un système solaire à un autre, d'une galaxie à une autre). En parallèle, nous commençons à déployer des technologies qui vont changer notre relation à la noosphère et faire paraître, demain, nos réalisations d'aujourd'hui bien triviales. Si le terme de « noosphère » est dû à Pierre Teilhard de Chardin, le concept a de nombreux précurseurs. On le trouve dans les pensées platonicienne et néoplatonicienne (Plotin, Ibn Arabi…), chez Leibniz aussi, ou bien Nikola Tesla, qui faisait en 1926 cette prédiction célèbre :

> « Quand la radio sera parfaitement mise en application, la terre entière sera convertie en un gigantesque cerveau, ce qu'elle est en fait, toutes choses n'étant que les particules d'un tout rythmique. Nous serons capables de communiquer les uns avec les autres instantanément, sans tenir compte des distances. Et pas seulement cela, mais à travers la télévision et la téléphonie nous serons capables de nous voir et de nous entendre aussi parfaitement que si nous étions face-à-face, en dépit de distances couvrant des milliers de kilomètres ; et les instruments par lesquels nous serons capables de faire cela seront incroyablement simples comparés

1. En simplicité et en complexité à la fois, car les deux ne sont pas contradictoires.

à nos téléphones d'aujourd'hui. Un homme pourra en porter un dans la poche de sa veste.[1] »

Si les infrastructures de la kinésphère ont profondément changé les civilisations, leur rapport aux autres, à elles-mêmes, au temps, à l'espace et à la nature, les infrastructures de la noosphère vont en faire de même. Pour que ces voies de communication intellectuelle soient des voies royales plutôt qu'un Chemin des Dames il faudra soumettre leur développement à la sagesse de Vitruve. C'est là que le neurodesign, à l'interface des sciences et des arts appliqués, s'avère infiniment précieux.

Neurodesign et neurométrique

L'adepte de la neuro-inspiration doit avoir constamment à l'esprit un certain nombre de questions : quelles sont les limites de ma cognition ? Que peut-elle appréhender, en une fois ou séquentiellement ? Quelles séquences sont les plus efficaces ? Quels angles de ma pensée sont-ils douloureux, ou simplement pénibles ? Et par conséquent : quels angles sont-ils pénibles pour mon interlocuteur ? Quelles propositions sont les plus à même d'exaspérer son ego, son conditionnement, ses biais ? À quel point ma pensée est-elle ossifiée, et pourquoi n'est-elle pas capable de tel ou tel mouvement ? Aurais-je pu les avoir, dans d'autres circonstances, ou sont-ils intrinsèquement inaccessibles à mon esprit[2] ? Si la Renaissance a porté un engouement nouveau à l'anatomie du corps, qu'elle s'est efforcée de représenter avec précision, la neuronaissance dans laquelle nous entrons doit se tourner vers l'anatomie de l'esprit. Ce n'est pas une nouveauté, plutôt un retour, parce que, en réalité, beaucoup de gens se sont intéressés à la forme de l'esprit humain à travers les âges. Soufis et bouddhistes, notamment, lui ont consacré des traités et lui ont taillé un outil fascinant : la métrique, c'est-à-dire la science qui définit des mesures quantifiables, ou mieux, qualifiables.

L'étude des formes du corps a porté la Renaissance, celle des formes de l'esprit sera décisive dans la neuronaissance. Elle

1. *Colliers Magazine*, interview de Nikola Tesla par John B. Kennedy, 30 janvier 1926.

2. Comme il est impossible à la plupart des humains de se lécher le coude, il y a des mouvements de pensée qui sont interdits à la plupart d'entre nous. Mais de ceux-là, nous ne sommes pas conscients.

intéressera aussi bien les arts que les sciences, et l'on trouve, déjà, dans certaines littératures des thèmes et des formes neuroergonomiques.

Patrick Modiano, par exemple, fait référence dans ses romans à la « méthode des lieux », qui est un moyen mnémotechnique ancien, mais étudié aujourd'hui en neurosciences. De même, la conscience qu'avait Proust de la subjectivité de sa mémoire associative et épisodique a fait dire à l'écrivain Jonah Lehrer que « Proust était un neuroscientifique[1] ». La neuropsychologie va avoir un impact artistique majeur, comme elle l'a déjà démontré dans le cinéma, dans l'op art, ou même dans l'informatique. Nous ne connaissons que très peu les degrés de liberté, les rythmes et les proportions de notre esprit, la neurométrique reste à inventer, mais ce qui est certain, c'est que son développement ne nous sera bénéfique que s'il est accompagné de sagesse.

Culture mentale

À l'image de nos muscles, notre cerveau dépérit dans la souffrance mais s'épanouit dans la contrainte – notre liberté consistant à décider par nous-mêmes quand et comment nous la lui imposons. Si les Grecs ont autrefois idéalisé le corps développé, nous pouvons assainir notre système nerveux par la pratique de certains exercices. *Mens sana in corpore sano*, c'est un idéal qu'il nous faut défendre, et que l'on poursuit par l'exercice de notre libre arbitre[2].

Pour le reste, la nature se charge d'éprouver le cerveau comme elle l'a toujours fait. Ce sont d'ailleurs les épreuves qu'elle lui a imposées qui sont à l'origine de sa forme et elle a été aussi dure avec lui qu'elle le fut avec le corps. La pratique de la chasse à l'endurance par nos ancêtres africains, une épreuve plus difficile que le plus difficile des marathons, a permis de sélectionner, par exemple, notre aptitude à la sudation. La nature a contraint tout ce que nous sommes devenus : notre nutrition[3], nos interactions sociales, nos rythmes de veille et de sommeil, notre perception,

1. Lehrer, J., *Proust Was a Neuroscientist*, Houghton Mifflin Harcourt, 2008.

2. La différence conceptuelle entre le corps et l'esprit étant que nous ne pouvons visualiser immédiatement un cerveau sain, alors qu'un idéal anatomique est représentable en une seule image.

3. Notamment dans sa teneur, naturellement faible, en sucres raffinés.

notre conception du temps et de l'espace, et celle que nous avons des nombres comme des notions géométriques de base.

S'il existe une culture physique, il peut exister aussi une culture mentale, mais elle ne doit jamais avoir qu'une seule racine : le bien-être dans la liberté. La véritable culture physique n'est pas celle qui enferme le corps dans ses muscles, mais celle qui le magnifie et le libère. Un pompier, par exemple, a une compréhension très claire de cette notion : s'il ne peut se hisser, à bout de bras, le long de la façade d'un immeuble, il sait qu'il ne peut pas partir en mission parce que sa kinésphère est trop réduite pour lui permettre de combattre le feu. Elle ne lui donne pas la liberté suffisante pour agir.

La culture physique a pour mission d'agrandir notre kinésphère, il en est de même de la culture mentale, et c'est là la mission sacrée de l'école : augmenter la liberté par l'éducation, mettre l'éducation au service de la liberté et pas l'inverse.

Pour exercer nos muscles, nous pouvons recourir à des tâches répétitives ou bien à des exercices intégrés, des sports dotés d'un objectif distrayant et motivant. Nous pouvons nous entraîner en salle de gymnastique, avec des appareils, ou en extérieur, et sur plusieurs pratiques athlétiques différentes. Il en va de même de l'exercice nerveux. D'une façon générale, notre cerveau a horreur de réaliser une tâche sans en connaître la raison ; l'évolution l'a sélectionné pour ne pas se prêter à ce genre d'exercice. En effet l'autonomie, qui est la nature profonde de notre système cognitif, ne peut s'exercer sans la capacité à renier certaines tâches, à ignorer certains objectifs, à réprimer certaines possibilités. Un système apprenant qui « partirait dans tous les sens », paradoxalement, ne serait plus autonome.

Si l'autonomie requiert l'inhibition, elle est donc, en un sens, consubstantielle à l'ignorance. En un sens non trivial, « j'ignore donc je suis » : s'affirmer en tant qu'individu, c'est se déconnecter du Tout. Ce thème est présent dans de nombreuses philosophies. Le saint soufi Mansur al-Hallaj fut exécuté pour avoir hurlé en place publique : « Je suis la Vérité », c'est-à-dire : « Je suis Dieu. », Il voulait signifier par là qu'il n'avait plus d'individualité propre, qu'il s'était dissous entièrement dans la Totalité de l'Univers et était devenu, d'un point de vue strictement panthéiste, Dieu lui-même… Pour les soufis, c'est aussi l'un des sens, en Islam, du symbole du croissant, qui représente l'alignement des deux cercles dans le point de vue d'un observateur. Le premier cercle est le « moi » le second cercle est le « Tout ». Ce concept est particulièrement intéressant en sciences cognitives parce que la cognition et la métacognition (ou conscience de soi) se constituent inévitablement sur l'ignorance du reste du monde : tous les systèmes cognitifs fondent leur identité sur le fait qu'ils ignorent le « Tout ». Toute cognition est une limitation. Être conscient de soi, c'est n'être plus conscient de tout le reste, et c'est une base de l'autonomie. Ce mécanisme intervient dans la nécessité pour le cerveau humain de connaître la ou les motivations de ses actions pour les réaliser, en particulier d'une façon répétitive.

Cette connaissance n'a pas besoin d'être intellectualisée, elle peut être inconsciente, mais elle doit exister. Elle peut même être partielle : c'est le cas dans la pratique d'un jeu vidéo. Pour le reste, le cerveau n'aime pas les tâches répétitives et limitées sur le plan cognitif, qui ont tendance à l'enfermer plutôt qu'à l'épanouir. Si nous apprécions une bonne lecture ou un excellent jeu vidéo davantage que l'analyse d'un livre de comptes[1], c'est qu'ils nous font traverser des états mentaux plus diversifiés, qu'ils répartissent leur poids sur plusieurs modules de notre esprit et également sur plusieurs modules de notre système nerveux.

Il existe une tension permanente, dans notre cerveau, entre l'exploration et l'exploitation, entre la normativité et la créativité. Cette tension est à la base de la question de l'autonomie en intelligence artificielle. Il n'est pas surprenant qu'elle soit l'un des problèmes les plus essentiels rencontrés par l'évolution. Or, c'est peut-être le cerveau qui en est la meilleure solution connue, et c'est pour cela que les sociétés de logiciel s'en inspirent de plus en plus pour concevoir des systèmes de décision autonome, notamment des voitures sans pilote. La tension entre exploration et exploitation est aussi observable dans l'éducation standardisée de nos jours, qui est totalement disproportionnée en faveur de l'exploitation (parce que l'exploitation peut être notée) et en défaveur de l'exploration (que l'on ne sait guère évaluer en classe).

1. Il est bien sûr possible d'apprécier un livre de comptes, s'il nous fait passer par des états mentaux excitants et diversifiés.

Le cerveau au travail

Si les objets qui nous entourent nous disent souvent : « Tu peux m'attraper par là ! », il n'en va pas de même de la connaissance et des tâches mentales. Bien attraper une idée avec son cortex, c'est un enjeu de la neuroergonomie, car nous ne *voyons* pas les idées naturellement (et encore moins leurs poignées). C'est tout le problème de la métacognition : nous ne savons pas que nous savons tout ce que nous savons.

Savoir que nous savons est coûteux pour notre cerveau, et ce coût est réduit notamment par le filtre du cortex frontal qui, avant la réalisation consciente de chaque tâche, établit un modèle plus ou moins fiable de nos capacités à l'exécuter. C'est lui, souvent, qui semble nous murmurer (quoiqu'il n'ait pas la capacité de former des mots) : « Est-ce que tu es sûr que tu peux faire ça ? »... et qui finit par nous faire douter. Quand nous pensons ne pas savoir quelque chose alors que nous le savons, c'est exactement ce phénomène qui est en jeu. Or, la métacognition n'intervient pas seulement dans le « savoir que l'on sait » mais aussi dans le « savoir comment l'on sait » et le « savoir pourquoi l'on sait ». Quoi ? Comment ? Pourquoi ? Où ? Quand ? Telles sont, parmi d'autres, les « métadonnées » de notre savoir, à l'image des métadonnées sur photographie numérique, qui indiquent où, quand et comment le cliché a été pris. Si une connaissance n'est pas toujours munie de ces données-là, c'est notamment pour éviter la surchauffe de notre système cognitif, qui doit trier en permanence ce qui est essentiel et ce qui ne l'est pas.

Même si leurs poignées nous sont souvent invisibles, il existe des postures pour attraper les idées, et elles sont extrêmement variées. L'adéquation de ces postures avec les épreuves mentales que nous rencontrons dans nos vies, qu'il s'agisse d'une négociation, d'une conversation, de la résolution d'un conflit ou d'un problème mathématique, de la guérison d'une dépression nerveuse ou d'une insomnie ; qu'il s'agisse d'écouter une musique, de savourer un plat, ou de nous souvenir de la première fois où nous l'avons mangé, toutes ces situations sont des cas de cerveau au travail. Comme les muscles se mettent en synergie pour produire des mouvements précis et subtils, qui permettent à la main humaine aussi bien de fracasser une brique que de jouer un arpège, notre cerveau peut aussi bien saisir des concepts mathématiques que les affects d'un opéra.

Mais, hélas, l'humain n'a que peu de respect pour ces choses merveilleuses qui lui semblent aller de soi. C'est valable aussi bien pour la nature que pour les nerfs. Un rayon de soleil, une eau pure, de l'air frais, un printemps qui surgit chaque année, un cerveau qui fonctionne… Nous avons beaucoup de mal à apprécier ce que nous pouvons obtenir pour rien, de sorte que toute notre économie, encore profondément immature, confond prix et valeur, valeur et rareté. Pour mon corps, l'air respirable est d'une valeur inestimable ; il n'est presque pas payant (pour le moment). Le cerveau, la plupart des humains l'ont pour rien. Et ce sont sept milliards de cerveaux humains sur terre qui ont convaincu l'humanité que le nerf n'était pas chose si précieuse. C'est un tort. Nous avons quelque chose d'infiniment précieux en nous. Cette merveilleuse prise de conscience, salvatrice, libératrice anime notre neuronaissance.

4.

Neuronaissance

Trois (re)découvertes

La première Renaissance s'est trouvée à la conjonction de trois grandes redécouvertes : la redécouverte de l'imprimerie par Gutenberg (les Coréens maîtrisaient l'imprimerie à caractère mobile bien avant lui), la redécouverte des Amériques par les Européens (Christophe Colomb n'est ni le premier homme ni le premier Européen à fouler le sol américain) et les grandes redécouvertes scientifiques et anatomiques (comme la compréhension du système sanguin ou de l'anatomie de l'œil, initialement rapportée dans les traités antiques et reprise ou infirmée par la médecine arabe).

Aujourd'hui, nous sommes confrontés à trois mouvements équivalents : Internet change le monde davantage que l'imprimerie à caractère mobile, et son influence est plus vaste. L'exploration spatiale fait pendant aux expéditions terrestres de la Renaissance et suscite un enthousiasme sans limite : récemment, un appel à volontaire pour un aller simple sur la planète rouge a recueilli plus de cent mille candidatures en ligne, et l'entrepreneur Elon Musk, que l'on qualifie déjà d'homme de la Renaissance, a eu cette formule célèbre : « J'aimerais bien mourir sur Mars… mais pas à l'impact. » Nous avons découvert en 2014 notre nouvelle adresse dans l'Univers, Laniakea (« Paradis incommensurable » en hawaïen), ce vaste agrégat de galaxies dont nous ignorons presque tout[1], mais dont

1. Tully, R. B., Courtois, H., Hoffman, Y. et Pomarède, D., « The Laniakea supercluster of galaxies », *Nature* (2014), 513, 71-73.

la découverte est, à notre époque, ce que la confirmation expérimentale de l'héliocentrisme fut à celle de Copernic. La mission Kepler nous a apporté un volume d'information sans précédent sur les planètes comparables à la Terre dans notre voisinage proche. Et sous la croûte terrestre elle-même, nous avons découvert de manière tout à fait inattendue de vastes dépôts hydrolithiques (des cristaux de ringwoodite encapsulés dans des cristaux de carbone[1]), soit de gigantesques quantités d'eau pétrifiée.

Enfin, en termes d'anatomie, la grande découverte du moment, ce sont les neurosciences.

Aristote, en son temps, pensait que l'une des fonctions du cerveau humain était la régulation thermique : il le considérait comme une sorte de radiateur. L'hypothèse n'est pas idiote : le cerveau est très circonvolué (il possède beaucoup de sillons qui maximisent sa surface), très irrigué, et nous attrapons facilement froid par le crâne (qui saigne d'ailleurs abondamment alors qu'il n'est parcouru par aucune artère massive). Et même si vous avez parfois l'impression que chez certaines personnes, il ne sert que de radiateur, il a toujours d'autres fonctions, et la connaissance que nous en avons aujourd'hui est d'un niveau de détail sans précédent par rapport à celle qu'en avaient les philosophes et médecins antiques. Cette connaissance est le fruit d'une très longue incubation qui remonte à la préhistoire, et par laquelle l'homme a réalisé un grand nombre d'essais-erreurs, dont il ne reste que très peu de traces aujourd'hui, pour se comprendre lui-même. Le médecin romain Scribonius Largus, par exemple, avait évoqué en son temps l'usage de poissons électriques pour traiter notamment les migraines, et l'on peut considérer cela, au fond, comme une démarche d'électrophysiologie. Nous possédons également des preuves de trépanations préhistoriques, tout comme nous en avons de la consommation rituelle de psychotropes, un moyen particulier de pratiquer la science du cerveau, et qui est présent dans toute la grande lignée chamanique universelle. Cette lignée, qui fut appelée autrefois « touranienne », est probablement plurielle. Elle intègre les ancêtres des peuples toungouses de Sibérie, dont sont

1. Pearson, D. G., Brenker, F. E., Nestola, F., McNeill, J., Nasdala, L., Hutchison, M. T., Matveev, S., Mather, K., Silversmit, G. et Schmitz, S., « Hydrous mantle transition zone indicated by ringwoodite included within diamond », *Nature* (2014), 507, 221-224.

peut-être issues toutes les traditions chamaniques des Amériques. Elle s'initia par la consommation rituelle de certaines amanites, puis essaya de retrouver des effets psychotropes dans l'ingestion des nouvelles faunes et flores découvertes le long des voies de migration, qu'il s'agisse du peyotl *Lophophora williamsii* (que les natifs connaissaient des millénaires avant sa classification sous ce nom en 1898) ou de la « liane de rêve », à la base de la préparation de l'ayahuasca. Cette expérience directe de psychotropes par les peuples natifs, qui l'ont exercée dans un but précis (à l'opposé de la gratification égoïste qui caractérise leur consommation « ésotouristique »), est un réel facteur d'avancée de la recherche scientifique.

Science et conscience

Francis Bacon, que l'on cite pourtant comme l'un des pères de la méthode scientifique moderne, recommandait l'usage de l'expérience pour déterminer la structure de l'Univers, et en particulier la nôtre. Ce que nous avons largement oublié, c'est qu'il tenait la subjectivité en très haute estime, alors que les neurosciences modernes ont un mépris quasiment viscéral à son égard. Ce mépris actuel, heureusement, est nuancé par les excellents travaux de Francisco Varela en « neurophénoménologie », qui consistent à utiliser le ressenti d'un sujet pour expliquer ce qui se passe dans son cerveau et le corréler à des mesures externes[1]. Varela et ses collaborateurs utilisent donc des « données à la première personne », c'est-à-dire subjectives, pour guider l'acquisition de « données à la deuxième personne », que l'on appellera, par abus de langage, objectives, mais qui ne sont jamais que des perspectives.

D'une manière générale, nous avons tendance à considérer que la subjectivité ne nous permet pas d'acquérir la moindre connaissance du cerveau. Et c'est normal, puisque le fonctionnement naturel de notre cerveau n'est pas conscient. Si nous savons marcher, nous ne savons pas naturellement décrire comment nous marchons. Si nous savons danser, nous ne savons pas naturellement décrire comment nous dansons. Nous savons respirer, parler, penser… mais nous

1. Lutz, A., Lachaux, J.-P., Martinerie, J. et Varela, F. J., « Guiding the study of brain dynamics by using first-person data : Synchrony patterns correlate with ongoing conscious states during a simple visual task », *Proceedings of the National Academy of Sciences* (2002), 99, 1586-1591.

ne savons pas comment nous réalisons ces actions. Nous ignorons les mécanismes de notre jugement, de notre raisonnement, de nos émotions, etc. La conscience de nos processus nerveux est une conquête, un effort. Elle ne va pas de soi. Or, c'est la conscience justement de cette conquête, la volonté farouche de la réaliser, qui fonde la neuronaissance.

Le message essentiel de la sagesse dite « occidentale » (mais dont cet Occident fantasmé n'a pas le monopole) est porté au frontispice du temple d'Apollon, à Delphes. Socrate en fit sa devise philosophique : « Connais-toi toi-même et tu connaîtras l'Univers et les Dieux. » Pour de nombreuses traditions spirituelles, la seule connaissance de soi, sans Imagerie à Résonance Magnétique fonctionnelle, sans MagnétoEncéphaloGraphie, sans électrophysiologie, sans optogénétique, est en effet considérée comme suffisante à la connaissance de toutes choses. Mais le problème n'est pas là, car il n'est pas question de faire rivaliser spiritualité et science : une telle opposition serait puérile, car l'humain n'est pas tout de raison et de science : il est fait de conscience, et la conscience est plus vaste que la science. Opposer science et conscience, ou science et spiritualité, c'est opposer des modules fondamentaux de notre être, et susciter en nous une guerre civile dont nous ne sortirons jamais gagnants. Opposer science et spiritualité reviendrait à opposer nos deux mains, qui sont censées travailler ensemble. La neuronaissance a évidemment besoin des neurosciences, mais elle sera faite, aussi, de sagesse, de recul et d'humanité.

Idries Shah, qui eut une grande influence sur la prix Nobel de littérature Doris Lessing et le brillant neuroscientifique de Stanford Robert Ornstein, était convaincu de ce que la connaissance de soi est nécessaire et suffisante à la connaissance de l'Univers. Il militait cependant pour que les dernières découvertes de psychologie expérimentale connaissent la plus large diffusion. « Pour l'amour de l'humanité, qu'aimeriez-vous voir arriver aujourd'hui ? » lui demandait la journaliste Elizabeth Hall dans une émission de radio de 1975 sur le thème de « la psychologie aujourd'hui ». Sa réponse est éloquente :

> « Ce que je voudrais vraiment, au cas où quelqu'un écouterait, ce serait que le produit des cinquante dernières années de recherche

psychologique soit étudié par le public, par tout le monde, pour que ces découvertes fassent partie de leur façon de penser. Pour le moment, les gens n'en ont adoptées que quelques-unes. Ils parlent couramment de lapsus freudiens et ils ont accepté l'idée de complexe d'infériorité. Mais ils ont ce grand corpus d'information psychologique et ils refusent de l'utiliser.

Il y a une histoire soufie à propos d'un homme qui visite une boutique et demande au boutiquier : “Avez-vous du cuir ?

— Oui, répond-il.

— Des clous ?

— Oui.

— Du fil.

— Tout à fait.

— Des aiguilles ?

— Bien sûr.

— Alors pourquoi ne vous faites-vous pas une paire de bottes ?”

Cette histoire a pour but de montrer du doigt cet échec à utiliser le savoir disponible. Les gens de cette civilisation meurent de faim au milieu de l'abondance. C'est une civilisation qui s'effondre, pas parce qu'elle ne dispose pas de la connaissance qui pourrait la sauver, mais parce que personne ne veut réellement l'utiliser. »

Il existe des connaissances sur le cerveau et elles sont à notre portée. C'est de leur mise en relation à des fins utiles que viendra la neuronaissance, tandis qu'elles trouveront leur ennemi dans l'ego des chapelles scientifiques et techniques, qui se comportent avec la même territorialité dans le monde intellectuel qu'un chien dans le monde physique, et souffrent d'aversion pour la coopération, le partage, la synergie. Quoi de plus triste, pourtant, que de générer de la connaissance sans l'utiliser ?

Nombreux sont les traités qui se vantent de ne pas prendre de recul sur le savoir « en train de se faire », car ils jugent une telle démarche anti-académique. La mise en perspective est pourtant une posture remarquable de la conscience humaine (corrélée au mouvement de notre première Renaissance, d'ailleurs) et il faudrait l'encourager plutôt que la réprimer. Aujourd'hui, d'ailleurs, les cartes de connaissance se multiplient, ainsi que les phylomémies, ces arbres généalogiques par lesquels les chercheurs peuvent cartographier les savoirs en évolution. Évidemment, ces phylomémies sont limitées, puisqu'elles ne représentent que la *terra cognita* de la connaissance, un littoral en quelque sorte, mais elles ont le mérite de mettre en relation les nouveaux contenus, en bordure d'une *terra incognita* immense et inexplorée.

Neurofascisme

Vices de l'autorité savante

La spiritualité doit toujours accompagner la science, et non la combattre. Lorsqu'elles s'opposent, c'est pour le pire, l'Histoire nous l'a souvent montré : les neuropsychiatres du passé n'ont pas hésité à lobotomiser des patients de force, de même que certains généticiens versèrent dans l'eugénisme et avalisèrent des campagnes de stérilisation forcée à des fins d'« hygiène sociale » ; sans compter les savants arrogants qui défendirent la pseudoscience coloniale de la physiognomonie, comme aujourd'hui d'autres savants arrogants défendent la pseudoscience de la bibliométrie. Ces gens-là étaient certainement brillants pour leur époque, mais ils étaient fats et inhumains.

Les lobotomies forcées sont un exemple remarquable de cette arrogance délétère : touiller le lobe frontal d'un humain, alors que l'on ne comprend quasiment rien au cerveau, et affirmer péremptoirement que cette démarche procède d'une nécessité médicale, qu'elle respecte donc le principe sacré du *primum non nocere*[1], ce n'est hélas qu'une illustration parmi d'autres de la brutalité physique et intellectuelle dont peut faire preuve l'homme. Ne comprenant pas cette chose magnifique et subtile qu'est le cerveau, il la casse. Il brûle ce qu'il ne comprend pas. Or ni la blouse blanche, ni le doctorat, ni l'aval de la science, de l'entreprise, de l'État ne justifient cela. Il existera toujours des barbares diplômés ou des barbares d'État, ce n'est pas incompatible, loin de là.

Deux tendances s'imposent à nous, et nous avons désormais le choix entre une neuronaissance et un neurofascisme. Je ne crois

1. En latin : « D'abord ne pas nuire. »

pas être alarmiste en le signifiant ainsi, car le neurofascisme, en l'occurrence, relève d'un phénomène historique pérenne : celui de la prostitution scientifique. Souvenons-nous que les plus atroces expériences biomédicales sur humains ont été pratiquées la plupart du temps avec la complicité de médecins et de scientifiques reconnus par leurs États et leurs pairs. Or, dit le proverbe soufi, « le pire des sages est visiteur de princes, mais le meilleur des princes est visiteur de sages », et c'est au pouvoir de s'incliner devant la sagesse, pas l'inverse.

Il serait odieux de condamner une majorité pour les horreurs d'une minorité, et la participation de certains scientifiques à des actes inhumains ne signifie pas que tous les scientifiques en seraient coupables. Mais s'il est sage de considérer qu'une minorité ne peut accabler la réputation d'une majorité, et il est noble de considérer qu'elle peut racheter cette dernière. Récemment, des révélations ont été faites à propos de l'American Psychological Association (APA), dont quelques membres reconnus ont participé aux programmes de torture de la CIA. Il ne s'agit pas de stigmatiser l'APA, qui compte des centaines de milliers de membres, mais de rester vigilants, nous, membres de la société civile, face à cette tendance par laquelle nous cédons notre pouvoir, notre identité, notre libre arbitre à des structures qui oublient parfois trop vite qui elles doivent servir.

C'est par conditionnement et même par une prédisposition comportementale que nous soumettons notre cerveau à des autorités dès l'enfance, sans plus cesser de le faire ensuite.

Le mythe d'une science inaccessible

La neuronaissance ne se réalisera que lorsque la société civile se sera emparée des neurosciences et les aura assimilées elle-même, de sorte qu'elle n'aura plus besoin d'aucune autorité hiérophantique pour libérer son cerveau des systèmes qui se sont créés autour de lui. Dans ce mouvement, quiconque prétend que les neurosciences sont inaccessibles, quiconque veut leur donner l'apparence d'un art hermétique réservé à une poignée d'initiés fait grand mal à ses contemporains. Et le mal est d'autant plus grand que l'hermétisme du sujet est sous-entendu : je préfère encore un chercheur qui prend position ouvertement pour déclarer que la neuroscience est affaire d'élite à un chercheur qui le pense tout bas. Car le premier des deux idiots a le mérite de mettre ses arguments sur le tapis et de les exposer à l'esprit critique ; ce faisant, il se rend lui-même conscient de ses biais et préjugés. À l'inverse, celui qui les entretient sans les admettre n'est même pas encore prêt à les entendre[1].

De nos jour, ce sont les États-Unis qui ont la meilleure politique de vulgarisation scientifique au monde. En Amérique, le temps moyen entre une découverte fondamentale et sa connaissance populaire me semble parmi les plus courts sur terre. Le traitement des sciences y est très différent de celui que nous leur réservons en Europe latine. Si l'on compare des journaux italiens ou français à un quotidien comme *The Guardian*, on sera frappé de la différence de profondeur dans le traitement des articles scientifiques. Or, en ce début de XXIe siècle, la tendance est à la fusion, de plus en plus imminente, entre recherche fondamentale et vulgarisation. La circulation des connaissances étant dans l'intérêt de tous, il serait formidable de voir la recherche future fusionner publications originales et vulgarisation, de sorte que les découvertes soient immédiatement accessibles à ceux qui les ont financées – à savoir les membres de la société civile.

Car si la recherche actuelle est malade, c'est aussi de son système de publication payant et fermé. Songez seulement : un chercheur du CNRS, financé par le travail des citoyens français et européens, est dans l'obligation de fait de privatiser l'intégralité de sa recherche sans recevoir de droits d'auteur, ni d'en transmettre au CNRS lui-même, qui pourrait sûrement récupérer un quart de son budget annuel s'il touchait l'argent de toutes ses publications[2].

La recherche actuelle est ainsi faite que le travailleur de la connaissance doit soumettre la totalité de son pouvoir de négociation à des revues payantes, et les supplier d'accepter gratuitement une valeur qui a coûté des millions d'euros au contribuable. Mais le pire, c'est qu'il doit payer sa recherche deux fois : pour lire les travaux de ses collègues, il doit, en effet, s'acquitter encore d'un abonnement très coûteux aux revues scientifiques qui s'en sont emparées.

---

1. « Combien faut-il de psychologues pour changer une ampoule ? dit la blague. Un seul, mais l'ampoule doit *vouloir* changer. »

2. Le groupe de publication scientifique Elsevier gagne plus d'argent en un an que tout l'INSERM.

Délocaliser les découvertes scientifiques

Aux États-Unis, un mouvement de revues en consultation libre et gratuite est en train de voir le jour, dont le plus célèbre porte-flambeau est le groupe de journaux *PLoS* (*Public Library of Science*). Par ailleurs, l'État de Californie a déjà rendu obligatoire l'accès public à toutes les publications de travaux financés par le contribuable, même si elles ont été accaparées par un journal privé. Cette décision fait suite au scandale de l'affaire Aaron Swartz, un brillant étudiant du MIT qui s'est donné la mort en 2013 après avoir diffusé librement des milliers de publications scientifiques payantes. Il risquait jusqu'à vingt ans d'emprisonnement. Cette accusation inique et si contraire à l'intérêt général a suffi à faire basculer Swartz, déjà psychologiquement brutalisé par le monde universitaire, dans l'autodestruction.

Dans ce système malade, les initiatives bénéfiques sont tout de même de plus en plus nombreuses, et il y a des visionnaires pour montrer la voie. Le pédagogue François Taddei a ainsi lancé le programme « Savanturiers[1] », qui consiste à former les élèves par la recherche. David Baker et Seth Cooper ont développé le jeu biochimique Foldit, par lequel n'importe qui peut contribuer à la recherche sur la structure des protéines et qui, à l'heure où j'écris ces lignes, est déjà considéré comme un précurseur d'une tendance plus vaste à la ludification des travaux scientifiques[2]. Kevin Schawinski, de l'Université d'Oxford, a développé de son côté le jeu scientifique col-

1. Ainsi que se définissait l'illustre Auguste Piccard, l'inspirateur du personnage de Tryphon Tournesol, père de Jacques Piccard et grand-père de Bertrand Piccard, le premier pilote du projet Solar Impulse.

2. Eiben, C. B., Siegel, J. B., Bale, J. B., Cooper, S., Khatib, F., Shen, B. W., Players, F., Stoddard, B. L., Popovic, Z. et Baker, D., « Increased Diels-Alderase activity through backbone remodeling guided by Foldit players », *Nature Biotechnology* (2012), 30, 190-192 ; Khatib, F., Cooper, S., Tyka, M. D., Xu, K., Makedon, I., Popović, Z., Baker, D. et Players, F., « Algorithm discovery by protein folding game players », *Proceedings of the National Academy of Sciences* (2011a), 108, 18949-18953 ; Khatib, F., DiMaio, F., Cooper, S., Kazmierczyk, M., Gilski, M., Krzywda, S., Zabranska, H., Pichova, I., Thompson, J. et Popović, Z., « Crystal structure of a monomeric retroviral protease solved by protein folding game players », *Nature Structural & Molecular Biology* (2011b), 18, 1175-1177 ; Khoury, G. A., Liwo, A., Khatib, F., Zhou, H., Chopra, G., Bacardit, J., Bortot, L. O., Faccioli, R. A., Deng, X. et He, Y. « WeFold : A coopetition for protein structure prediction », *Proteins : Structure, Function, and Bioinformatics* (2014), 82, 1850-1868.

laboratif Galaxy Zoo[1], grâce auquel n'importe qui, pour peu qu'il ait accès à un ordinateur, peut aider les astronomes à déterminer si un signal lumineux correspond à une galaxie, une étoile ou une simple erreur. Quant à Terence Tao, lauréat en 2006 de la médaille Fields, il participe depuis son blog au fascinant projet Polymath, dans lequel chacun peut proposer ses idées à la communauté scientifique pour décider des conjectures mathématiques. Lancé par le mathématicien Tim Gowers en 2009, Polymath n'était au départ qu'un défi posté sur son blog, un théorème difficile qu'il soumettait à la masse des cerveaux intéressés. Après une libre ébullition d'idées et de concepts à des années-lumière de l'orthodoxie des comités de lecture, Gowers put observer que son théorème avait été démontré. Celui qui peut mobiliser un gros volume d'At, c'est-à-dire d'attention et de temps humain, même de non-experts, peut changer la face du monde. Notons enfin qu'une équipe scandinave a tout récemment permis à un grand nombre de joueurs, sur un jeu vidéo de son cru, de résoudre un problème fondamental de l'informatique quantique[2].

Les neurosciences vont profiter de cette tendance à la « délocalisation vers la foule » ou *crowdsourcing*, dont Wikipédia est à ce jour l'exemple le plus connu. Il faut donc les démocratiser, les délester de tout jargon afin que le monde entier puisse s'en emparer. Le principe de cette démarche est simple : avoir des neurones vous donne le droit inaliénable de les connaître. Les neurosciences sont donc une affaire trop sérieuse pour être laissée aux neuroscientifiques. La vulgarisation est nécessaire.

Tout ce que l'homme pourra découvrir scientifiquement restera explicable aux générations futures. C'est le principe d'*invariance de l'explicabilité*, qui décrit cette réalité selon laquelle même si chaque enfant naît avec un cerveau « frais[3] », il est capable d'assimiler en

---

1. Lintott, C. J., Schawinski, K., Slosar, A., Land, K., Bamford, S., Thomas, D., Raddick, M. J., Nichol, R. C., Szalay, A. et Andreescu, D., « Galaxy Zoo : Morphologies derived from visual inspection of galaxies from the Sloan Digital Sky Survey », *Monthly Notices of the Royal Astronomical Society* (2008), 389, 1179-1189.

2. Sørensen, J. J. W., Pedersen, M. K., Munch, M., Jensen, J. H., Planke, T., Gajdacz, M. G. A. M., Mølmer, K., Lieberoth, A. et Sherson, J. F., « Exploring the quantum speed limit with computer games », *Nature* (2016) ; Maniscalco, S., « Physics : Quantum problems solved through games », *Nature* (2016), 532, 184-185.

3. Mais pas vierge, car il existe des « connaissances-cœur », des intuitions dont notre esprit est équipé dès la naissance.

moins d'une vie la somme de millénaires de recherche scientifique : cela signifie que toutes ces notions qui ont nécessité des siècles de recherche demeurent à la simple portée de quelques transformations mentales seulement, de notre imagination.

Vous ne connaissez pas vos neurones ? D'autres les connaîtront pour vous

La neuronaissance passe aussi par le corps, associé à l'informatique, et dans ce domaine, les risques de neurofascisme sont particulièrement importants. Nous entrons peu à peu dans l'aire du *wearable computing* (littéralement : « informatique portable »), celle du Post-Post-PC, qui rapproche de plus en plus l'ordinateur de la peau humaine, jusqu'à la traverser parfois (c'est le cas des pacemakers). Il n'y a pas d'intimité sans vulnérabilité, or l'informatique est en train de devenir de plus en plus intime, quitte à nous rendre vulnérables. Le hacker néo-zélandais Barnaby Jack, retrouvé mort dans des circonstances troubles à San Francisco le 25 juillet 2013 à l'âge de trente-cinq ans, était capable de *Pwner*[1] un distributeur automatique de billets de banque comme une pompe à insuline ou un pacemaker. Concrètement, il était capable d'administrer la mort ciblée en faisant de l'informatique une arme par destination.

Dans un futur plus ou moins proche, le monde pourrait bien devenir cet endroit atroce où la conjonction des lois du marché et des neurotechnologies déposséderait l'homme de son intégrité physiologique[2]. Techniquement, c'est envisageable. Et à la source de ce cauchemar, il y a l'antisagesse fondamentale par laquelle l'homme se prend lui-même au piège de ses propres systèmes.

Bientôt, les substances nootropes, ou dopants cognitifs, ces pilules capables d'altérer une performance cognitive donnée[3], poseront ce genre de problème, selon un phénomène que les économistes nomment la « tragédie des communs ». Si le dopage rend un culturiste

1. Pénétrer et contrôler un système informatique.

2. En science-fiction, il existe une littérature spécifique pour décrire ce monde-là : le cyberpunk.

3. C'est à dessein que je n'emploie pas le terme « améliorer ». Car l'amélioration n'est pas un fait mais une perspective. Toute amélioration présuppose un cadre. Dans celui de la nature, si notre cerveau a cette forme, ce n'est pas un hasard, puisqu'il s'est mis en adéquation avec une grande diversité d'écosystèmes précis dans lesquels ce que nous appelons « amélioration » n'était pas requis.

plus performant, tous les culturistes vont vouloir se doper : tragédie des communs, donc.

Le culturisme est une niche, mais l'éducation, elle, est universelle : si elle demeure compétitive sur le seul plan quantitatif, comme aujourd'hui, c'est tout le monde qui finira par se doper.

En attendant, l'ordinateur, qui avait d'abord quitté les salles gigantesques des *mainframes* de son époque, pour entrer dans le bureau des gens sous forme de PC (*personal computer*), s'est rapproché de leurs doigts, de leurs oreilles, de leur poignet ou de leur visage dans des conditions non médicales. C'est la tendance des *wearables*, qui permet de collecter un volume de données neuroscientifiques face auquel tous les efforts des *data zombies* d'antan paraissent enfantins. À terme, ces données pourront être ouvertes ou fermées, privatisées ou *crowdsourcées* comme dans Wikipedia, et ce qui déterminera leur utilisation, ce sera leur *raison d'être.* Car, pour l'économiste Peter Drucker : « *Information is data endowed with relevance and purpose ; converting data into information thus requires knowledge*[1]. »

Apple a déjà propagé un protocole simple de diagnostic de la maladie de Parkinson, qui consiste à tapoter l'écran d'une montre connectée à une certaine fréquence, et de recueillir ainsi un fond de données neurophysiologiques sans précédent. Pour désigner ces données, le docteur Thuong Nhân Pham Thi utilise déjà le terme de « *datasome* ». Nous avons en effet un génome (l'ensemble de nos gènes), un transcriptome (l'ensemble de leur expression), un épitranscriptome (l'ensemble de leurs régulations), un protéome (l'ensemble de nos protéines), un connectome (l'ensemble de nos connexions neuronales), un noome (l'ensemble de nos pensées et objets mentaux à travers toute notre vie)... et maintenant un datasome : l'ensemble des données que nous générons de notre naissance à notre mort. Cet ensemble peut avoir une grande diversité de sous-ensembles :

- Le navigome, par exemple, ou l'ensemble des pages Web que nous avons visitées de notre naissance à notre mort. Cette notion devient d'autant plus évidente qu'il existe déjà une génération de

1. « L'information c'est de la donnée dotée d'à-propos et d'un objectif. La conversion donnée-information nécessite de la connaissance. » C'est le fameux modèle KID de Drucker, Connaissance (Knowledge – K) Information (I) et Data (D). Drucker, P. F. *Classic Drucker : Essential Wisdom of Peter Drucker from the Pages of Harvard Business Review*, Harvard Business Review Book, p. 129, 2006.

natifs digitaux, ces enfants qui expérimentent les réseaux sociaux dès leur naissance, ou même avant, quand leurs parents publient leurs clichés d'échographie, par exemple.

• Le socialome, ou l'ensemble de nos interactions sociales et l'ensemble de ce que les autres ont exprimé ou informé de nous (il est particulièrement prisé du renseignement, de la police, du fichage et du contrespionnage).

• L'allergome, ou même le sémiome, c'est-à-dire l'ensemble de nos symptômes, ces signes par lesquels il est possible de diagnostiquer une maladie.

L'émergence des « -omics » (connectomique, noomique, navigomique, datasomique, génomique, etc.) est prometteuse pour la « médecine stigmergique[1] », car elle pourra s'en servir afin d'améliorer sa précision diagnostique et pronostique. Il existe des parcours de symptômes, qui peuvent être étudiés par analyse statistique conditionnelle : sachant que tel patient fume, quelle est sa probabilité de développer un cancer du poumon ? ; sachant que tel patient a eu tel et tel symptôme, quelle est sa probabilité d'évoluer vers telle ou telle maladie ? Si nous possédons de vastes datasomes, nous pouvons envisager de poser des pronostics avec beaucoup de fiabilité, et parfois découvrir de nouvelles relations, inattendues, entre certaines pathologies et certains modes de vie. De la même manière, les technologies du *data mining* et du *knowledge mining* permettent d'extraire de la connaissance inattendue de grands lots de données, contrairement aux tests statistiques qui ne peuvent faire émerger qu'une connaissance attendue.

Mais dans tout cela, qui sert qui ? D'un point de vue moral, il est absolument nécessaire de faire en sorte qu'on ne puisse remonter de ces données à leur émetteur sans son autorisation expresse, car elles relèvent de son intimité, et quiconque s'immisce dans l'intimité de quelqu'un le corrompt. Bien qu'il soit violé avec une régularité d'horloger par toutes les agences de renseignement au monde, la NSA en tête, l'article 12 de la Déclaration universelle des droits de l'homme est très clair sur ce sujet : « Nul ne sera l'objet d'immixtions arbitraires dans sa vie privée, sa famille, son

1. Sur la stygmergie, *cf.* p. 102.

domicile ou sa correspondance, ni d'atteintes à son honneur et à sa réputation. Toute personne a droit à la protection de la loi contre de telles immixtions ou de telles atteintes. »

Aujourd'hui, les États, les institutions, les entreprises sont à la fois les mieux équipés et les plus conscients du potentiel des datasomes. Un *hedge fund*, par exemple, gagnerait beaucoup à connaître les comportements possibles de ses investisseurs, leurs tendances et leur santé. Une compagnie d'assurance aurait quant à elle le plus grand intérêt à savoir précisément le risque qu'elle assure. Or, c'est à la société civile de se connaître elle-même, davantage que l'État ou les entreprises ne la connaissent. C'est ce principe-là qui fonde le neurolibéralisme dans son sens philosophique : de même que l'on doit garantir, coûte que coûte, les libertés individuelles, il faut garantir à tout prix l'intégrité individuelle de nos nerfs et de leur empreinte neuronale, bien plus vaste et informative que l'empreinte digitale, rétinienne, ou n'importe quelle autre donnée biométrique actuelle.

En d'autres termes, si vous ne connaissez pas vos neurones, d'autres les connaîtront pour vous. Il y a là un risque de neurofascisme. Et la seule chose qui puisse préserver du neurofascisme, c'est une majorité consciente de sa neuroergonomie, c'est-à-dire de l'empreinte de ses neurones au travail. Si c'est le cas, l'humanité est saine et sauve ; si ça ne l'est pas, sa souffrance ne connaîtra pas de limite, car l'homme est particulièrement talentueux quand il s'agit de tirer des sons stridents et atroces des nerfs d'autrui. Si quelques membres de l'American Psychological Association (sanctionnés depuis, mais guère à la hauteur de leurs vices) ont formellement participé au programme de torture de la CIA, c'est qu'ils connaissaient suffisamment le fonctionnement du cerveau pour chercher à susciter chez lui une posture cognitive intensément douloureuse ou pénible, et ce de façon reproductible et scientifique.

Sacrifices humains

Dès 1921, l'Union soviétique établit un programme de test de poisons sur sujets humains dans un centre appelé plus tard Kamera (la chambre). Il y eut aussi l'exercice nucléaire de Totskoye en 1954, conduit par le maréchal Joukov, qui compromit la santé de plus de quarante-cinq mille soldats.

À la même période, l'axe du bien (essentiellement les pays de l'OCDE : les « gentils ») ne fut pas en reste et tous les États nucléaires violèrent les droits de l'homme dans l'élaboration de leur programme. Les États-Unis d'Amérique, qui avaient déjà sanctionné des expérimentations eugénistes de masse, nourrirent des enfants sous traitement psychiatrique avec des composés radioactifs, ou exposèrent scientifiquement les testicules de prisonniers à des radiations, causant sciemment de graves malformations natales. En 1994, Eileen Welsome reçut le prix Pulitzer pour avoir enquêté sur certaines de ces expériences, et notamment révélé la participation de l'éminent toxicologue Harold Hodge à l'administration de plutonium intraveineux à des patients en soins psychiatriques, sans les informer bien sûr. Ce chercheur institutionnel, reconnu par ses pairs, auteur de centaines d'articles, de plusieurs ouvrages académiques et premier président de la Society of Toxicology fut donc un brillant inhumain, à l'instar de son collègue Albert Kligman qui, dans les années 1960, testa des drogues psychoactives sur des sujets humains ou leur injecta de la dioxine, sans leur consentement, mais avec l'approbation du Département de la Défense américain.

Tout aussi terrible fut le tristement célèbre projet MK-Ultra, sollicité par Allen Dulles, alors patron de la CIA, brillant diplômé de Princeton et chrétien revendiqué[1]. MK-Ultra fut un programme de lavage de cerveau testé sur sujets humains, par l'emploi de méthodes cognitives et comportementales, et de conditionnement chimique. Ce prototcole était issu d'une initiative antérieure appelée « projet Artichaut », dont la problématique scientifique ne souffrait déjà aucune ambiguité : « Pouvons-nous contrôler un individu au point qu'il réalisera notre ordre contre sa volonté et même contre les lois fondamentales de la nature, comme l'instinct de survie[2] ? »

L'un des volets les plus sinistres de l'opération MK-Ultra fut l'opération Midnight Climax, supervisée par le maître-espion Sydney Gottlieb, brillant docteur du Caltech. Cette expérience consista ni plus ni moins à rémunérer des prostituées sur les fonds de la CIA pour qu'elles attirent dans des bordels expérimentaux des clients

1. Une revendication qui n'avait pas particulièrement dissuadé l'Inquisition, en son temps, cela dit…

2. Weinstein, H., *Psychiatry and the CIA : Victims of Mind Control, American Psychiatric Press*, Washington, D. C., 1990.

qui seraient soumis malgré eux à diverses doses de psychotropes, dont du LSD. On étudia leur comportement à travers des miroirs sans tain, et on put tester facilement des techniques de chantage sexuel grâce à ces sujets relativement abondants[1]. Midnight Climax fut d'ailleurs l'un des vecteurs d'introduction du LSD en Californie du Nord, une drogue qui allait contribuer à incuber la contreculture psychédélique, si décisivement impliquée dans la révolution du PC commercial[2].

À l'heure où j'écris ces lignes, Wikipedia consacre une page entière à l'entrée « Unethical Human Experimentation in the United States » ; elle est un témoin parmi d'autres de la terrifiante liste des atrocités commises au nom de la sécurité nationale, de la guerre ou de la médecine, dont les États-Unis, par ailleurs, n'ont jamais eu le monopole.

Les sacrifices humains, hélas, sont loin d'avoir disparu, seuls les dieux ont changé. Et il ne fait aucun doute que l'humanité, qui n'a jamais hésité à utiliser la médecine, la chimie ou la psychologie contre elle-même, utilisera aussi les neurosciences pour s'asservir. C'est d'ailleurs déjà le cas.

Jonathan Marks, professeur de bioéthique à l'Université d'État de Pennsylvanie et avocat à Londres, disait récemment dans l'*American Journal of Law and Medicine* sa conviction profonde que l'imagerie à résonance magnétique fonctionnelle (IRMf) était employée aux États-Unis comme détecteur de mensonge. Il serait possible, par exemple, de placer un « terroriste » présumé dans une IRM, de le curariser afin de rendre sa respiration volontaire impossible, de le maintenir en vie sous assistance respiratoire, puis de lui poser des questions tout en identifiant chez lui des corrélats neuronaux calibrés du mensonge[3]. À chaque mensonge, on ferait

1. Voir entre autres Goliszek, A., *In the Name of Science : A History of Secret Programs, Medical Research, and Human Experimentation*, St. Martin's Press, 2003 ; Otterman, M., *American Torture : From the Cold War to Abu Ghraib and Beyond*, Melbourne University Press, 2007. Une pièce de théâtre a également été inspirée de ces événements : Bell, N., *Operation Midnight Climax : A Play* (Dramatists Play Service), 1982.

2. L'engouement de la CIA pour le contrôle chimico-comportemental des esprits a bien été une des influences de la contre-culture beatnik, dont un des représentants industriels, Steve Jobs, déclara que la consommation d'acide avait été une de ses inspirations les plus marquantes. Markoff, J., *What the Dormouse Said : How the Sixties Counterculture Shaped the Personal Computer Industry*, Penguin Publishing Group, 2005.

3. « High tech interrogations may promote abuse », Penn State News, 2008.

cesser l'assistance respiratoire jusqu'à obtenir la vérité. Ce serait une méthode d'interrogatoire neuro-industrielle aussi inhumaine que raffinée.

Le biais de confirmation : trois cas d'école

Et Jonathan Marks de conclure sur l'expérience de l'IRM : « Cela ne va pas rendre la torture obsolète, mais cela pourrait devenir un permis d'abuser davantage les détenus parce que [la] lecture [de cette expérience] va convaincre les gens qu'ils ont bien des terroristes entre les mains. » Voilà une illustration du fameux « biais de confirmation », qui nous pousse à retenir ce qui conforte nos croyances et à rejeter ce qui les ébranle ; à créer un système de croyances qui nous permet d'agréger entre eux des faits (qui ne sont pas forcément liés), et de projeter ce système sur la réalité. Il est très rare que nous puissions voir la réalité telle qu'elle est, sans le filtre déformant de nos croyances et de nos conditionnements.

Aujourd'hui, par exemple, nous sommes confrontés au mythe d'un choc entre civilisations intrinsèquement irréconciliables. On peut, cependant, le balayer en rappelant que l'alliance franco-ottomane conclue entre François Ier et Soliman le Magnifique, renouvelée par tous les rois de la fille aînée de l'Église jusqu'à la Ire République, a perduré pendant plus de deux siècles et demi ; en rappelant qu'Edgar Poe, le plus grand poète des États-Unis, chante régulièrement son inspiration musulmane dans ses poèmes[1] ; en rappelant que les soufis eurent une grande influence sur les troubadours et l'amour courtois ; que le minaret est une structure d'inspiration chrétienne ; que la majorité écrasante des victimes du fondamentalisme armé est musulmane elle-même.

Ce mythe, pourtant, continue à déformer la conception de la réalité des masses. C'est là un biais cognitif du « penser confiné ».

Considérons, par exemple, trois cas qui ont marqué l'année 2015 en Europe : la tuerie de *Charlie Hebdo*, les attentats du 13 novembre, à Paris, le crash du vol 9525 de la Germanwings.

Dans les trois cas, nous sommes confrontés à des jeunes qui, n'ayant pas pu donner de sens à leur vie, ont, selon la formule du

1. Dont le texte « Al Aaraaf », qui est le titre de la septième sourate du Coran.

Cheikh Khaled Bentounès, essayé d'en trouver un à leur mort. Le premier massacre fait douze victimes et vient facilement renforcer le modèle du choc civilisationnel. Son écho est immense, et par écho j'entends sa mémoire et la durée des réactions qu'elle suscite. De même pour les attentats du 13 novembre, qui font cent trente morts.

Le massacre de la Germanwings est douze fois plus meurtrier que le premier, et il est basé sur les mêmes motivations (donner du sens à sa mort), mais n'aboutit pas au renforcement d'un modèle. Il reste plus meurtrier, cependant, que les deux attentats idéologiques réunis. Bien évidemment, son effet de sidération est très inférieur aux leurs, parce que le biais de confirmation est un puissant ressort d'aveuglement cognitif : on se souviendra mieux des attentats idéologiques que du crash, parce que le crash ne vient pas conforter un système de pensée sidérant.

Les leçons de Rosenhan

La communauté scientifique n'est pas à l'abri du biais de confirmation. Une des expériences qui l'a prouvé avec le plus d'éclat est celle de David Rosenhan.

Au début des années 1970, ce professeur à Stanford décida de tester la fiabilité et l'objectivité du diagnostic psychiatrique. Pour cela, il mit au point une expérience dans laquelle il envoya huit sujets sains (trois femmes et cinq hommes, dont lui-même) se faire interner volontairement dans différents hôpitaux psychiatriques des États-Unis. C'étaient aussi bien des institutions rurales mal financées que des établissements universitaires réputés, et il y avait même une clinique privée considérée comme excellente. Là-bas, les sujets devaient feindre des symptômes d'hallucinations auditives, typiques du diagnostic de la schizophrénie. Aussitôt internés, ils devaient se comporter à nouveau normalement, en expliquant qu'ils se sentaient mieux et n'avaient plus d'hallucinations. Le but de cette manœuvre était d'étudier le temps de réaction des services médicaux et de déterminer à quel moment ils se rendraient compte qu'ils avaient entre les mains des sujets sains d'esprit.

Or jamais les patients ne parvinrent à convaincre le personnel qu'ils n'étaient pas malades. Pour sortir, ils durent admettre auprès des autorités médicales qu'ils étaient des schizophrènes « en rémission[1] », et consentir à l'absorption de drogues antipsychotiques, c'est-à-dire à l'obligation de soins en dehors de l'hôpital. Le temps moyen de privation des libertés chez ces faux patients fut de dix-neuf jours, l'internement le plus long atteignant les cinquante-deux.

Tous les pseudopatients avaient reçu pour instruction de prendre des notes durant leur séjour, et d'observer le personnel médical. Dans certains cas, ce dernier convertit précisément leurs actions pour les faire entrer dans le cadre d'une interprétation psychopathologique : la prise de notes devint un « comportement d'écriture », jugé psychotique. Dans tous les cas, les patients, et non le corps médical, furent les premiers à soupçonner que les pseudopatients étaient des journalistes ou des chercheurs – soupçons qui furent bien entendu interprétés par le personnel comme de la paranoïa.

Jamais Rosenhan n'aurait imaginé être interné deux mois : « La seule façon pour moi de quitter l'hôpital était de confirmer ce que me disaient les médecins : j'étais fou, mais en rémission[2]. » Il put observer en particulier la déshumanisation monstrueuse que subissaient les patients autour de lui : traités comme des objets, régulièrement fouillés, envahis dans leur vie privée, parfois observés aux toilettes ou bien mentionnés en leur présence dans des conversations du personnel soignant. Au lieu d'y voir simplement le désir naturel de se nourrir, un médecin décrivit à ses étudiants le comportement de patients qui attendaient d'être servis à la cafétéria comme « un symptôme d'acquisition orale ».

Avant cela, un cas de biais de confirmation en psychiatrie avait déjà été répertorié : en 1968, le professeur de l'université de l'Oklahoma, Maurice Temerlin, avait invité deux groupes de psychiatres à se prononcer sur le comportement d'un homme. Il s'agissait en fait d'un acteur, dont le rôle était de se comporter normalement. Temerlin fit intervenir deux groupes. Au premier, on dit que l'homme était « un cas très intéressant parce qu'il semblait névrotique, mais était en réalité plutôt psychotique ». Le second

1. Un seul d'entre eux étant diagnostiqué « maniaco-dépressif ».
2. Rosenhan, D. L., « On being sane in insane places », *Science* (1973), 179, 250-258.

groupe (de contrôle) ne reçut aucune influence. Après observation du « patient », soixante pour cent du premier groupe établit qu'il était psychotique, en général schizophrène, contre zéro pour le groupe de contrôle[1].

En 1988, Brian Powell et Marti Loring[2] travaillèrent sur un échantillon plus large encore : 290 psychiatres, contre 25 pour l'expérience de Temerlin. À ces 290 praticiens, ils donnèrent, pour analyse, le transcrit de l'entretien d'un patient. Dans la moitié des cas, le patient était décrit comme noir ; dans l'autre moitié, comme blanc. L'expérience permit de conclure que « le personnel médical sembl[ait] associer la violence, le caractère suspect et la dangerosité aux patients noirs, même quand l'étude de cas [était] la même que celle d'un patient blanc. »

Face aux critiques d'un hôpital dont le personnel affirma péremptoirement que jamais les erreurs médicales observées dans le cas des pseudopatients ne pourraient avoir lieu dans ses murs, Rosenhan voulut complémenter sa première expérience. Il prétendit cette fois infiltrer quelques nouveaux « acteurs » sur une période de trois mois. Le personnel de l'hôpital, cette fois, était dans la boucle et devait déterminer lesquels des nouveaux entrants ils suspectaient de faire partie de l'expérience. Sur 193 patients, 41 furent considérés comme des imposteurs convaincus et 42 comme suspects. En réalité, Rosenhan n'avait envoyé absolument personne.

La société est bien contradictoire, quand des États encouragent, sur un champ de bataille, des comportements qui, ailleurs, seraient considérés comme psychopathologiques, et soumettent à traitement psychiatrique, dans la société civile, des manifestations aussi saines que la liberté d'expression. La psychiatrisation des dissidents est une marque de fabrique des régimes totalitaires. L'Union Soviétique fut connue pour ses prescriptions forcées d'halopéridol, un antipsychotique très répandu, à ses dissidents politiques, dans le but de les contrôler chimiquement, ou à défaut de les rendre fous. Les États-Unis ne furent pas en reste, puisqu'ils en inoculèrent de force

1. Temerlin, M. K., « Suggestion effects in psychiatric diagnosis », *The Journal of Nervous and Mental Disease* (1968), 147, 349-353.

2. Loring, M. et Powell, B., « Gender, race, and DSM-III : A study of the objectivity of psychiatric diagnostic behavior », *Journal of Health and Social Behavior* (1988), 1-22.

à des immigrés clandestins pour faciliter leur déportation[1]. Comme Zbigniew Brzezinski l'avait justement remarqué : « Aujourd'hui il est beaucoup plus facile de tuer que de gouverner un million de personnes. » De même que nous avons affirmé le principe de l'*habeas corpus*, il nous faut affirmer celui de l'*habeas anima* ou *habeas nervus* : notre esprit, nos nerfs nous appartiennent, et personne ne peut nous voler la souveraineté sur eux.

Ce que démontre au fond l'expérience de Rosenhan, c'est que même dans le cadre réglé d'un protocole scientifique ou d'un acte médical, ce que nous croyons être de l'objectivité n'est souvent que de la subjectivité déguisée. Or peut-on trouver quelque part un comportement humain objectif ? Qu'il s'agisse d'un professeur évaluant une copie, d'un jury devant un accusé, d'un citoyen au scrutin ou d'un gardien de la paix dressant un procès-verbal, cette objectivité existe-t-elle seulement ?

Même en mathématiques – les sciences les plus « objectives » qui soient – il y eut de tout temps des chapelles : George Berkeley et certains mathématiciens contemporains considérèrent comme fallacieuse la notion d'« infinitésimal » proposée par Newton ; Pythagore ne reconnaissait pas l'existence de nombres irrationnels ; Kronecker jugea la théorie des ensembles de Cantor ridicule, alors qu'Hilbert, plus tard, affirma qu'elle avait construit un paradis mathématique, cependant que Poincaré s'opposait à la démarche « toute logique » du mathématicien allemand. Quant à Évariste Galois, sa théorie, pourtant lumineuse, fut considérée comme une aberration de son vivant.

Peer review is peer pressure

Le monde académique, qui se flatte de son objectivité, est donc très loin du compte. Non seulement il reconnaît le *trolling*[2] et le *name-dropping* comme des vertus, mais il en rend la pratique quasiment obligatoire pour faire carrière. Et je ne parle pas du processus de sélection des articles dans les grandes revues scientifiques, qui est le comble de la subjectivité. En 2015, *Times Higher*

1. Amy Goldstein, Dana Priest, « Some detainees are drugged for deportation », *The Washington Post*, 14 mai 2008.
2. La mauvaise foi, l'insulte ou la critique gratuite et irrationnelle.

Education publiait le réquisitoire suivant sur l'état de la désunion universitaire :

> Cette année, Richard Smith, l'ancien éditeur du ***British Medical Journal***, a appelé dans ses colonnes à l'abolition de la ***peer review***[1] avant publication : « La ***peer review***, déclare-t-il, est supposée être une assurance de qualité pour la science, écartant ce qui n'est pas fiable scientifiquement et assurant aux lecteurs des journaux scientifiques qu'ils peuvent faire confiance à ce qu'ils lisent. En réalité cependant, elle est inefficace, largement une loterie, anti-innovante, lente et coûteuse ; elle gâche du temps scientifique, n'atteint pas ses objectifs, est facilement abusée et sujette aux abus, encline aux biais cognitifs, et finalement incapable de détecter les fraudes. Elle est donc hors de propos. [...] Il serait bien préférable de publier tous les articles en ligne et de "laisser le monde (...) décider de ce qui est important et de ce qui ne l'est pas"[2] »

> Si la majorité de vos référés aime votre recherche, vous pouvez être certain de faire un travail ennuyeux. Pour prôner des idées qui vont compter dans le monde, vous et moi allons devoir accepter d'agacer des gens et de ramper dans les tranchées des saillies boueuses et des critiques explosives. Tous les référés – et probablement moi inclus – cherchent d'une façon subconsciente des manuscrits qui leur rejouent des idées qu'ils trouvent déjà appréciables et familières, et ceux qui supportent leurs recherches antérieures. C'est mauvais, et c'est triste. Cependant, il se trouve que c'est aussi humain.[3]

Comme dit le cartographe Serge Soudoplatoff, « toute innovation est une désobéissance ». Or, la « revue des pairs », c'est la pression des pairs, et la pression des pairs n'est pas connue pour encourager l'innovation, elle favorise l'exploitation plutôt que l'exploration.

1. Il s'agit d'un comité de lecture composé de chercheurs (les « pairs »).
2. « The worst piece of peer-review I ever received : Six academics share their experiences before delivering a verdict on the system », *Times Higher Education*, 6 août 2015. Cet article lui-même cite Richard Smith : « Ineffective at any dose? Why peer-review simply doesn't work », *Times Higher Education*, 28 May 2015, Opinion.
3. Andrew Oswald, même article.

La *peer review*, en effet, a des répercussions plus que néfastes sur certains pans de la recherche scientifique. Prenons, par exemple, le cas de la médecine : on promeut la « médecine basée sur les preuves » (*evidence-based medicine*). C'est un progrès, par rapport à une époque où un médecin pouvait prescrire une bonne saignée sans avoir la moindre preuve qu'elle pouvait guérir son patient. Cependant, cela ne signifie pas que quiconque contrôle les preuves peut contrôler la médecine (*whoever controls evidence controls medicine*). Comme l'a bien compris l'économiste O'Rourke, « lorsque l'achat ou la vente sont contrôlés par la législation, la première chose à acheter ou vendre, c'est le législateur ». Quand la médecine est contrôlée par les preuves, la première chose à acheter, ce sont les preuves, leurs faiseurs et leurs éditeurs. Or, lorsqu'une dizaine de journaux capturent plus de la moitié de toutes les citations en recherche médicale, donc sa pensée dominante, et lorsque trois journaux dominent l'indice de classement universitaire mondial, chaque journal n'attribuant pas plus de trois relecteurs (eux-mêmes assez prévisibles), à l'intronisation d'un article[1], il est extrêmement facile de contrôler les preuves.

On s'imagine que la revue par les pairs améliore la science, mais c'est pure croyance : non seulement on n'a jamais prouvé scientifiquement ses bienfaits, mais de nombreux chercheurs (comme Benoît Mandelbrot ou Grigori Perelman) ont maintes fois prouvé son caractère destructeur. Ne pouvant être contredite, elle est à la fois une pseudoscience et une pseudoreligion, et l'on peut se demander, au fond, si le chapeau académique n'est pas simplement une déformation de la barette liturgique, ce chapeau carré qui était, autrefois, le couvre-chef du clergé catholique. C'est probablement son origine, d'ailleurs.

Si vous recherchez l'objectivité, ne prétendez pas castrer votre subjectivité ou la contraindre ; c'est ce qu'ont essayé des savants de tout temps, et ils en sont devenus sectaires. Le seul moyen pour l'homme d'atteindre l'objectivité chez l'humain, c'est de s'exercer à cette pratique neuroergonomique qu'est la subjectivité limpide : la conscience de notre psyché au travail, avec sa forme, ses biais,

1. C'est bien d'intronisation qu'il s'agit, puisque les expériences ne sont pas reproduites par les relecteurs.

ses illusions, ses préférences et ses peurs. En conscience comme en science, il ne faut pas, en effet, opposer subjectivité et objectivité. Les deux ont un rôle scientifique, et c'est la raison pour laquelle des chercheurs comme Rosenhan, Zimbardo ou Milgram s'immergèrent dans leurs expériences. Mais nous adorons opposer les choses : nous croyons naïvement que d'un côté se trouve le mal et de l'autre le bien, alors que ces deux notions, si encore nous savions les identifier[1], nous verrions qu'elles s'entrelacent subtilement. La destination de l'homme, c'est d'apprendre par les paires d'opposés, « de sorte, chante Rūmī, que tu aies deux ailes pour voler ». N'opposons pas les données de l'introspection et de l'observation, tout humain voit le monde à travers le filtre de son ego. Plus cet ego est transparent, plus le monde apparaît, dans sa profondeur et sa subtilité. Notre conception étriquée de la science a voulu castrer toute subjectivité. Grave erreur : non seulement elle n'y est pas parvenue, mais elle l'a renforcée à son insu.

Aux militaires

Comme le disait Clemenceau en 1886 : « La guerre est une affaire trop grave pour la confier aux militaires. » La technologie aussi, la neuroergonomie à plus forte raison encore. Tant que nous consacrerons notre ingéniosité à l'art de détruire plutôt qu'à l'art de construire, nous serons menacés d'autodestruction. Car l'humanité est une. Si ma main gauche s'armait contre ma main droite, je ne serais pas en bonne santé. Si mon hémisphère gauche s'armait contre mon hémisphère droit, il ne me resterait guère de temps à vivre. Si l'hémisphère occidental de la Terre s'arme contre l'hémisphère oriental, c'est le pronostic vital de l'humanité qui est engagé.

La recherche militaire n'en reste pas moins une source d'inspiration profonde dans le développement des sciences et techniques. La raison en est qu'elle peut opérer à de tels niveaux de pression et avec de tels enjeux que la *can-do attitude*[2] y prend le pas sur

1. Et nous en sommes très loin, les pires horreurs de l'humanité ayant été commises au nom de l'intérêt général.

2. *Cf.* p. 137.

les dogmes, la morosité et les arrogantes certitudes. Ainsi, c'est à l'intensité de la recherche et développement pendant la Seconde Guerre mondiale que nous devons le GPS, les semi-conducteurs, les ordinateurs ou les moteurs à réaction. Paradoxalement, la pression élargit le champ des possibles, gonfle les budgets véritables[1], et les organisations qui sont menacées de mort se réinventent plus facilement que les organisations opulentes.

Ce n'est donc pas un hasard si la neuroergonomie a de multiples et évidentes origines militaires. Au début de ses recherches sur l'usage des sciences cognitives dans la compréhension du cerveau au travail, Raja Parasuraman ne fut pas pris au sérieux par ses pairs. Cas typique d'arrogance académique, on lui rétorqua que ses expériences sur l'apprentissage, la décision ou la résolution de problèmes étaient trop peu contrôlées et précises... donc peu scientifiques. Ce sont finalement les forces armées américaines qui financèrent ses premières recherches au plus haut niveau. Elles s'intéressèrent à ses travaux parce que Parasuraman avait démontré, entre autres, qu'une stimulation transcrânienne à courant direct, par exemple, pouvait réduire le temps d'apprentissage d'une routine de pilotage[2]. Dès 1979, il avait également fourni des mesures intéressantes sur la fatigue attentionnelle et la façon dont notre vigilance s'affaiblit quand nous prolongeons certaines tâches mentales[3]. Ses conclusions intéressaient évidemment l'armée, pour la formation de ses recrues.

---

1. J'emploie le terme « véritable » à dessein. Le sérieux des budgets militaires américains, en effet, était davantage garanti durant la Seconde Guerre mondiale que pendant la « guerre au terrorisme » – une guerre dans laquelle les dépenses pouvaient être gonflées artificiellement avec une obligation de résultat quasi inexistante. L'inflation délirante du budget du F35 atteste de cette dérive.

2. Sur l'amélioration neurocognitive, voir Strenziok, M., Parasuraman, R., Clarke, E., Cisler, D. S., Thompson, J. C. et Greenwood, P. M., « Neurocognitive enhancement in older adults : Comparison of three cognitive training tasks to test a hypothesis of training transfer in brain connectivity », *Neuroimage* (2014), 85, 1027-1039.

3. Notons cependant que certaines de ses conclusions ne se vérifient pas sur un jeu vidéo, dont la pratique est délibérée, motivante en elle-même, et peut donc être prolongée bien au-delà des limites qu'il avait établies. Au fond, nos nerfs sont probablement aussi versatiles dans leurs limites de travail que nos muscles, dont les performances sont généralement extensibles sous hypnose, sous amphétamines, ou encore sous l'influence d'une bouffée adrénergique.

Connais-toi toi-même, connais ton adversaire

L'une d'entre elles est l'optimisation des APM ou « actions par minute », un concept popularisé par le jeu vidéo. Dans un jeu de stratégie en temps réel comme *StarCraft*, par exemple, il est vital pour un joueur professionnel de maintenir un certain nombre d'actions par minute. Ce principe est tout aussi valable dans un cockpit d'avion ou sur un théâtre d'opérations, en particulier dans le paradigme du soldat connecté et de la guerre en réseau.

S'il est un enjeu majeur de la chose militaire, c'est la *situation awareness* (la « conscience de la situation »), qui est un problème d'empan, d'actions par minute, de connaissances interreliées et ergonomiquement présentées à celui qui doit prendre une décision. Car il existe un « brouillard de guerre », selon l'expression célèbre de Clausewitz, c'est-à-dire une ignorance des intentions, des positions, des mouvements et des moyens de l'ennemi. C'est ce brouillard qui a scellé des batailles comme Gergovie, Pharsale, Austerlitz, Waterloo ou Kasserine.

Autre extension du brouillard de guerre : la méconnaissance de soi, de ses propres positions, de ses propres faiblesses, de ses propres forces, etc. Ainsi que l'avait codifié Sun Tzu, à la guerre, il faut se connaître soi-même et connaître son adversaire. Lorsqu'un chef de guerre excelle dans ces deux arts, à l'instar d'Alexandre Souvorov, de Trần Hưng Đạo ou de Khalid Ibn al-Walid, il ne connaît pas la défaite sur un champ de bataille.

La neuroergonomie est un art qui aide à la connaissance, elle est donc vitale dans un contexte militaire, ou du moins stratégique. C'est une chose que de collecter d'énormes quantités d'information, mais c'en est une autre que de les rendre transmissibles au cerveau humain. De même qu'il existe une chaîne de commandement et de contrôle, il y a une chaîne de l'information et de la connaissance. Présenter cette chaîne d'une façon digeste au preneur de décision, et en irriguer tous les personnels, qu'ils combattent ou non, est un art dont nous avons encore beaucoup à apprendre. Les *wargames* ou *kriegsspielen* (« jeux de guerre ») sont, au fond, de premières tentatives pour représenter la connaissance, ses proportions, sa dynamique, d'une façon qui soit empoignable par l'empan limité de notre cognition. Mais de même que nous parlons de réalité augmentée, nous avons encore de grands progrès à faire dans la cognition augmentée.

Aujourd'hui, donc, la neuroergonomie permet d'augmenter la capacité de survie (*survivability*) des pilotes, des fantassins, des commandos et des servants en mission, et, dans un monde où les armes changent encore rapidement, d'accélérer leur acquisition de l'expertise en réduisant leur temps d'apprentissage. L'apparition de plates-formes multi-armes de plus en plus sophistiquées sur les champs de bataille (drones aériens, marins et terrestres, hélicoptères, etc.) implique la création de nouvelles interfaces homme-machine, qui auront pour dénominateur commun de rendre l'information plus digeste à l'esprit humain au travail.

Le général pourra embrasser davantage de connaissance quant à l'état de ses forces et de celles de son ennemi, le fantassin (ou son avatar robotique) pourra manœuvrer plus efficacement, plus sûrement et plus rapidement, tandis que les interfaces qu'il portera sur lui lui rappelleront certains des comportements à adopter face aux multiples dangers du champ de bataille, aussi bien en combat urbain ouvert qu'en mission d'infiltration. Le pilote d'hélicoptère aura une perception impeccable aussi bien de ses cibles que de ses menaces, il existera une course non plus à l'avionique, mais à la neuronique, tempérée par l'éternel impératif de Sun Tzu : « Connais-toi toi-même, connais ton adversaire. »

L'intelligence artificielle armée

Alors, puisque nous sommes en mesure de développer ces excellentes technologies pour nous entre-tuer, pourquoi ne pas les rendre accessibles aux civils, à d'autres fins ? Si l'intelligence situationnelle relève de la politique, de la stratégie et de la tactique, elle intéressera aussi bien le médecin, l'avocat, l'enseignant que le soldat du feu. Je rêve d'un monde où l'armée se battrait pour adapter les ingénieuses solutions de neuronique de la société civile et non l'inverse ; où le génie civil serait le professeur systématique du génie militaire et non l'inverse ; où le génie de la destruction serait subordonné au génie de la construction. Il y aurait de la sagesse en cela.

La « confiscation » des recherches neuroergonomiques par l'armée nous expose à un risque d'utilisations abusives. Je crains tout particulièrement leur usage dans le cadre des interrogatoires. Nous avons aujourd'hui certains cas de rétinotopie inverse, un concept porté en France par Bertrand Thirion et Stanislas Dehaene, qui sont parvenus à inférer une image mentale d'un sujet rien qu'en observant son cortex visuel en IRMf. Cette technique nécessite bien sûr un calibrage : il faut demander au sujet de penser plusieurs fois à un groupe d'images très simples (disons une croix, un rond, un triangle) et observer la réaction évoquée par sa stimulation. On entraîne ainsi la mesure à reconnaître aussi bien l'activité spontanée et l'activité évoquée, pour pouvoir inférer certains de ces états mentaux par la seule imagerie : l'observation cérébrale permet donc en quelque sorte, et dans une mesure très limitée, de « lire » une pensée. Nous n'avons donc pas encore la possibilité d'inférer les pensées par le biais d'une imagerie, mais nous en approchons. Avec les moyens actuels, nous pouvons anticiper certaines prises de décision, chez le singe comme chez l'homme, certaines tactiques au poker, certains composants sensoriels de la pensée de quelqu'un, par exemple nous pouvons noter si, dans le cadre d'une pensée plus complexe, quelqu'un pense au goût d'une groseille, ou à l'odeur de l'air frais des alpages.

On pourrait aller plus loin encore avec la programmation génétique et le *deep learning*. Cette technologie est potentiellement si redoutable que des gens comme Elon Musk ou Stephen Hawking la jugent aujourd'hui bien trop sérieuse pour être laissée aux militaires – entre les mains de qui elle se trouve pourtant déjà... La programmation génétique, qui mime l'évolution à grande vitesse[1], permet de générer des logiciels capables de s'adapter à de très nombreuses contraintes. En fait, s'il existe une adaptation viable à la contrainte désignée et que cette adaptation peut se découvrir dans ce qu'on appellera un temps, en informatique, « polynomial raisonnable », le logiciel finira par la trouver : on a déjà établi, par exemple, une stratégie totalement gagnante mathématiquement sur un certain type de jeu

1. Plusieurs milliers de milliards d'essais par seconde, avec un bon supercalculateur.

de poker[1], et, même si c'est encore une opinion qui n'est pas prouvée, je pense que l'on parviendra à adapter un algorithme génétique à la signature du cerveau de chacun, de sorte que l'on saura identifier des signatures nerveuses bien reconnaissables dans nos pensées et nos comportements quotidiens. La signature statistique du comportement est une mesure qui n'est pas infaillible, mais qui n'en demeure pas moins puissante.

Et c'est encore sans compter la datamétrie. Autrefois, la police utilisait la signature comportementale ou géographique des criminels pour les localiser. Désormais, Interpol, Europol, le FBI et bien sûr la CIA et la NSA sont capables de traquer des internautes simplement d'après leur « navigôme », c'est-à-dire la signature de leur navigation sur Internet : une série de trente sites visités en une journée constitue une chaîne d'information très précise, suffisamment en fait pour y associer un individu parmi sept milliards avec une probabilité de faux positif inférieure à un sur cent milliards (si et seulement si l'algorithme de matching a bien été calibré au départ).

Elon Musk, et il n'est pas le seul, a mis en garde les Nations unies et la société civile contre la prolifération de l'intelligence artificielle armée. Dans un futur pas si lointain, ces armes autonomes, programmées d'un vague « faites le nécessaire », seraient sans doute encore plus enclines à massacrer des innocents que les drones actuels – qui sont pourtant pilotés, et dont des études indépendantes conduites par des universités américaines ont conclu qu'ils tuaient déjà plus d'innocents que de « cibles convaincues[2] ». Actuellement, nous possédons des missiles à guidage infrarouge, c'est-à-dire des armes qui verrouillent une cible grâce à sa signature thermique. Avec les nanotechnologies et les microdrones capables de tuer avec la discrétion d'un moustique dans une chambre – ces technologies existent déjà aujourd'hui – et vu l'intérêt marqué des militaires pour la recherche en bioarmes dites « ethniques »

1. Précisément, le limit Texas hold'em à deux joueurs ; Bowling, M., Burch, N., Johanson, M. et Tammelin, O., « Heads-up limit hold'em poker is solved », *Science* (2015), 347, 145-149.

2. Kilcullen, D. et Exum, A. M., « Death from above, outrage down below », *New York Times*, 2009, 16, 529-535 ; Benjamin, M., *Drone Warfare: Killing by Remote Control*, Verso Books, 2013.

(c'est-à-dire des virus qui reconnaîtraient une certaine séquence génétique chez l'homme, de sorte à ne tuer que ceux qui la possèdent), on peut envisager de voir surgir à l'avenir des armes à guidage neuronique, surtout si leur matching est sous la médiation d'algorithmes génétiques.

L'informaticien Pierre Collet et d'autres aiment à dire que les algorithmes évolutionnaires sont révolutionnaires sans en avoir l'« r ». Ils sont capables d'établir le meilleur mélange de café pour standardiser le goût d'une marque à travers les années, indépendamment des récoltes. Ils peuvent encore déterminer, par essai-erreur, la forme d'antennes satellites que des ingénieurs humains n'ont pas été capables de trouver[1]. Ils permettent de découvrir des procédés totalement originaux en composant, comme la vie le fait, par essai-erreur avec les lois du réel. On dit qu'ils produisent des résultats « humains-compétitifs », si bien qu'ils peuvent déposer des brevets.

Eh bien, l'intersection de l'informatique intime, de la neuronique de masse et des algorithmes évolutionnaires pourrait permettre de traquer n'importe qui grâce à son neurodatasome, et d'effriter son libre arbitre, son intimité, son *habeas anima*. Ce serait là une chose très grave, le neurodatasome étant bien trop précieux pour être confié à n'importe qui d'autre que son porteur.

Neurodatasome

On le voit bien en 2016, alors que les États s'autorisent dans une certaine indifférence des familiarités insupportables avec la vie privée des peuples, la tentation paraît grande d'un *1984* au neurodatasome… La méthode employée serait des plus simples : dans ce monde de la compétition à outrance, une interface neuroergonomique proposerait de gagner de l'efficacité et du temps, de donner du levier à notre vie mentale, ce qui est inestimable. En échange de ce service, l'humain devrait accorder aux algorithmes une très grande proximité avec sa vie mentale, leur permettre de coévoluer avec elle, et autoriser l'enregistrement de cette information à des

1. Lohn, J. D., Linden, D. S., Hornby, G. S., Kraus, W. F. et Rodriguez-Arroyo, A., « Evolutionary design of an X-band antenna for NASA's space technology 5 mission », in null, IEEE, 2003, p. 155.

fins d'efficacité. Il ne resterait aux agences de renseignement qu'à s'emparer illégalement de ces informations, comme elles le font déjà tous les jours.

Cette proximité entre l'informatique et l'intimité est bien marquée par les montres connectées, qui enregistrent notre rythme cardiaque, notre glycémie, notre nombre de pas par jour, etc. Elle l'est aussi par les applications de suivi du sommeil, qui sont bénéfiques en soi, mais impliquent l'enregistrement des faiblesses de l'utilisateur. Or la base de la chose militaire étant de frapper là où l'ennemi est le plus faible, ces faiblesses pourraient être ensuite utilisées contre lui. Un monde où toutes vos faiblesses intimes seraient utilisées contre vous sera un monde épouvantable. Mais rappelons-nous Rūmī : si vous établissez des pièges pour y faire tomber l'humanité, vous finirez par y tomber vous-même. Cette sapience, les marchands de faiblesse feraient bien de la méditer : qui a vécu par l'espionnage périra par l'espionnage.

Ce que la chose militaire possède en son cœur, qui la rapproche tellement de la chose industrielle (qu'elle a précédée en fait), c'est la démultiplication de l'action. À la base de la supériorité tactique comme stratégique, il y a la multiplication du levier d'un combattant. C'est à cela que servent les armes : de l'arc au drone, elles donnent du levier à la destruction. Or, pour donner du levier à la destruction, il faut donner du levier à son contrôle, et c'est là que se situe la valeur neuroergonomique, amplifiée par la valeur de la programmation génétique. Dans le film *Her*, un système d'exploitation intelligent apprend à seoir à la vie mentale de son utilisateur en n'ayant recueilli que très peu d'information sur lui. Eh bien, la programmation génétique peut s'entraîner à seoir à notre cerveau de la même manière. L'informatique dit qu'elle le fait « à la volée », c'est-à-dire à mesure qu'elle est utilisée : plus vous utilisez le logiciel, plus il vous connaît, plus il vous sied. Cette aptitude à « seoir à la volée » fait que la programmation génétique est un allié considérable du neuromimétisme. Parce que si ce n'est pas à notre cerveau de seoir à nos systèmes mais à nos systèmes de seoir à notre cerveau, elle est ce qui se fait de plus *efficacement et massivement seyant*. Cette informatique, qui est faite pour ça, peut trouver rapidement la meilleure neuroergonomie pour un produit, un service, ou un logiciel.

On ne mesure pas encore tout le potentiel de la neuroergonomie évolutionnaire, sauf dans les cercles de la neuronique militaire, où elle est abondamment utilisée[1], et c'est pour ça qu'il ne faut pas la sous-estimer.

Ce génie neuronique militaire aurait des implications trop vastes pour qu'on se risque à l'appliquer dans la sphère civile : il pourrait démultiplier le levier d'un homme, et ça, c'est exactement la définition du pouvoir. La neuronique, qui est en quelque sorte l'avionique du cerveau, pourrait bien, en effet, démultiplier le savoir et le pouvoir, et c'est le propre de la bêtise humaine que de vouloir s'accaparer un tel moyen sans en avoir la sagesse. Mais comme le disent les soufis : « Un homme doit être Salomon pour que son anneau magique fonctionne. » Pour tout pouvoir, pour tout savoir qu'elle démultiplie, elle ne protège pas contre l'*hybris*, elle n'offre pas de sagesse prêt-à-porter. Car si le savoir et le pouvoir peuvent se présenter sous des formes conditionnées, en containers ou en canettes, s'il y a du « prêt-à-savoir » et du « prêt-à-pouvoir » dont nous sommes massivement friands, il n'y a pas plus de technologie de la sagesse qu'il n'y a de sagesse en canette.

L'homme multiplié

Depuis qu'il existe, *Homo sapiens sapiens* n'a de cesse de donner du levier à ses nerfs, au-delà de celui que lui donne son corps. Il crée des outils en ce sens, qui augmentent son potentiel en démultipliant ce qu'il peut faire en une vie.

Au-delà des outils du corps, il se crée des outils de l'esprit, comme l'écriture, les logarithmes (qui sont à la base des capacités de calculateurs prodiges comme celles de Wim Klein) ou l'informatique, qui démultiplient ce qu'il peut penser, apprendre, produire chaque jour. Comme nous ne savons pas voir le futur, nous considérons davantage nos technologies passées, ce qui produit chez nous une certaine arrogance, et une incapacité à nous débarrasser des savoir-faire éculés pour créer ceux du futur. Même si

1. Le seul casque de l'avion F35 américain, largement équipé en neuroavionique, coûte 400 000 dollars.

nous avons, en plusieurs dizaines de milliers d'années, développé beaucoup de leviers pour notre vie mentale et notre vie physique, ils ne sont qu'un modeste début. Nos sciences et techniques feraient bien d'oublier leur arrogance rétrospective en faveur d'une humilité prospective, la seule qui leur permettra de sortir de leur petite enfance actuelle.

Si nous agissons ainsi, nous donnerons un tel levier à notre kinésphère et à notre noosphère que toutes nos réalisations antérieures paraîtront futiles. Ce levier changera les sciences, les arts, la politique, l'économie, toute discipline humaine en réalité, parce que toute discipline humaine est au moins neuronale ici-bas. Prenons l'exemple de l'écriture : nos descendants seront probablement frappés de la lenteur avec laquelle un humain écrit un livre aujourd'hui, combien de caractères il peut taper, combien de phrases, de mots, de concepts il peut associer, la limite pénible de sa mémoire de travail, qui l'empêche de se souvenir exactement de ce qu'il a écrit deux phrases en arrière et l'empêche d'avoir une conscience totale de son ouvrage en marche, de la corrélation de ses contenus.

Aujourd'hui, la meilleure interface cerveau-machine existante permet à un patient atteint du locked-in syndrome de composer six mots par minute en langue anglaise, mais elle est déjà en cours de dépassement. Il existe aussi une interface dite *brain-to-text*[1], basée sur des modèles de corticotopie[2] inverse : on calibre une électrode intracrânienne corticale pour l'enregistrement de l'activité collective de certains neurones pendant qu'un patient lit un texte, puis on essaye de convertir sa pensée du texte en mots. L'expérience n'a pas permis jusque-là de formuler un texte fiable d'après pensée, ni même de reproduire les textes prononcés avec suffisamment d'exactitude pour qu'on puisse les reconnaître, mais les patients équipés

1. Herff, C., Heger, D., de Pesters, A., Telaar, D., Brunner, P., Schalk, G. et Schultz, T., « Brain-to-text : Decoding spoken phrases from phone representations in the brain », *Frontiers in Neuroscience* (2015), 9.

2. La corticotopie est la cartographie fonctionnelle du cortex. Par exemple, la cartographie de nos aires somatosensorielles produit une carte, sur le cortex cérébral, où l'on retrouve la langue, la bouche, le visage, etc. La corticotopie inverse consiste à relever une activation dans une aire déjà cartographiée pour commander une machine : plus besoin de prononcer une lettre, il suffit d'y penser pour qu'une machine entraînée la reconnaisse.

de ces électrodes ont pu voir une partie de leur pensée convertie en mots. En général, taper un texte sur un clavier QWERTY permet d'atteindre autour de quatre-vingts mots par minute, cent pour les plus braves. Le langage parlé produit habituellement autour de cent cinquante mots par minute. Pourrait-on aller au-delà de ce chiffre et projeter des mots sans avoir besoin de les articuler ? Ou même projeter devant nous des concepts, des noèmes, des images mentales non verbales, afin de les partager avec autrui ?

Autrefois, l'homme alphabétisé n'écrivait que peu de phrases dans sa vie, aujourd'hui, il en écrit bien davantage, et demain, peut-être que l'on pourra écrire ou comprendre un livre entier par jour, tous les jours. Cette prouesse nous semble probablement aussi étrange que la seule possibilité de lire un texte sans en prononcer les mots pouvait le paraître aux anciens. Pourtant, les interfaces futures pourraient bien nous aider à jeter des mots et des idées devant nous plus vite, plus efficacement, en plus grande quantité et en meilleure qualité. Cela devrait intéresser aussi bien les lecteurs que les éditeurs, dont le métier relève de la chaîne de valeur du texte, qui inclut en amont la pensée et en aval sa manifestation écrite. La neuronique pourrait permettre non seulement de comprimer la chaîne de production d'un livre, mais aussi sa chaîne de consommation et de digestion. Grâce à elle, on donnerait du levier à l'écriture aussi bien qu'à la lecture ; avec de la neuronique évolutionnaire, on étendrait l'espace mental pratique de l'auteur au travail, ainsi que celui du lecteur, pour corréler ses lectures ou lui en recommander de nouvelles... On transformerait l'ergonomie de l'écriture et celle de la lecture, créant une valeur gigantesque, et favorisant l'émergence d'une nouvelle révolution intellectuo-industrielle.

Car il existe des milliers de manières d'augmenter ce qu'un homme peut faire, ce qu'il peut apprendre ou même penser en vingt-quatre heures, et ces techniques seront à l'avenir créatrices d'emplois, dans une proportion qui échappe totalement à notre morosité actuelle[1]. La neuronique pourrait être le plus grand et le plus vaste des créateurs d'emplois, et c'est encore une raison de ne pas la laisser aux militaires.

1. Tout comme elle échappe à l'étroitesse d'esprit de la majorité de nos gouvernants, dont l'empan prospectif et stratégique n'excède pas les vingt-quatre mois.

Quant à la neurosagesse, je crois en avoir appris une leçon essentielle : l'augmentation de l'homme sain doit se faire de l'intérieur vers l'extérieur et non l'inverse. Sauf quand sa santé est en danger, l'homme ne devrait pas introduire en son cerveau des technologies qu'il a créées dans le seul but de s'augmenter, car le cerveau, le neurone, la cellule gliale sont encore aujourd'hui des technologies supérieures à toutes celles qu'il peut leur confronter. Deux cent mille ans de rusticité à l'épreuve d'un monde exigeant : quelle technologie humaine a-t-elle fait ses preuves aussi longtemps ?

Je sais que cette sagesse ne sera pas respectée, parce que l'homme préfère se soumettre au « règne de la quantité » – en s'enfermant dans des métriques obtuses (sur l'intelligence, sur la performance...) – que de faire l'effort de se connaître lui-même. Le dopage athlétique le montre bien. Cependant, chaque fois qu'il s'enferme dans l'image qu'il a de lui-même, il y perd, car il n'est pas une création humaine. Les modèles que nous avons de l'humanité, dans ses capacités cognitives par exemple, dans sa nature sociale, sont encore incomplets et étriqués, et de même qu'il serait stupide de limiter l'intelligence humaine au facteur G ou l'excellence académique à l'indice H (l'indice principal de la pseudoscience bibliométrique), on ne doit pas enfermer l'homme, qui est intemporel, dans la technologie, qui est fugace.

« Homme multiplié », ce terme résume le potentiel de la neuronique. Si le cœur est malade de son ego, il faut craindre sa multiplication. Si le cœur est sain et sage, il faut désirer sa multiplication. De l'homme de Vitruve à l'homme neuro-augmenté, la même question demeure : est-ce encore et toujours l'homme que l'on met au cœur des leviers ? C'est parce qu'un grand nombre d'immatures ont confié les leviers de l'industrie à un petit nombre de fous que le XXe siècle aura été aussi atroce. Quant au XXIe, il sera sage ou ne sera pas.

Mais en assumant la sagesse, la meilleure augmentation de l'homme se fera de l'intérieur vers l'extérieur. C'est cela, la leçon du neuromimétisme : partez du cerveau, et donnez-lui du levier, facilitez-lui la tâche, asservissez-lui vos systèmes, de sorte qu'il puisse être intraitable avec eux. N'est-il pas ridicule que, pendant des décennies, certains informaticiens aient pu mépriser l'interface homme-machine au titre qu'il y avait de la noblesse à soumettre le cerveau à l'ordinateur ? La bonne augmentation de l'homme sera celle qui traitera nos nerfs comme s'ils gouvernaient un empire, qui exécutera parfaitement chacune de leurs directives, les démultipliera avec précision et fiabilité, fera en sorte que chaque opération mentale, chaque once de glucose utilisée par notre cerveau, soit amplifiée au maximum. C'est cela, l'augmentation de l'homme de l'intérieur vers l'extérieur. Autrement, l'humanité tissera la toile où elle se prend[1].

1. On pourra se rappeler du cas du brillant neurologue Phil Kennedy qui, pour tester son modèle d'électrodes neurotrophes (un type d'électrodes intracrâniennes qui suscitent la croissance neuronale autour d'elles pour se stabiliser dans le cerveau, et pouvant ainsi être portées plus longtemps sans être recouvertes de tissus cicatriciels au cours du temps), se fit implanter sa propre invention en vue de recueillir des données précisant le codage de l'articulation dans le cerveau, et de permettre éventuellement à des patients atteints du locked-in syndrome de parler un jour. Il fit réaliser l'opération au Belize, faute d'avoir reçu l'accord de la Food and Drug Administration américaine. Il obtint des données précieuses, mais au prix d'une convalescence plus longue que prévue et d'un trouble du langage qu'il crut bien voir devenir permanent. Certaines électrodes n'ont pas pu être retirées (https://www.wired.com/2016/01/phil-kennedy-mind-control-computer/).

5.

Sept exercices de *gymnoétique*, la gymnastique de l'esprit

Le maître soufi Abu Abd Al Rahman Al-Sulami (937-1021) a écrit un traité court et efficace, *Les Maladies de l'âme et leurs remèdes*, dans lequel il relève des maux de notre psyché, leurs signes, et des pratiques simples pour y remédier. Je n'ai ni la sagesse ni l'initiation d'Al Sulami, mais je pense que sa démarche doit être ravivée au XXIe siècle, à mesure que progressent les neurosciences. On ne créera pas de neurosagesse en expliquant seulement *comment* entraîner notre cerveau, mais on en créera certainement en comprenant *pourquoi*.

Il existe un folklore ancien, que le soufi Omar Ali Shah fait au moins remonter au poète perse Attar, et qui cerne bien l'enjeu des neurosciences modernes : « Nous venons au monde avec la connaissance intime de tous les secrets du cerveau, mais à la naissance, un ange vient poser son index sur notre bouche pour nous faire oublier ces secrets, et c'est ainsi que nous avons tous une fossette sur la lèvre supérieure, empreinte du doigt de l'ange. »

Pourquoi mélanger neurosagesse et gymnastique cérébrale ? Parce que le terme de gymnastique a lui-même une origine profondément sage. Il vient du grec *gymnos*, qui signifie « nu ». Or l'idéal de la Renaissance, c'est la sacralité du corps nu, que l'homme n'a pas créé, contrairement à ses vêtements. Les artistes de la Renaissance ne mettaient pas corps et vêtement sur le même plan esthétique, et souvent, ils représentaient les personnages nus avant de peindre des vêtements sur eux. Le mot « gymnastique » vient donc de ce qu'elle se pratiquait nu, dans l'idée de la pureté du corps.

On pourrait imaginer de la même manière une *gymnoétique*, gymnastique mentale ou *pratique de l'esprit nu*, dont la seule définition relève de la neurosagesse : car, de même que l'athlète dopé ne fait pas de gymnastique au sens des anciens Grecs (il n'est pas « nu »), l'élève neurodopé ne fait pas de gymnoétique (son mental n'est pas nu). L'élève arrogant, fier de ses études, ne pratique pas la gymnoétique non plus, car son mental est encombré d'ego, enfermé dans des schémas et des systèmes répétitifs. L'idéal de la gymnastique, c'est le corps épanoui, pas le corps dopé ; l'idéal de la gymnoétique, c'est l'esprit épanoui et libéré, pas l'esprit mécanique.

Le mental nu est une vertu en soi, qui explique l'immense capacité d'apprentissage de nos enfants. Galilée le définissait comme « *ingenus* ». Il était pour lui un élément fondamental de la méthode scientifique : l'esprit nu n'est pas créé par l'homme, mais l'homme l'habille de codes, de normes, qui vont finir par l'enfermer aussi bien qu'ils le distinguent. En gymnastique physique, cette notion est au cœur du *systema*, un art martial russe où il n'existe ni ceinture, ni tenue codifiée, ni *kata* particulier, mais seulement la liberté de mouvement. Rappelons aussi que « *karaté* », qui signifiait d'abord « la main chinoise » (唐手) a été reformulé en « main vide » (空手) – une manière de rappeler son sens profond.

Si les gymnastiques ont pour objectif d'augmenter notre liberté de mouvement physique, les gymnoétiques (il en existera forcément plusieurs) auront pour objectif d'augmenter notre liberté de mouvement mental. Certaines seront très codifiées, comme le karaté. D'autres ne le seront pas, comme le systema. Tout est là.

1) Pratiquez la Subjectivité limpide

Le maître soufi Aly N'Daw considère qu'elle est la base de toute forme de développement spirituel (au sens que les neurosciences donnent au mot « esprit » : la vie mentale). De même, Idries Shah définissait la pratique spirituelle comme de la « psycho-anthropologie ». D'autres, comme Gurdjieff, évoquent le « rappel de soi » quand le bouddhisme zen parle simplement d'« observer l'esprit », une pratique définie en japonais comme « *Shikantaza* » (只管打坐). Les neurosciences d'aujourd'hui constatent scientifiquement certains impacts de la méditation sur notre esprit[1]. Sans entrer dans ce niveau de détail, une bonne pratique de gymnoétique nous permet de voir notre esprit au travail, d'observer ses biais, ses limites, ses automatismes, ses réactions conditionnées, afin de reconnaître sa subjectivité, et l'illusion constante qu'il a d'être objectif.

Pratiquer la subjectivité limpide, c'est savoir laver et mettre à nu son esprit. Notre hygiène mentale, en effet, est très mauvaise. Nous n'avons pas conscience des névroses, des frustrations, des rancœurs, des schémas et des automatismes qui nous animent. Ces impuretés mentales salissent notre psyché comme la sueur et la crasse salissent notre corps. Elles confinent notre vie, notre appréciation du réel, et en particulier notre jugement, de nous-mêmes ou des autres. Nous savons qu'il est sain de nettoyer régulièrement notre corps, mais pour l'instant, nous ne nettoyons pas notre vie mentale avec la même assiduité. Combien d'humains pensent, apprennent, agissent et vivent avec une crasse mentale chronique, sans en être conscients, parce que cette crasse n'a d'odeur que pour l'homme averti ? Peut-être que tous les maux de l'humanité pourraient être résolus par l'hygiène mentale, par une simple « douche nerveuse », car les névroses des individus peuvent se concentrer en névroses d'État (les nationalismes étant de cette pathologie les exemples les plus meurtriers). À une échelle plus réduite, mais plus insidieuse, la pollution nerveuse des grandes villes est aussi la source d'une crasse mentale très répandue : les bruits de moteur, les lumières invasives, les encombrements salissent chroniquement notre psyché. Mais si nous sommes capables de nous doucher avant d'aller dormir, douchons-nous notre mental ?

Certaines formes de crasse mentale sont encouragées et récompensées par les États, les autorités, les institutions ou les pairs. Les

1. Allen, M., Dietz, M., Blair, K. S., van Beek, M., Rees, G., Vestergaard-Poulsen, P., Lutz, A. et Roepstorff, A., « Cognitive-affective neural plasticity following active-controlled mindfulness intervention », *The Journal of Neuroscience* (2012), 32, 15601-15610 ; Davidson, R. J. et Lutz, A., « Buddha's brain : Neuroplasticity and meditation », *IEEE Signal Processing Magazine* (2005), 176 ; Lutz, A., Slagter, H. A., Dunne, J. D. et Davidson, R. J., « Attention regulation and monitoring in meditation », *Trends in Cognitive Sciences*, 12, 163-169 ; Ricard, M., Lutz, A. et Davidson, R. J., « Mind of the meditator », *Scientific American* (2014), 311, 38-45 ; Rosenkranz, M. A., Davidson, R. J., MacCoon, D. G., Sheridan, J. F., Kalin, N. H. et Lutz, A., « A comparison of mindfulness-based stress reduction and an active control in modulation of neurogenic inflammation », *Brain, Behavior and Immunity*, 27, 174-184.

parents peuvent les transmettre à leurs enfants, les professeurs à leurs élèves. Mais, de même que l'hygiène publique a éradiqué la malaria dans beaucoup de pays, il viendra certainement un jour où l'on parviendra à éradiquer des maladies que l'on considère aujourd'hui comme des fatalités incurables par la simple pratique de la santé subjective publique.

Si l'hygiène corporelle nous paraît évidente parce que nous sommes devenus conscients de notre corps, nous ne sommes pas conscients de notre mental. Eh bien, s'entraîner à une haute conscience de sa vie mentale, en faire une seconde nature, c'est ça, pratiquer la subjectivité limpide.

2) Sachez désinstaller une « Application »

Notre cerveau possède des logiciels à la naissance, et des logiciels installés. Ces « applications » sont téléchargées dans notre vie mentale, essentiellement dans notre jeunesse, sans que nous nous en rendions compte. Elles le sont spécialement par nos figures d'autorité : nos parents, nos éducateurs, nos institutions, notre presse, et bien sûr nos États. C'est cette observation qui, d'ailleurs, a encouragé tous les États totalitaires à contrôler strictement la programmation mentale de leur jeunesse.

Sur un téléphone, nous savons installer, tester et désinstaller une application quand elle ne nous convient plus. Pourquoi en sommes-nous incapables dans notre vie mentale ? Si nos parents nous ont inculqué que tel peuple avait tel défaut, en grandissant, nous pouvons désinstaller ce logiciel mental malveillant. L'adolescence d'ailleurs, est appelée « âge bête » par incompréhension : c'est justement l'âge où l'on découvre notre pouvoir de désinstaller des applications parentales, de penser par nous-mêmes, d'être le maître de notre vie mentale. Cet âge de la désinstallation, tout comme le premier âge de la marche, est d'abord maladroit (d'où sa caricature : il paraît « bête »), mais il est primordial dans l'évolution de l'humanité. Car l'homme n'est jamais libre s'il ne sait pas administrer lui-même les logiciels de son mental.

Pourtant, ils sont nombreux, les gens qui vivent toute leur vie avec les « pourriciels » (comme on appelle ces logiciels commerciaux inutiles qui font ramer nos ordinateurs) installés dans leur tête. Et, de même que certains logiciels ont une interface graphique tandis que d'autres tournent discrètement en arrière-plan de nos ordinateurs, certains pourriciels mentaux sont conscients et d'autres inconscients. C'est pourquoi on les désinstalle parfois sous hypnose, une pratique qui consiste à « acquérir les droits d'administrateur » sur la vie mentale.

Si vous pratiquez la subjectivité limpide, vous identifierez les pourriciels inutiles, dangereux et castrateurs qui se sont installés dans votre mental à votre insu. Ils peuvent être anodins : l'un des premiers pourriciels que j'ai appris à désinstaller dans ma vie mentale fut mon addiction à la note. Je me suis rendu compte, un jour, que mon éducation ne m'avait pas conditionné à chercher la vérité, mais à recevoir le sucre calibré de ce qui plaisait à l'autorité scolaire, même s'il fallait écrire sur ma copie le contraire de la vérité pour recevoir cette récompense. Cette application semblait faire partie de moi, et j'ai d'abord cru que la désinstaller m'amputerait d'une partie de mon identité. Rien n'était plus faux : reprendre le contrôle de sa vie mentale est toujours une libération.

3) Passez de l'Impuissance apprise à la puissance apprise

Un des pourriciels les plus fourbes, les plus destructeurs et les plus répandus dans l'humanité est l'impuissance apprise. « Je ne peux pas. » « Je ne le mérite pas. » « Je n'en suis pas capable. »

Comme Zbigniew Brzezinski l'a si bien dit, de nos jours, « il est plus facile de tuer que de gouverner un million de personnes ». Les cornacs connaissent bien ce phénomène et en ont tiré des leçons de dressage : un éléphant adulte est trop puissant pour être enchaîné facilement. Alors on substitue à la chaîne du corps une chaîne de l'esprit, beaucoup plus efficace. Voilà comment la lui poser : petit, l'éléphant est attaché à une chaîne trop solide pour lui. En grandissant, il accepte l'idée que cette chaîne ne peut être brisée, de sorte qu'une fois adulte, quand il a toute la force physique de se libérer, il demeure bridé mentalement et n'essaye même plus de s'échapper. Posez-vous la question : combien de ces chaînes mentales possédez-vous ?

La première fois que vous essaierez d'en briser une, parce qu'elle fait partie de votre ego, elle résistera de toutes ses forces pour justifier son existence. Elle vous rappellera chaque échec, elle insistera :

« Je te l'avais bien dit que tu ne le pouvais pas » et « ce n'était pas la peine d'essayer ». Persévérez, n'abandonnez pas, vous êtes beaucoup plus puissant que votre éducation vous le fait croire.

4) Soyez un Néophile délibéré

On ne persévère jamais autant que lorsqu'on aime ce que l'on fait. Le basketteur Michael Jordan, parmi tant d'autres, aime rappeler combien de fois il a échoué, et comment il a, en fait, échoué plus que les autres, quand plus personne d'autre que lui ne croyait en son talent. La meilleure façon de briser une chaîne de l'impuissance apprise, c'est l'amour, la passion, l'enthousiasme, qui encouragent la persévérance.

Plus vous pratiquerez la subjectivité limpide, plus vous deviendrez conscient des applications sordides qui hantent votre mental. Plus vous pratiquerez leur désinstallation, plus vous deviendrez conscient de cette catégorie d'application malveillante qu'est l'impuissance apprise. Plus vous la désinstallerez, plus vous passerez de l'impuissance à la puissance apprise. Ce faisant, vous abaisserez la barrière d'entrée dans de nouvelles disciplines (les mathématiques, la peinture, la musique, que sais-je ?). Il deviendra alors plus facile de vous demander : quelle est la dernière fois que j'ai fait quelque chose pour la première fois ? Chez la plupart des gens, cette question est douloureuse, ou inconfortable, et ils préfèrent l'éviter. C'est qu'elle nous confronte justement à nos chaînes mentales, qui résistent et nous dépriment par nature, exactement comme un virus informatique résiste à sa désinstallation. C'est pourquoi je recommande de ne se poser cette question qu'après avoir pratiqué la subjectivité limpide, la désinstallation et la puissance apprise. Alors elle devient grisante : c'est elle qui a motivé les « honnêtes hommes » de la Renaissance à explorer et pratiquer plusieurs disciplines en parallèle. D'Al Ghazali à Michel-Ange, Giordano Bruno, Léonard ou Richard Francis Burton, ces polymathes avaient un point commun : la passion du nouveau, appelée aussi « néophilie ». Cette passion ne peut se pratiquer que dans ce que les Américains appellent la « *can-do attitude* », ou comment se dire sincèrement : « Je peux le faire. » Cette capacité découle directement de la puissance apprise.

5) Pratiquez l'Exploration, ou l'art de la Flexibilité mentale

La pratique de la néophilie va vous amener naturellement à étirer votre vie mentale, comme on étire un muscle. Elle sera plus souple, plus adaptable, et donc capable de postures et de formes plus variées qu'avant cet exercice. On a vu qu'il existait un compromis permanent entre l'exploration et l'exploitation dans le cerveau : l'exploitation est normative, l'exploration est créative. L'exploitation aime la note et la récompense, l'exploration, comme l'a montré l'effet de surjustification[1], fonctionne mieux quand elle est libérée de la carotte et du bâton.

Jonas Salk, le père du premier vaccin contre la poliomyélite, eut autrefois cette phrase : « Mon attitude a toujours été de rester ouvert, de continuer à explorer, à scanner. Je crois que c'est de cette façon que les choses fonctionnent dans la nature. Beaucoup de gens sont étroits d'esprit, rigides, et ce n'est pas mon inclination. »

Le scientifique américain Alexander Wissner-Gross s'est demandé un jour si l'on pouvait mettre l'intelligence en équation. Sa découverte est remarquable : selon lui, l'intelligence, c'est avant tout la capacité à se réserver un maximum de liberté d'action. Les systèmes qui savent se garder un maximum d'options ouvertes, ce sont des systèmes libres, et ce sont des systèmes intelligents. Ils ont la particularité de se libérer au maximum de la forme. C'est pourquoi j'aime cette sagesse soufie : « La Vérité, n'a aucune forme. » Car aucune forme ne saurait enfermer toute la vérité. Aucune forme, non plus, ne saurait enfermer toute l'intelligence.

Quand Google a confronté l'intelligence artificielle Alphago au grand maître de go Lee Sedol, en 2016, le succès du logiciel s'est joué justement sur sa capacité à se préserver un maximum de degrés de liberté. En géopolitique classique, on définit souvent la stratégie comme l'art de se ménager un maximum de liberté de mouvement *in futurum*. En noopolitique, la géopolitique de la connaissance, l'idée est la même : se ménager un maximum de liberté de mouvement dans la noosphère. À l'échelle d'un homme, la capacité à se préserver un maximum de liberté de mouvement intellectuel

1. cf p. 155.

n'est pas un vice, c'est une immense vertu, et la base même de l'intelligence. Aujourd'hui pourtant, ils sont nombreux, les penseurs bas de plafond qui s'imaginent que l'intelligence, c'est restreindre sa pensée. Les deux extrêmes sont dangereux : restreindre systématiquement son espace mental où le laisser errer dans toutes les directions, voilà deux postures également stériles. Il faut donc équilibrer l'exploration et l'exploitation.

Quand Woodley, Te Nijenhuis et Murphy ont récemment postulé que l'intelligence générale diminuait dans la population[1], je pense qu'ils se sont laissés entraîner par l'idée que l'exploitation, c'est de l'intelligence. Si les sujets qu'ils ont testés ont simplement fait preuve de plus de liberté mentale, de plus d'imagination, de moins de conformité à l'expérience, alors, dans le sens de Wissner-Gross, c'est une preuve claire que l'intelligence générale augmente.

L'intelligence c'est la liberté. Enfermer son cerveau, ce n'est ni brillant ni intelligent en soi : il faut savoir le faire, et tout travail manuel confine un temps la liberté de mouvement de la main, mais il faut aussi savoir s'en défaire. Comme le chante Burton : « Oui, car il ne saurait savoir, qui ne saurait pas *désavoir.* » La conformité, ce n'est pas de l'intelligence. De même que l'agriculture industrielle appauvrit la biodiversité en érigeant la conformité en vertu suprême, la nooculture industrielle (qui procède de la vie notée, de l'école à l'université) appauvrit la noodiversité.

6) Pratiquez la méthode des Lieux

Spatialisez votre pensée, jusqu'à faire de cette technique une seconde nature. Bâtissez-vous des palais intérieurs, ainsi vous traiterez royalement votre vie mentale. Burton dit : « Fais de ta pensée un empire », c'est l'idée générale. Le palais de votre vie mentale commence par l'espace, mais il se poursuit par la mémoire émotionnelle et la mémoire d'association. L'historien Pierre Portet l'illustre bien dans la description qu'il donne d'une technique de bornage médiévale : à défaut de tenir un cadastre écrit, les paysans se mettaient d'accord sur la délimitation d'une parcelle et prenaient un enfant comme témoin. Dès que l'enfant avait mémorisé le lieu,

1. Cf. p. 28.

on lui administrait une gigantesque claque pour consolider son souvenir[1]...

Un calcul rénal, c'est une pierre dans le rein. De même, on pourrait prendre l'expression « calcul mental » au pied de la lettre et visualiser nos pensées dans l'espace comme les pierres d'un alignement mégalithique. Cette technique de mémorisation est pratiquée depuis l'âge de pierre, justement.

Réaliser des palais dans votre vie mentale va vous permettre de voir votre cognition devant vous. C'est un outil excellent pour poursuivre la pratique de la subjectivité limpide. C'est aussi un exercice qui encourage la puissance apprise, car en bâtissant des musées de vos propres savoirs, vous vous confirmez continûment vos capacités et votre potentiel à vous-même.

7) Ignorez vos Pairs !

Les pairs nous mettent à leur niveau, mental, intellectuel, spirituel... Cela peut être positif (« Si moi j'ai réussi, pourquoi pas toi ? ») comme négatif (« Si moi j'ai échoué, pourquoi réussirais-tu, petit présomptueux ? »). Cependant, tant que vous penserez en fonction des autres, vous ne serez pas libre. Si l'intelligence c'est la liberté, alors l'intelligence repose sur la capacité à penser par soi-même, sans s'inquiéter de ce que pense autrui. Tel est l'état du véritable adulte, par opposition à l'enfant, qui s'inquiète systématiquement de ce que pensent les autres. N'est-il pas triste de demeurer un enfant toute sa vie ?

Je recommande à tout humain de maximiser sa liberté de mouvement et de s'opposer à ceux de ses pairs qui veulent lui interdire l'une ou l'autre idée. Burton recommandait : « Fais ce que ton humanité t'ordonne, n'attend d'applaudissement de personne d'autre que toi-même. Il vit le plus noble et meurt le plus noble, celui qui suit les règles qu'il a créées lui-même. Toute autre Vie n'est qu'une Mort-Vivante, un monde peuplé de fantômes. »

---

1. Portet, P., « Les techniques du bornage au Moyen Âge. De la pratique à la théorie », *in* Reduzzi Merola, Francesca (ed.), « Sfruttamento Tutela E Valorizzazione Del Territorio. Dal Diritto Romano Alla Regolamentazione Europea E Internazionale », Naples, *Jovene* (2007), 195-208.

Je n'ai rien d'autre à ajouter, car de tels fantômes incapables de vivre et de penser par eux-mêmes, sans crainte, j'ai en connu toute ma vie.

Et au pair qui prétendra vous noter ou vous demander vos notes passées, répondez simplement :

« Ma note ? J'ai Moi/20. Et vous ? »

On peut retenir ces sept exercices gymnoétiques grâce au mémonyme ALPINES pour Application, Lieu, Pairs, Impuissance, Néophilie, Exploration et Subjectivité.

Pour les retenir dans l'ordre de leur pratique (car ils se suivent alors logiquement), on peut mémoriser SAINELP.

En anglais, ces sept exercices se nommeront : Subjectivity, Application, Helplessness, Neophilia, Exploration, Places, Peers. On pourra les mémoriser dans la phrase « Help Neo Explore APPS » (Application, Peers, Places, Subjectivity).

Remerciements

Ce livre est, en partie, issu de ma thèse de doctorat « *Software Neuroergonomics and Biomimetics for Knowledge Economy : Why ? How ? What ?* » (École polytechnique 2016) ; je remercie toutes celles et ceux sans qui cette recherche scientifique et industrielle n'aurait pu être possible : Paul Bourgine ; Pierre-Jean Benghozi ; Pierre Collet ; Yves Burnod ; Charles Tijus ; Ines Safi ; Francis Rousseaux ; Samuel Tronçon ; Philip Belhassen ; Xavier Bourry ; Jean-Yves Heurtebise ; Marc Macaluso ; Syed Shariq ; Aurore Aleman ; Olivia Recasens ; Marie Palmer ; Marc Fourrier ; Serge Soudoplatoff.

Mes remerciements vont également à Françoise, Younès et Sélim Aberkane.

Je remercie enfin les éditions Robert Laffont pour leur remarquable travail éditorial.

Table

Composition et mise en pages
Nord Compo à Villeneuve-d'Ascq

Cet ouvrage a été achevé d'imprimer en octobre 2017
dans les ateliers de Normandie Roto Impression s.a.s.
61250 Lonrai
N° d'édition : 56463/01 - N° d'impression : 1704126
Dépôt légal : octobre 2017

Imprimé en France